日本的中世国家

［日］佐藤进一 著

陈凝峰 译

长江出版传媒 崇文书局

NIHON NO CHUSEI KOKKA

by Shinichi Sato

with commentary by Fumihiko Gomi

© 1983, 2020 by Atsushi Sato

Commentary © 2020 by Fumihiko Gomi

Originally published in 2020 by Iwanami Shoten, Publishers, Tokyo.

This simplified Chinese edition published 2025

by Chongwen Publishing House Co., Ltd., Wuhan

by arrangement with Iwanami Shoten, Publishers, Tokyo

著作权合同登记图字：17-2023-005

图书在版编目（CIP）数据

日本的中世国家 / （日）佐藤进一著 ；陈凝峰译.
武汉 ：崇文书局，2025. 3. --（崇文学术译丛）.
ISBN 978-7-5403-7818-9

Ⅰ．K313.3
中国国家版本馆 CIP 数据核字第 2025KZ2192 号

出 版 人：韩　敏
责任编辑：鲁兴刚
责任校对：陈　燕
装帧设计：彭振威设计事务所　甘淑媛
责任印制：李佳超

日 本 的 中 世 国 家
RIBEN DE ZHONGSHI GUOJIA
出版发行：长江出版传媒　崇 文 书 局
地　　址：武汉市雄楚大街 268 号 C 座 11 层
电　　话：（027）87677133　　邮政编码：430070
印　　刷：湖北新华印务有限公司
开　　本：880mm×1230mm　1/32
印　　张：9.25
字　　数：200 千
版　　次：2025 年 3 月第 1 版
印　　次：2025 年 3 月第 1 次印刷
定　　价：98.00 元
（如发现印装质量问题，影响阅读，由本社负责调换）

目 录

前　言

　　自从决定将研究日本史作为职业以来，很长一段时间我专注于研究 14 世纪的历史，尤其是镰仓幕府末期到室町幕府创立期的政治机构、政治过程这样有限的专题史。此后，我的关注点转移到 15 世纪，恰好得到机会，整理了一篇以室町幕府成立后百年历史为中心、概括幕府构造的研究论文（旧版岩波书店讲座日本历史《镰仓幕府论》*）。不久之后，岩波书店的编辑部就将"日本历史丛书"系列中的《日本的中世国家》一书交由我负责。

　　我当时设想的是：目前以自己的方式已经勉强摸清了 14、15 世纪史的脉络，那么先将这一部分作为主体内容，再把关于镰仓幕府的旧稿补充一下放在前面，然后通过四五年时间的学

---

*　指家永三郎等编《岩波讲座　日本历史》第 7 卷，岩波书店，1963 年。——译注。本书页下注皆为译者所加，后不赘述。

习掌握 16 世纪史，差不多就能完成这个被交代的任务了。

然而，为挑战 16 世纪史，需摸索新的研究方法，这一过程举步维艰。并且，自研究室町幕府如何吸收王朝权力以来，我一直关注王朝权力的问题，由此萌生的诸多疑问逐渐在研究中占据了重要位置。特别是那时出现了王朝国家论*，持论者主张从整体把握律令国家与中世国家的中间阶段，年代上讲即 10—12 世纪的历史。这给我带来了很大刺激：到底应该如何理解 13、14 世纪的王朝权力与 10—12 世纪的王朝国家的关系？不先考虑这件事，就无法着手叙述中世国家的成立。因此，我必须投入到此前未实际涉足的 10—12 世纪王朝国家史的钻研当中。

自那之后，到大体上有了预案开始动笔，不经意间已经空费了很长时间，现在终于成书了。我想在书中阐述的主要论点有三：其一，律令国家解体后诞生的王朝国家才是中世国家的原型（"祖型"），13、14 世纪的王朝权力无外乎是王朝国家的展开形态；其二，12 世纪末诞生于东国†的镰仓幕府，是拥有独特特质的另一种中世国家类型；其三，王朝国家与镰仓幕府以相互规定的关系，开辟出各自不同的道路。本书只讨论到王朝国家消亡为止，未涉及之后的时代，因此难免有离题之嫌，

---

* 王朝国家指律令国家崩溃至中世国家成立之间的国家形态，最先由高尾一彦、户田芳实等在 20 世纪 50 年代中后期提出，他们主要着眼于这一阶段地方支配方式和赋税制度的变化。

† 历史地理概念，常指代东海道远江国及东山道信浓国以东，即征调"防人"的区域。

但能考察中世国家的构造与特质已经使我知足，余下部分留待他日。

完成本书超出了原计划时间，主要原因和责任自然在于本人见识浅短、性格疏懒，但也与 1968 年以来东大文学部的抗争运动*有关，那几年我都不得不将研究课题搁置下来。其间我多次提出要放弃该书的写作，但编辑部没有同意。徒费许多光阴，回想起来既愧疚于自身内心的软弱，也对岩波书店充满深深的歉意。在此，我只想补充一点，若没有小小地参与那年春天偶然相逢但最终演化为对内心深刻反思的抗争，这本书也不可能是现在的样子。时光流逝，不待驻足。若书稿完成翌日便有人暗自欲一读为快，则我便可安心归于道山矣。我也愿一转心思，投身于新的课题。

最后，向曾力劝我写作本书的石母田正氏、对我的多番疑问皆回复以宝贵建议的网野善彦、石井进、笠松宏至、早川庄八、玉井力诸氏，以及在这漫长时间内给予深情督励的岩波书店的中岛义胜、松岛秀三、井上一夫诸氏表达深深的谢意。以此搁笔。

1983 年 3 月 7 日

佐藤进一

---

* 即 1968 年夏至 1969 年初发生的东大纷争。

关于律令国家

  日本的中世国家无疑以古代国家作为产生的历史前提，而古代国家的最终形态即律令国家体制。一般而言，想要阐明国家的历史特质，最直接有效的方法是考察国家主权的性质及主权行使的形态。对于律令国家而言，从天皇与太政官的关系来考察天皇权力及其行使的形态，是可行性最高的办法。[1] 因为太政官位于律令官制体系的顶点，与天皇直接对接，比其他机构、官职都更密切地参与天皇权力的行使。

  以图展示律令官制并加以基础性说明，则如图 1 所示：

  构成太政官的三大部门中，A 是"议政局"（太政大臣并非常设职。《大宝令》施行后不久，中纳言、参议也归属议政局）；B 即"外记局"（或称少纳言局），负责人事行政、御前侍奉及奏宣的传达，相当于综合部、秘书机构；C 为"辨官局"，是全面统辖神祇官、八省及以下机构、国郡机构在内的中央地方行政各个执行机关的行政机构。

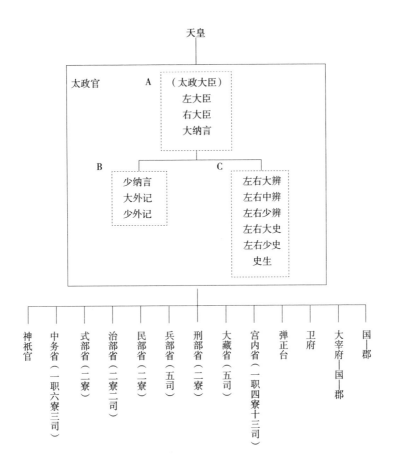

如果关注到图中太政官在律令官制中的地位，可以发现存在以下几点问题。

首先，议政局（A）在太政官中地位最高，B、C两机构受其领导。原本太政官出现在天武朝（673—686）的官制中，实质是负责侍奉、宣奏的秘书机构，与它并列设置的大辨官是后来发展为辨官局的行政机构，尚无专门设立的议政机构或议政官。持统朝（686—697）设立负责执政的右大臣（文武朝［697—707］时升级，同左大臣），统合之前的秘书机构及由大辨官发展而来的左右辨官，称为太政官。纵观以上官制形成史可以确定，律令制太政官的原型成立于持统朝，但到了《大宝律令》才对以左右大臣为中心的议政机构、以少纳言为首脑的秘书机构、以左右辨官为中心的行政机构等各自权限和全体管辖关系做了明确规定，并将议政机构提升为太政官中的最高官署（因而自然是律令官制体系中的最高部门）。

其次，外记局（B）分担了部分行政职能，受议政局管辖，但它又负责御前侍奉及奏宣传达，具有天皇的秘书机构性质，表现出两面性。

接下来要关注的是，纳入太政官统属的中务省、宫内省的内廷部门性质。先看中务省。其直属官员包括担任天皇侍奉官的侍从、负责天皇身边警卫的内舍人、负责起草诏敕的内记、负责监管宫廷物品的监物等，管辖的小官衙则有中宫职、大舍人寮、阴阳寮、内藏寮、内药司等，据此不难推断中务省本是统辖天皇家诸内廷部门及其职员的官署。被视为上述大舍人寮、阴阳寮、内藏寮、内药司前身的大舍人、阴阳官、内药官[2]，均见于天武朝官制，而且都在天皇直辖范畴内。由此可推知，律令官制下中务省所辖前述诸官衙、官员，原本就在天皇直辖之下。也就是说，原本性质上属于天皇直辖的内廷官衙或部分内廷官员被整合到新设的中务省内，与民部、刑部、大藏等一般政务机构一样，作为一个省编入太政官的管辖之下。然后看宫内省。其所辖官衙中，除了掌管皇亲名籍的正亲司、负责天皇膳食的内膳司以及采女司、内扫部司等明显属于内廷部门的机构，还有大膳职、木工寮、典药寮等宫廷机构。天武朝时已经出现了与宫内官这个天皇直属官署并列的膳职、外药官等，而后两者分别是律令制下的大膳职、典药寮的前身。由此可以认为，律令制将诸独立宫廷部门合并到旧有的内廷官衙宫内官，是为宫内省，并将之与中务省一样，纳入太政官的管理之下。换言之，在事情的性质上，原本归属于天皇家的内廷相关诸机构，即历史上作为天皇直辖官署而发展出来的宫廷部门，在律令官制中全都被纳入太政官的管辖之下，与其他个别行政机构同列。

以上介绍了律令官制体系中：（1）议政局在太政官中的地位；（2）外记局的两面性；（3）中务省、宫内省被纳入太政官的管辖之下。这三点反映出天皇与太政官，特别是议政局之间存在相互制约的关系。

接着再稍稍深入，从天皇行使权力的路径、流程等方面验证这一论断。

诏书是直接宣告天皇意志的官方文书。考察《公式令》对诏书的起草、发布流程的规定可知：天皇先将想法传达给中务省的品官*内记，内记在御所起草文书；完成后的草案由天皇

---

* 律令官制中一种官职分类，一般指四等官系统以外的职事官（掌握专门技能的官员），如刑部省的判事、大学寮的博士等。

写下日期（"御画日"），将原件保留下来而把另外抄写的一份交给中务卿；中务省官员在文书上签字，其中中务卿签"宣"、中务大辅签"奉"、中务少辅签"行"，签完后送至太政官；太政官的外记誊写一份，经太政大臣及以下官员分别签字后，由大纳言复奏于天皇；天皇最后在文书上签下"可"字（"御画可"），形成了诏书的正文。该正文留存于太政官，另誊抄一份交予辨官，经由辨官下发给诸官司。下达给在京诸司（京官）的诏书抄本会加上"太政官符"的字样，发给在外诸司（外官）则采用引用诏书正文内容的太政官符形式（"誊诏官符"）。发给在外诸司的官符会加盖内印（"天皇御玺"之印），给在京官署的官符则加盖外印（"太政官印"之印）。

以上的流程中值得注意的是，负责侍奉天皇、统辖内廷机构的中务省与太政官一同参与了诏书的发布（具体来讲，诏书必须得到中务省的卿、大辅、少辅以及太政官议政局大臣及以下诸官员的签字），经过"御画日"的诏书草案和"御画可"的诏书正文，分别保留在天皇和太政官处。诏书不能单独发出，必须附上太政官符，或以太政官符引用的形式发布。官符上所盖的印章，内印、外印皆由少纳言监管，而少纳言是兼任侍从的侍奉官，因此盖章的手续必须经天皇的再次确认。要言之，诏书的制定、发布必定需要天皇与太政官（特别是议政局）双方的参与，其中贯彻的宗旨是哪一方都无法单独任意地制定、发布诏书。天皇手中保留的"御画日"草案、太政官保管的"御画可"正文，都是事后检验诏书手续是否有误的证据。

天皇要宣布之事的重要性没有达到使用诏书的规格，便会采用敕书，其制定、发布流程更为简易。不过，它也要由内记起草，同样有中务省、太政官的参与，发往京官的敕书抄本须附上太政官符，发给外官的则是引用敕书的太政官符（"誊敕官符"）。这些流程和发布诏书的流程一样。防止天皇与太政官任何一方单独任意地起草和发布敕书的原则，也与诏书的一致。

诏书、敕书是直接传达天皇意志的文书形式，与之相对的"奏"这类文书则用于自上而下领受天皇意志、判断，具体可分为"论奏""奏事""便奏"三类。奏存在两种情况，即太政官的议政官会议自己提出议案并上奏，以及下级官署通过外记上奏。前者采用的是论奏的形式，后者还可分两类：通过议政官会议上奏（奏事）；不经议政官会议而由外记局的长官少纳言直接上奏天皇（便奏）。基于外记按既定原则判断，基本上日常性政务采取便奏的形式处理，而外记返呈给议政官会议的案件，经议政官合议判断有必要奏请天皇裁决时，则采用奏事，获得天皇许可则记上"奉敕依奏"字样后下达；议政官合议后认为不需要上奏天皇时，则会附上议政官会议的意见（"官裁""官判"）再下发。

上述三类奏中最重要的，是议政官会议自己提出议案然后等待天皇裁决的论奏。适用于论奏的事项由《大宝令》《养老令》以法律形式确定。现在来看一下条文明晰的《养老令》是如何规定的。有九类事项可适用：（一）大祭祀（据《令义解》，包括《神祇令》中所规定的大祀及临时大祀等）；（二）度支国用（据《令义解》，指太政官依照每年农业生产丰歉情形调整国家的支出）；（三）官员的增减（据《令义解》，指省职寮司及主典*在内诸官员的增减）；（四）流放及以上的断罪、除名的处罚；（五）国郡的废置；（六）百匹及以上兵马的调遣；（七）使用藏物五百端†、钱二百贯、仓粮五百石、奴婢二十人、马五十匹、牛五十头及以上；（八）除敕旨授位之外，叙五位‡及以上；（九）律令规定以外须讨论上奏的事项（据《令义解》，指律令中无明文记载的事项，如歉收之年免除人民赋役）。

与唐制比较，唐令规定第三到八项内容必须采用"发日敕"这种彰显天子意志的文书样式，换言之这些事情被认为关系到"天子大权"。相比之下，日本律令扩大了太政官（议政官会议）的动议权。就个别事项而论，《军防令》中也有内容与第六项的兵马调遣规定相关，即征讨出兵达二十人以上者必须得到契敕，以防止兵部省专断行事。也就是说，《军防令》这项规定保障了天皇的军事大权，但另一方面，律令也规定调遣兵马百匹以上须经过太政官的合议奏告，因而严格限制了天皇的发兵权。然后是第八项有关授位的内容。此条确立了太政官会议对

---

*　四等官制中的第四等级。律令制下官职设置仿照唐朝的四等官制，各部门的职员皆由长官（最高位）、次官（辅佐）、判官（分管事务）、主典（杂务吏）四个级别构成，但具体称呼不同，八省为卿、辅、丞、录，诸寮为头、助、允、属等。

†　也写作"反"，布匹单位，一端布宽约34厘米、长10米。

‡　《官位令》规定位阶从正一位到少初位下，共三十阶，每一级别有对应的官职。通常五位及以上被视为贵族，三位及以上则为上流贵族。官员先要获得位阶再任官，且官职一般与位阶相适应，即"官位相当"。位阶依功劳、家格或门荫而授，以保障贵族对官僚系统的垄断。

叙位的动议权。对于以五位及以上人士为对象的"敕授",原本只要满足成选的年限,升叙阶数全凭天皇的意愿。设立这一制度是为彰显天皇的叙位大权。但与之相对,太政官会议也获得了针对"敕授之外"五位及以上位阶授予的动议权,所以论奏第八项有与天皇叙位大权对抗的意义。

最后谈一下律令制下可避免太政官干预、由天皇独自行使的两项权限。一是发布敕符;二是奏弹。

敕符相当于非常时刻天皇发出的紧急敕令。发布流程如下:内记听取天皇的想法起草文书,经中务省的辅或以上官员誊写一份留于中务省。敕符正文由少纳言通收入飞驿函后转交给飞驿使,同时中务省属官"主铃"将所管之铃一同交予飞驿使。于是飞驿使携带着铃,将飞驿函中的敕符传达下去(据《公式令》"飞驿使"条)。上述敕符的发布流程,经过中务省的官员和外记局的少纳言,但少纳言都会兼任中务省的品官侍从,所以就结果而言,敕符的下发仅由天皇、中务省参与,太政官应当全无插手的余地。

然而,贞观(859—877)末年制定的《贞观仪式》[3](《飞驿仪》),对敕符下发手续的规定与令制迥异:大臣或以下的官员聚集,命令内记起草敕符,或授命辨官局的史*起草制敕官符(与起草敕书时的誊敕官符相对应)。内记起草完成后,将

---

* 辨官局的书记官,位在左右辨官之下,分左大史、右大史、左少史、右少史四人。起初不负责具体行政事务,但平安中期以降逐渐成为事务型官僚,重要性增加。

敕符呈给大臣，大臣传唤少纳言命其在敕符、官符上加盖内印，复奏于天皇后下发。《贞观仪式》的规定完全改变了仅由天皇、中务省完成发布流程的原则，起草敕符、加盖内印以及复奏全由大臣主导。虽然不能轻率地判断这就是《大宝令》制定以后的实际情况，但最晚到 9 世纪，天皇对于飞驿敕符的非常大权基本只剩形式了。

在监察方面，律令官制中有弹正台⁴，负责对京中违法事项进行问责弹劾。其在官制上虽归太政官所辖，但被天皇赋予了直接上奏弹劾太政大臣之外的左右大臣、五位及以上官员的权力。不过，实际情况也与此大不相同。首先关于弹劾权，弹正台虽被赋予高级别的权限，可与左右大臣相互弹劾，且能单方面弹劾大纳言及以下官员，但实际上据《令集解》所引解释，弹正台能够传唤并弹劾的只限四位及以下官员，若要弹劾三位及以上官员、参议等太政官议政官会议的成员即上层贵族，则必须由太政官进行（即太政官传唤弹正台命其弹劾）。并且，原则上弹正台的弹劾上奏可以不经太政官直接呈达天皇（《公式令》《延喜式》），但实际上仍需通过太政官来上表（据《令集解》"迹说"）。而且，《公式令》规定若有人官员控诉"害政"（非法聚敛）、"抑屈"（枉断），弹正台可"受推"（受理科断），然而被视为《大宝令》注释书的《古记》（引自《令集解》）却称"今之行事，辨受推之"，即辨官负责此事在 8 世纪已成为惯例。这样一来，律令制为天皇提供的对高官的弹劾权，原本可排除太政官干预、以弹正台为载体独自施行，但早在 8 世纪就部分失效，剩余的那部分也在 9 世纪走向形式化，以致太政官获得了主导权。

以上讨论了太政官议政官会议与天皇在律令制及律令制下的行政事务执行惯例层面存在的对抗关系。那么议政官会议到底是什么？就像之前所提及的，它是由太政大臣（非常设）、左右大臣、大中纳言、参议（10 世纪末加上了内大臣）所构成的合议集体。这些官员是律令制下具有特殊身份的五位及以上官僚中被赋予极大特权、待遇的贵族阶层的最上层，即所谓"公卿"的在职部分。以此观之，议政官会议是代表律令制内最上层贵族集团公卿的集体意志的机构，律令政治中天皇与议政官会议的对抗关系，就是天皇与最上层贵族集团（公卿）的对抗关系。这就是律令制的贵族制性质不断被强调的原因。

第一章

王朝国家

第一节　令外官

进入 9 世纪，律令支配体制已难以维持，新统治模式渐渐形成、发展并取而代之。大致以 10 世纪初期为转折点，律令国家逐渐向新的国家体制过渡。所谓新体制下的国家，即王朝国家。

回顾近十年来的王朝国家研究史，对律令国家向王朝国家转换过程的分析，主要围绕国家的地方统治模式与土地政策展开。具体而言，延历（782—806）之后的 9 世纪，敕旨田 *的增加，无疑是以皇室领地的迅速增长对抗奈良时代以来权门寺社的大土地私有制的扩张，但此政策也导致律令制下的地方统治

---

* 以天皇的名义（敕旨）开发的田地，由国司负责组织百姓耕种，收成大部分上交中央作为皇室财产，不需另纳租税。

陷入更危险的境地。因此，进入 10 世纪，以延喜（901—923）年间的庄园整理令（902 年发布）为标志，政府将地方统治模式从太政官即中央政府的直接统制，变为委托国司管理，意图以此来回避危机。具体的政策如下：

（1）废止每到班田年份以太政官名义命令各国制作国图[*]的制度，以当下的国图为基准图，国司的义务是保持已登记的公田数目，确保能征收相应额度的田租。

（2）不输之地仅限于国图中的免田部分，其余土地的不输特权皆不予以承认，国衙须对其征收官物。[†]此即免除领田制，意在防止不输免田的扩大。

（3）确立国司的检田权。众所周知，这为之后国司免判制[‡]的成立打开了方便之门，即对于管辖内的庄园的新开垦田，国司有权认定其为不输租田。

到 11 世纪中期，以宽德（1044—1046）年间的庄园整理令（1045 年发布）为分界点，政策又发生了大调整，即：

（1）确立公田官物率法[§]。为避免国司任意征收官物，从法

---

[*] 又称"基准国图"，是平安中期以后国衙用以记录公田、官省符庄、免田等田地数额的图册，用以确定向中央政府交纳赋税的标准。这里的"各国"及"国图"中的"国"，都是指律令制下的令制国，以下皆同。

[†] 不输之地指不需要向国家缴纳租税的田地，取得不输特权是庄园领主在领域内排除国家权力介入的重要步骤；免田指免除租税及特定课役的田地；官物指国家以公田为基准征收的租税、贡物，原为租庸调等税的总称，平安中期以后单指土地税（正税、地子）。

[‡] 地方领主为领域内赋税的保障、课役的免除及庄园的立券，须向国衙申请，取得国司的认可（"证判"），国司免判制标志着国司开始掌握独立的地方行政权，以此形式成立的庄园，称为"国免庄"。

[§] 对以公田为对象征收的贡纳物的品类、税率进行定额化规定，改变以往随意征收的办法。

律上制定征收的标准，属于针对国司苛政的预防措施。

（2）郡乡制的重新调整。比较承平年间（931—938）成书的《倭名抄》和中世初期制作的"大田文"*中的诸国郡乡名称可知，当时郡乡制发生了调整，尤其是东国地区存在郡被细分的趋势。而且，郡与乡的统属关系即职务统制已经失效，郡司的郡务、乡司的乡务同质化，出现了承包公职的现象。[1]

纵观以上内容可知，地方统治已经由中央政府（太政官）的直接掌控变为大幅度委任国司管理，甚至走向郡司、乡司承包模式。在此过程中，公领在不断地减少，而包括天皇家私领在内的权门私领庄园则日渐增长。

那么，为了应对上述地方统治政策与模式的转变、地方状况本身的变化，位于国家统治中枢的中央政治机构究竟会发生怎样的改变呢？近年来相关研究从这一视角出发，关注令外官这种新政治机构，特别是藏人所等天皇直辖机关，得出了令人瞩目的新成果。

藏人所的成立与发展

进入9世纪，朝廷以改编内廷机构为中心，对律令制中央机构进行了改革。其第一步便是设立藏人所。

众所周知，设置藏人所的直接原因是弘仁元年（810）平

---

* 以一国为单位记录领域内田地的面积、种类、领属关系的政府文书，又称"图田帐""田数帐"，是平安末期至镰仓时代国衙征税、课役的依据。

城上皇与嵯峨天皇的政治对立。在令（具体而言是《职原令》）所规定的官职之外，即令制定以后新设的官职，即称之为"令外官"。如修理职、近卫府等令外官职及机构，本身就可作为本官、本司*居于官署机构之中，但藏人所及后述的检非违使厅则不同，是由拥有本官的官员兼任藏人或检非违使。这两个机构的职员都是兼任官，换言之，这个机构是仅由派遣官构成的特殊官署。在律令制国家，太政官是最高官署，其他机构都处于其管辖之下，而藏人所却是天皇直属机构，不受太政官的指挥、统辖。除了职员藏人由天皇特命选拔这个特点外，这个机构在设立时也没有法定职责。大概设立藏人所的目的就是在超出律令制国家的原则性框架、处于紧急事态时，让天皇能够按自己意愿调动律令制中枢机构。这样一来，从哪些官署选派藏人，换言之，藏人在原本机构担任什么职务、拥有哪些权力，无疑是获任时要考虑的基本条件。[2]

首先，我们关注藏人所设立之初的嵯峨至仁明朝（810—833）担任藏人者来自哪些机构。通过整理发现，其包括以下五个类别（也有少数是因本人的特殊才能或与天皇特别的亲近关系而被选拔的）：

A 武官：近卫中将、少将及将监，左、右兵尉督及大尉；左、右卫士督；卫门督、佐及大尉（弘仁二年改左右卫士府为左右卫门府）；左、右马头及大允。

---

* 本官与兼官相对，指原本的官职。本司同理。

B 式部省的官员：大辅、少辅、大丞、少丞。

C 辨官：右大辨、左中辨、右中辨、左少辨、右少辨。

D 中务省的官员：大辅。

E 春宫坊的官员：大夫、亮、大进、少进及学士。

以上诸机构中，武官机构中的近卫离天皇最近，负责贴身护卫，接下来的兵尉、卫士、卫门依次守卫宫宫；式部省是掌管文官叙位、任官等人事的机构；辨官局是太政官事务部门的中枢，特别是在受理诉讼方面发挥重要作用，由辨官兼任的藏人后来充当了沟通天皇与太政官的桥梁；中务省负责诏敕的起草、复奏，以及送达太政官，即直接参与天皇的意志传达流程。从这些官衙中选拔出众多要员任命为藏人，是为了在非常情况下，能让卫府、马寮的武装充当天皇的亲卫队，使得宣发诏敕、受理诉讼、政务人事等紧要职能被天皇迅速掌握。另外，让春宫坊官员兼任藏人，推测是要强化天皇与皇太子的联系乃至对皇太子的监视。藏人所一开始就是一个政治、军事色彩极其浓厚的天皇直辖机构。

然而到了仁明、光孝两朝（833—887），藏人的选拔条件发生了很大变化，藏人所开始自我发展，变成一个全新性质的特殊机构。具体而言，天皇开始从掌管天皇家内廷经济的内藏寮（中务省），管理天皇所用工艺品的木工寮（宫内省），负责为天皇准备舆车、汤沐、帷帐、灯烛等的主殿寮（宫内省），以及负责皇宫营造、维护的修理职（弘仁九年［818］在太政官管辖下新设的官署）等令制上直接或间接参与内廷经济的机构中选拔藏人。为了这些官衙能更方便地直接从皇宫接收命令，朝廷便在宫内或距离最近的地方设置各机构的办事处（"候所"）。经此过渡阶段，上述机构实际上被纳入藏人所的管辖之下。另一个具有特点的现象是，宇多朝至醍醐朝（888—930）出现了泷口、内竖所、校书殿、纳殿等与内廷有关联的许多小官衙，且其长官（头、预）及以下职员全都不通过太政官而是由藏人方的宣旨任命，归藏人所管辖。[3] 结果，令制中受中务省或宫内省管辖的内廷经济相关诸机构以及新设的内廷事务部门，全部统合到藏人所的管辖之内。

或许是为了顺应中央政治机构的这种改组，地方诸国的贡物输送体制也发生了很大变化。延喜二十年（920）近江国的日次供御所由藏人所管理这一事实说明：供御物原本由地方上指定（或是设定）专门为天皇家生产、进贡食材的各处供御所负责，经过国衙—太政官这一途径运送到宫内省的内膳司，而今大概直接从供御所送到内膳司，并据藏人所的安排分配给同受藏人所管辖的御厨子所、进物所等。[4] 换言之，藏人所开始对诸国的贡纳事务进行调度、下达指示。大约到了11世纪，前文所举修理职、木工寮、御厨子所等大大小小内廷相关机构，分别管理着地方上特定的供御所、供御人，征收特定的贡品，而藏人所则统辖整个贡物输送系统。中世的供御人体制由此成立。

另一方面，为创设时的藏人所赋予特征的藏人出身机构也发生了变化，作为武官的兵卫府、卫门府消失，只剩下近卫府；

文官里的中务省消失，只剩式部省和辨官。前者的原因可能是，下文将讨论的检非违使承担了之前兵卫、卫门出身的藏人所承担的天皇亲卫队之责；后者的原因则是宣旨*作为简易的天皇意志传达文书取代了诏敕，而兼任辨官的藏人负责宣旨的发布，中务省与藏人功能重合因而失去其必要性。

综上，一方面像辨官出身的藏人明确所示，藏人所发挥了天皇的秘书机构的职能，但另一方面，它不仅统合了既有、新设的内廷经济相关部门，还取代了国衙—太政官的贡物输送体系，创立了由内廷诸部门直接掌握地方贡纳组织的体制。尤其是在内廷经济方面，藏人所已经发展成一个巨大的组织，可以不通过律令制规定的同上级或并列机构的联络、接受、回复等流程，而是按自己的判断，仅凭借自身的组织就能独自、完整地履行职务。我认为，这种对律令制官署机构进行实质性改组，创设自成体系之官署的发展趋势，正是9—11世纪律令国家变革历史的主要脉络。

检非违使

与藏人所几乎同时出现在历史上，并发展为规模仅次于藏人所的中央机构，是令外官的检非违使。[5]

最初设立"检非违使"是在弘仁二年（811）至弘仁七年（816）

---

* 原为备忘录形式的口头命令。9世纪末以后，天皇或太政官对外记、辨官及各部门下达的口头命令直接转变为后者的执行文书，以此下发，从而演变成一种独立的命令文书。

间，而设立检非违使的官衙"检非违使厅"、任命"检非违使别当"为其长官，则在承和元年（834）。首任别当是参议、左近卫中将文室秋津，之后是参议、右卫门督伴善男，接着是参议、右近卫中将藤原氏宗，此后惯例是由参议或权中纳言*（10 世纪后也包括中纳言）兼带左右卫门督或左右兵卫督者担任。不过，别当以外的职员全都从左右卫门府中选任。天长元年（824），检非违使厅的次官佐为左、右各一人；宽平七年（895），佐左右各两人，尉左右各两人，府生左右各两人；《延喜式》则明确规定，佐左右各一人，尉左右各一人，志左右各一人，府生左右各一人，火长左右各九人（各含看督两人、案主一人），之后仍有些许变动。以上为检非违使厅的正式职员的名称及定额，使厅的活动就是以他们为主体，以左右卫门府属下众多武装力量（卫士）为执行人员。所以，使厅在两重意义上都是寄生于左右卫门府的机构。

设立检非违使的初衷，按照其创立后不久的弘仁十一年（820）的宣旨所述，"检非违使所掌之事，同于弹正，临时宣旨亦纠弹之者"，[6] 其基本职责与弹正台相同，即纠察弹劾违法之事，并且兼顾为天皇执行临时的"纠弹"命令。可是根据当时的史料，弹正台拥有的监察权是"须自见及风闻，即纠弹其犯"，[7] 即在被害者告发之前，弹正台就应主动履行警察职能，检举犯罪行为。在当时这是特殊的强权。检非违使最初被赋予

---

* 定员以外的官员称为权官、权任之官，平安时代以降逐渐常态化，与正官并置。

了与弹正台同等的纠察弹劾权力（搜索、逮捕），但其实不限于纠察违法，而是逐渐发展为可行使"追禁推拷"[8]即搜索逮捕、拘禁、推问刑讯等权限的强大职权。

原本按照令制，太政官之下有"京职"，管理都城的市政，职务明确包括"纠察所部"，即巡察管辖区内的非法之事。京职属下的市司也负责"禁察非违"（《职员令》"东市司"条）。延历二十年（801）四月廿七日的一份官符规定，之前朝廷停止为上述左、右京职配置士兵，改用健儿*代替，但现在要恢复旧制给予其士兵，定额为左、右京职各二百四十人。官符还提到，士兵除了充当行幸时的开道者、宫城的护卫，还负责"巡管内而纠非违，搜□人而守囚禁"（《类聚三代格》卷十八），可知这些士兵就是京职巡察市内时的执行部队。

此外，卫府也是负责京城警卫的机构。《宫卫令》中记载，"凡京路，分街立铺，卫府持时行夜（时时巡回）"，特别要求其负责京城内夜间的巡逻警卫工作。

然而，京职的士兵合左右两京共四百八十人，表面看规模庞大，但根据前引官符内容来看，其一队为二十人，承担行幸开道、京内巡逻、关押囚犯等工作，所以被从地方上征召而来服此徭役的士兵厌恶这份苦役而不愿前来。因此，大同四年（809）的一份官符规定，他们可以缴纳役钱代替服役，

---

* 奈良时代的一类兵种，以擅长弓马、武艺过人为特征。随着律令制下兵农合一的军团制的废弛，国家逐渐采取雇佣兵制，即征集诸郡司子弟或有势力者组织为少数的常备军事力量，担任各紧要部门的警备。其免除徭役，并从专属的健儿田中获取收入。

官府以此钱雇佣士兵（《类聚三代格》卷十八）。另外，关于卫府的京内巡察工作，《令集解》"宫卫令条"所引《古记》中载有"今行事，中卫、左右兵卫共行夜，一夜巡行，一夜停止，卫士不预也"。《古记》成书的五卫府（中卫、左右兵卫、左右卫士）时期，由诸国前来服役兵士组成的卫士府就已经不负责卫府巡察的职务。也就是说，不论是依靠士兵的京职，还是卫府的士兵队伍，都无法完成京内巡察警卫的工作了。

而且，如上所述，弹正台负责肃清官僚纲纪、纠弹宫中京内非法之事，被赋予了在控告之前就可弹劾太政大臣以下所有官员的强大权力，然而实际上能被弹正台传唤、弹劾的官员只限四位及以下，对四位以上、参议等太政官会议成员的弹劾须到太政官处理。尽管按规定，弹正台可直接向天皇呈送奏弹上表，但仍须经由太政官这道手续。甚至律令中明文规定，弹正台收到针对官员履行职务层面的非法行径的控告时，可自行受理、做出判决，但实际上此规定被无视，由辨官来受理、推问早已经成为习惯做法。因此，明文授予弹正台针对官员非法行为的弹劾权，尤其是涉及对高级官员的弹劾权，遭到了极大的限制。并且，六位及以下官员犯罪，若其籍贯属京城则归京职，若不是则移送刑部省，弹正台自身没有处罚的权限。

以上是对京都治安警察职能相关机构的考察，只看拥有较大权限的弹正台与卫府在治安警察方面的实际权力：弹正台之下负责在宫中京中巡察、纠察非法的巡察弹正共十人，作为其手下的使部也不过三十人（《职员令》）；与此相对，卫门府负责处罚罪犯的物部有三十人、使部三十人，左右卫士府则各有使部六十人（同上）。另外，卫士的定额虽然时有增减，但按照天平十三年（741）的制度，卫门府有两百人，左右卫士府各四百人（《续日本纪》）。原本这些人不都负责京城内的巡察与警卫，其中一些也承担弹正台所负责的宫中的巡察纠弹、卫府负责的宫门的警卫。虽然我们无法忽视令制规定的人数也存在变动，但弹正台与卫府在人数上的巨大差距却是不争的现实。换言之，弹正台表面上拥有很大的权力，但作为执行手段的暴力机器过于孱弱，而卫府的情况正好与之相反。所以，政府新设立检非违使时，从左、右卫门府选拔职员，甚至直接把卫门府的武装力量移到检非违使厅，也可以看作是对左、右卫门府的强化措施。检非违使成立仅二十年后的承和六年（839），一份诏敕规定"弹正台及检非违使，虽配置各异，而纠弹违犯，彼此一同也。但至犯人逃走、奸盗隐遁者，弹正之职不堪追捕"，因此追捕逃犯、奸盗的工作自此以后归检非违使负责，"立为永例"[9]（《续日本后纪》）。这是对弹正台缺乏追捕能力的正式确认，也意味着实际上不限于逃犯、盗犯的全部追捕工作都转移给检非违使了。

其次，围绕审判、行刑的职权归属，检非违使与刑部省存在竞争。例如，检非违使新设立不久的弘仁十一年（820），向杂色人＊征收赎物（代替服刑而缴纳的财物）这项工作从刑部省改为检非违使负责，不过之后以检非违使职务繁忙为由又改回了刑部省（《政事要略》卷三十八）。嘉祥三年（850）检非违使被授权管理囚犯的释放（《续日本后纪》）；贞观十二年（870）检非违使受命"自今以后，自非强窃二盗及杀害、斗乱、博戏（博弈）、强奸等外，一切不可执行者"（《政事要略》卷六十一）；贞观十七年制定的《检非违使式》[10]又提出，"盗人不论轻重停移刑部，别当直着钛（给犯人戴上脚铐）、配役所（犯人服刑的地方），令驱使"（同上，卷八十四，延长七年九月十九日官符所引逸文）。由此观之，这些举措与其说要划清使厅与刑部省的管辖范围，不如说是将刑部省的权力大幅移交给使厅。而且，10世纪中期的天历四年（950）一份太政官符规定，原本的赎铜替代物（与上述赎物相同）经由刑部省送到其下属的囚狱司，充作囚犯冬服、临时伙食、维修牢房等事项的经费来源，而今不仅是牢房，囚狱司的官舍也都一改之前，"狱囚衣服料等，今检非违使之所职也……议狱决罪非省（刑部省）之职掌"[11]（同上，卷八十二）。很明显，刑部省已经丧失了刑事审判的功能，囚狱司也不再实际负责关押囚犯，这些工作统统划归检非违使了。

＊ 律令制下对品部、杂户的总称，地位比公民要低，接近贱民，半强制地为官府从事各类手工业生产，但可获免课役。

综上所述，9 世纪后半期到 10 世纪中期，涉及京内犯罪者的搜索、逮捕、审判、行刑等工作已经基本移交给了检非违使。这样一来，不难想象使厅一定需要作为法律专家的明法道官员。天历八年（954）橘直干的申文[*] 中提到"又至于算、明法等博士，皆带显职温官，或兼二寮之头助，为一朝之要枢，或兼警卫判断之职，掌国典朝威之严"[12]（《本朝文萃》卷六），即说明了兼任检非违使"掌管国典（国法）朝威之严"的人事任命普遍化。出于谨慎，参考布施弥平治氏的《明法家列传》（收于《明法道の研究》，1966），可知成为明法博士后获任检非违使（当时称为"蒙使之宣旨"）的人，在 9—10 世纪有惟宗直本（使尉、《令集解》的编者）、惟宗善经（使少志）、惟宗公方（使佐）、惟宗允亮（使尉、《政事要略》的编者）、大江保资（使佐）、坂上定成（使少志）、菅原资清（使少志）、中原范政（使尉）等。永久二年（1124）菅原有邻的申文中举出上述菅原资清领受使宣旨的例子，"又改氏姓，任道志（明法专家任检非违使志）者，明法博士资清是也"（《朝野群载》卷九）。由这些事实可推知，大致在 12 世纪末，以大判事、明法博士的资历领受"使宣旨"，成为明法道官员出人头地的关键。

---

[*] 一种下级呈递给上级的文书，最初称作"解"，后专指官员向朝廷申请叙位、任官的时候提交的文书，亦称"申状""款状"。

第二节　官署世袭制*

随着令外官的出现与发展，律令制官职与机构也渐渐迎来显著的变化。表现之一便是令制官被调遣至令外官机构后，其原来所在官署的职能被削弱，甚至完全失去效力只剩下空架子（例如刑部省）；或是令制官署本身被令外官机构吸收，受其统辖，原来律令制规定的管辖关系不复存在（例如受藏人所管辖的内廷经济相关机构）。除此之外，令制官署的改组不一定通过官制改革的严格程序，只需要官署之间自发地拆分合并便可达成。推测在10—11世纪时，整个官署系统都经过了重新调整。此外，不论令制官、令外官，都出现了由特定氏族世袭性担任某一官职，进而出现由特定氏族世袭性运营某一机构的倾向。这就是"职"†与家结合,官职与官署（官司）被世代独占（"请负"）。接下来便结合实例展开讨论。

辨官局大少史 [13]

序章中已提到，在律令官制内，太政官下设少纳言局与左右辨官局。其中，左辨官设大辨、中辨、少辨各一人，大史、少史各两人，史生十人，官掌两人，另有使部、直丁等若干人；右辨官下所设官名、职员人数与左辨官相同。左右官局的大、中、

---

* 原文为"官司請負制"。
† "职"最初指官职、职务，随着官署世袭制及庄园制的发展，逐渐指代职务性权力及其附带的世袭性收益权，详见本章第三节内容。

少、辨皆"掌受付庶事，纠判官内，署文案，勾稽失，知诸司宿直、诸国朝集"（《职员令》）。从"纠判"（纠断、裁决非违）、"勾"（判断公务的迟滞、失误）、"署"（署名）、"知"（裁定）等动词可以看出，其有权自行判决公务并为之负责。辨官对应的位阶是从四位、正五位（《官位令》）。与此对比，大、少史之职"掌受事上抄（记录收到的公文），勘署文案（制作公文草案并署名），检出稽失（调查公务迟滞、过失的情况），读申公文"[14]（《职员令》）。大史对应的位阶是正六位，少史则是正七位，皆属小官。抄写文书、往来传递上官署名的史生，为诉讼者引路的官掌等无对应的位阶，即所谓杂任之官。而且，对照职务及官位高下，则辨官与大、少史的仕途前景可谓泾渭分明。辨官将来可升至三位以上，成为太政官议政官会议的成员即大臣、纳言、参议，拥有位列公卿的资格，可谓是公卿的预备队，一般是藤原氏等高贵氏姓出身者才能出任；相比之下，大史、少史作为纯粹的书记官，由小槻、阿刀、海、尾张、多米、但波等地方豪族出身的下级氏族担任。另外，虽然令制将辨官局分为左右两部，左辨官管辖中务、式部、治部、民部四省，右辨官管辖兵部、刑部、大藏、宫内四省，但实际上该官署的组织框架并不是左右二局分离、分管，而是左右两局的大、中、少辨，左右两局的大、少史，左右两局的史生及左右两局的官掌全员组成一个完整的辨官局，共同履行职能。制度设计与实际状况的差别如下页图所示：

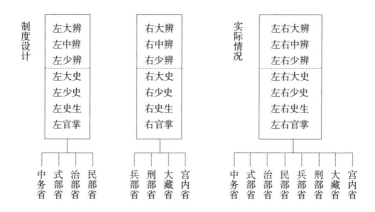

结合上述组织构成与运转的实际情况考虑，大中少辨、大少史、史生、官掌的左右之分，并不意味着左右两局分离、各自统属，而只是用以区分官职的上下而已（左高右低）。其实如前所述，辨官和大少史在职务权限上差别很大，与之对应的是姓氏上的身份等级之差。特别是考虑到大、少史的职务要求拥有算道的特殊技能，或者在文书勘例、不成文惯例等方面积累丰富的知识，则大、少史之间形成了不分左右的整体观念，由此发展为一个独立的职务团体。因此，左大史的首席具有超出大少史集团领导层的最高权威，统率大少史全体职员，主宰辨官局。这就为今后世代掌控辨官局的官务小槻氏的登场，提供了历史条件。

关于小槻氏的家系，参见《三代实录》"贞观十五年（873）十二月二日"条的记载，"近江国栗太郡人正六位上行左少史兼算博士小槻山公今雄、主计算师大初位下小槻山公有绪等，改本居贯左京四条三坊"。考虑到今雄的子孙也几乎世代以算道出仕，可知该家族原出自近江国，以算道为家业。贞观十七年，今雄晋升右大史，同年赐姓阿保朝臣*，遂改姓氏，但到其子当平的时候又以小槻宿祢为姓，此后世代不变，因而后世又称之"祢家"。以下是小槻氏的家系图：

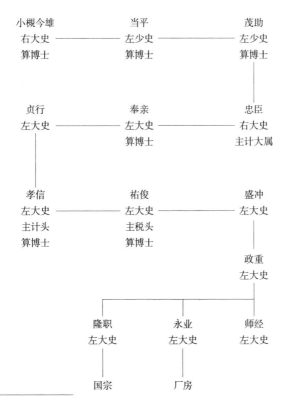

---

*　朝臣是 684 年天武天皇创立八色姓制度中的第二位。"姓"（かばね）是日本古代大王根据某氏族的政治、社会地位授予的一种称号（与后来的姓氏、苗字等有本质区别），一般与氏连用，较之现代中国的姓，更类似春秋战国时代中国的姓。

以上家系图只显示了小槻氏的嫡系，嫡系以外也有不少同族者担任大少史，或者拥有算道及主计、主税两寮的官职。小槻今雄的四代孙奉亲在正历四年（993）至长德元年（995）间担任左大史以后，嫡系子孙都官至左大史。按照令制规定，左大史对应的位阶是正六位上，但随着此职地位受到重视，其位阶上升到了五位。11世纪初的宽弘年间（1004—1013），如"例，左大史一人，五位也"（《小右记》"宽弘八年二月四日"条）所示，左大史首席叙五位已经成为惯例，被称为"大夫史"（五位的大夫）。12世纪初，小槻祐俊的时候则有"普代之大夫史"（《中右记》"永久二年二月十四日"条）的说法，即当时已经公认其为世出大夫史的门第。平基亲（1151—?）所著《官职秘抄》[15]"大夫史条"记载，"近代，必以小槻氏居此职，往年强不然"。晚至12世纪中期，朝廷中已经形成了由小槻氏一族世袭大夫史职位的人事惯例。当时担任大夫史统率大少史集团、主宰辨官居的人，被称为"官务"（《玉叶》"建久四年四月廿二日"条），因此独占这一位置的小槻氏被称作"官务家"。

如上所述，小槻氏确立了太政官事务局主宰者的地位，而在此背后，该氏对太政官的厨家*的掌控具有重大意义。[16] 在令制之下，"官厨家"不过是太政官的厨房，但《延喜式》赋予这一机构收取五畿内外诸国公田地租的权力，也就是可将班

---

* 为太政官调度各类食材的部门，随着经济收益的固定化，食材或赋课的供给地逐渐具有领地的性质（私领化）。

田剩下的田地出租给农民并征收地租（收获量的五分之一），使其发展为负责给太政官全体统筹财务的部门。厨家的别当[*]最初设置少纳言、辨、外记、史各一人，但 10 世纪末至 11 世纪初，小槻奉亲、小槻贞行的时期，大夫史掌控了官厨家的实际事务。大概是大夫史拥有的算道技能起了关键性作用。如此，官厨家的经济收益成为世袭大夫史的小槻氏的重要财源，近似于其家领。

另外，小槻氏与主计、主税两寮的紧密关系也推动了一族势力的发展。令制之下，算道设置博士二人，根据《官职秘抄》"算博士"条记载，"凡此职，中古以后以小槻、三善氏任之"，即小槻、三善两氏以算道作为家业，世代担任算博士。另一方面，民部省管辖的主计寮、主税寮两大财政机构，前者负责调庸贡物等课税的统计收纳、国家经费的支出及用途的审查；后者负责监督地方财政收支、统计收纳进京春米。两者都需要算道的相关技术人员，所以令制为两寮各安排了两位算师（《职员令》）。随着算道出身者进入两寮的现象日益显著，前文所引天历八年（954）橘直干的申文就提到算博士兼任"显职温官"的情况，"兼二寮头助，一朝之枢要也"[17]。承历四年（1080），主计、主税两寮的头、助联署的解文中记载，"二寮（主税、主计）本为算道之官……虽横任者间间以相交，其员仅只一二人，多且不过三四人"（《朝野群载》卷八），即算博士兼任主计、主税两

---

* 原指以本官兼任他职，后指代长官。

寮的头、助逐渐成为惯例。同时小槻、三善两氏以算道为家业，算博士也专门从这两家中选拔，结果造成世代担任算博士的小槻、三善两氏间接垄断了主计、主税两寮的头、助。换言之，对于小槻氏而言，该族既能够世袭大夫史之职，主宰辨官的事务部门，进而控制太政官全体的财政，又可以与三善氏共同或交替运营国政上的财务部门即主计、主税两寮。

外记局

在太政官之下与辨官局并置的外记局[18]（少纳言局），也出现了类似的变化。令制规定，外记局由少纳言三人、外记大少各二人、史生十人构成，职务内容包括两方面：（一）管理内印（天皇玉玺），执掌奏宣，相当于天皇的秘书部门；（二）除目*，即全体官员的人事行政相关内容，可谓国政上的重要事项。根据《职员令》，少纳言还兼任侍从，说明该机构在律令国家原本的设计中就拥有天皇的秘书部门兼太政官下属人事部门的两重属性。而且少纳言常兼任侍从，必须经常侍奉在天皇身边，从职员的工作状况来看，已经可以看出外记局为何分解成少纳言部分、外记部分。进入 9 世纪，随着藏人的设立，奏宣事务多归藏人，少纳言作为天皇秘书官的性质削弱，成为单纯的侍从辅弼之官，对外记局的影响力进一步降低。结果，大、少外记成为外记局的主导，掌管以人事行政事务为中心的国政重要

---

* 平安时代朝廷任命内外官员的仪式。"除"指任命官员，"目"指记录下来。

内容。与之同时，如前述辨官局的情况一样，大外记的首席统率其他大、少外记及史生，掌控了外记局。这就是所谓的"局务"。类似小槻氏独占左大史的首席地位从而主宰辨官局，清原、中原两氏也占据大外记之官，由此形成两家之一主导局务的状况。

《外记补任》按年份记述了外记局职员（包括大外记、少外记，延喜十三年以后增加了权少外记）的任免情况，现存传本缺失了宽弘七年（1010）至保元三年（1158）的记录。虽无法根据此书详述清原、中原两氏任职的情形，但也可以依据该书前半部分末尾的二十五年（985—1009）与后半部分起初二十五年（1159—1184）的记载，试着统计一下这两段时间担任大外记者的出身氏姓：

985—1009 年	菅野（三人）、安倍（二人）、海（中原，二人）*、多治（二人）、滋野（二人）、大江（二人）、高岳、大中臣、贺茂、国、大藏、大春日、多来、三国、纪、能登、宗岳、清科、庆滋、小野、伴、尾张、惟宗、文室、樱岛
1159—1184 年	中原（十人）、清原（三人）、三善

接着我们看上述两个时期的少外记、权少外记的在任者。前期情况和大外记的差不多，后期除了常任大外记的中原、清原、三善三个氏族，还有高桥、惟宗、大江、玉祖、物部、纪、斋部、佐伯、栗田诸氏。由此可以看出，11 世纪初，中原氏担

---

* 参照下文的解释以及《外记补任》，海广澄在 987 年担任过大外记，后改姓为清原氏（局务家），作者在此将之错为中原氏。所以当时是中原氏、海氏各有一人担任了大外记。

任大外记仅有两例，而清原氏则完全没有这样的例子*，但到了12世纪中期，除了三善氏一例之外，大外记职位被中原、清原两氏垄断。前期担任过大外记的诸氏基本都从名单中消失了，后期也只剩下惟宗、大江、纪三氏还曾担任少外记、权少外记。由上可知，中原、清原两氏进入外记局，应该是在11世纪以后了。

再者，清原氏本姓为"海宿祢"†，海广澄从宽和元年（985）起任权少外记兼直讲，翌年任少外记，第三年升至大外记，永延二年（988）转任他职（《外记补任》），后获赐姓"清原真人"，任明经博士，于宽弘六年（1009）去世（《尊卑分脉》）。之后，赖隆、定滋、定康、祐隆先后继承其地位，都官至大外记。祐隆之子赖业（1122—1189）恰逢源平内乱‡期，作为大外记的首席主宰局务二十四年之久，被称赞有和汉之才，堪为"国之大器，道（明经）之栋梁"（《玉叶》"安元三年五月十二日"条）。

中原氏本来出自十市（部）氏，与外记局的关联始于天庆六年（943）直讲§十市春宗之子有象就任少外记。天庆八年（945）有象获赐"宿祢"之姓，次年升至大外记（以上，据《外记补任》）。天禄二年（971）十市氏改为中原氏，天延二年（974）

---

* 如前注所述，海广澄在987年担任过大外记，并在1004年改姓清原氏（《地下家传》），因此"11世纪初的阶段……清原氏则完全没有这样的例子"或不准确。

† 宿祢是天武八色姓的第三位。

‡ 即治承寿永之乱，以1180年5月（一说4月）以仁王下旨号召讨伐平氏并公开叛乱为起点，同年8月源赖朝在伊豆举兵，并于1185年3月的坛之浦战役彻底消灭平氏，结束内乱。在此过程中，赖朝确立武家栋梁的地位，构筑御家人制的主从关系，建立起了镰仓幕府。另外，也有说法（如本书）将内乱时间下限定为奥州合战的1189年。

§ 大学寮的官职之一，帮助明经道博士、助教讲授经书。

又获赐"朝臣",遂改为中原朝臣(《地下家传》)。天元四年(981),有象之子致时任少外记,之后升为大外记兼明经博士,正历二年(991)成为大外记首席,也即到了局务的地位。之后,中原氏的嫡系按致时—师任—师平—师远—师安—师业—师元的顺序传承,历代皆官至大外记。

再看清原、中原两氏一门族人的任官情况。清原氏从天喜二年(1054)去世的定滋(享年五十二岁)那一代开始,中原氏从活跃于11世纪前半期的师任(据《地下家传》,生卒年是983—1062)开始,都出现多次庶流担任大外记、少外记的情况(《尊卑分脉》)。可以发现,二者都是以11世纪中期为分水岭,一族上下迅速进入外记局。

清原、中原两氏在10—11世纪诸道*向家业化方向发展的进程中,也确立了对明经道的垄断地位。清原氏的始祖广澄和中原氏的第二代致时都以明经博士的身份升任大外记,从此以后一族子孙担任大外记者,大部分兼任明经道的博士、助教、直讲,反映出两氏将明经道作为家业,又以此家业为依托专任外记之职。那么,外记局为何需要明经道的学识?当时处理国政相关文书时一般要明经科即儒学的知识,除此之外,这恐怕还跟主要由外记局负责的除目工作有关。除目相关文书,也就是除目时必要的任官、升任、转任的申请书即申文、款状等,

---

* 指各类专门技艺、特殊职务,或从事相关工作的人群。这里特指大学寮所设明经道、明法道、算道等。

按规定要以汉文来写，并且需要大量引用中国的古籍、典故。平基亲著《官职秘抄》"大外记"条提到，"往年多以文章生任之，近代以明经谱第者任之"，即反映了上述情况。

检非违使厅

9 世纪初新设的检非违使厅，迅速发展为京中的治安警察机构。9 世纪后期以来，至少连刑部省对京中犯罪案件进行审判、行刑的权力，也被吸收到了使厅，结果本归刑部省管辖的明法博士、大判事等明法官员也纷纷兼任使厅的尉、志（极少数为佐），即所谓"蒙使宣旨"的例子渐多。如前所述，这一做法被视为明法道官员出人头地的关键。这些明法道官员[19]中，最先崭露头角是作为明法道名门而声誉颇高的惟宗氏。9 世纪以来，惟宗氏世代有人担任法曹（参照本书第 27 页），一族子弟按照这样的模式接连不断地进入使厅是自然而然的事情。《朝野群载》卷九引永久二年（1114）正月十三日典膳菅原有邻的申文中提到，"改菅原氏，赐本姓惟宗，请迁任左右卫门志即蒙检非违使宣旨"，也说明在当时使厅的明法官员中，惟宗氏已占据了稳固的地位。

其后登场的是中原、坂上两氏。先说中原氏*，中原范政[20]在应德元年（1084）被任命为道志，承德元年（1097）为明法博士；中原资清在承德元年改本姓"菅原"为"中原"，获任道志，

---

* 此处的明法家中原氏与上述外记局的中原氏并非同一氏族。

长治二年（1105）为明法博士；中原范光于保安五年（1124）时为少判事在任；中原季直于久安三年（1147）成为明法博士；中原业伦于仁平二年（1152）成为明法博士。中原范光请求就任明法博士、检非违使志（道志）时提交的申文中提到，"随范光父祖廿年，久传谆海；继箕裘三代，早遂大成。李门之春风，吹研精于青黎之杖；棘署之秋霜，辨听断于丹管之笔"（《朝野群载》卷九），可知在当时中原氏自称为"李门"即明法之家。

再看坂上氏，可以举出以下名单：坂上时通，长元八年（1035）以左卫门府生的职务出现在记录看督长换班值勤表的注进状中（九条家本《延喜式》纸背文书）*，之后在天喜五年（1057）成为志道；坂上定成，天喜五年成为志道，后任明法博士，于宽治二年（1088）去世；坂上定氏，宽治元年（1087）任明法博士；坂上范光†，中原俊光之子，作为定成的养子于应德元年（1084）成为道志，承德元年（1097）任明法博士；坂上明兼，范光之子，在天永三年（1112）至久安三年（1147）的三十余年间一直担任明法博士，对《法曹至要抄》的形成做出重要贡献，官至大判事、使尉；坂上兼成，明兼之子，康治元年（1142）以前就成为道志，久安五年（1149）任明法博士；到了11世

---

* 府生是六卫府或检非违使的下级职员，位在主典之后，负责杂务等；看督长是检非违使的下级职员，负责守卫监狱、追捕犯人，是检非违使执行任务时的主力人员；注进状是中世的一种文书形式。下级职员向上级汇报调查事项的详细内容时使用，多列举人名、物品数量，文尾常以"右、注进如件"结句。

† 据《诸家系谱》，中原俊光之子二人范政、范光，其中范政过继给坂上定成，其子明兼成为明法家坂上氏之祖，故此处以及下文的范光应为"范政"。

纪末,除了惟宗国任在宽治承德年间(1087—1099)任明法博士,从现有史料来看,惟宗氏一族再无出任明法博士者。与此相反,12世纪中期的久安年间(1145—1151)以后,见于史料的明法博士全部出自中原、坂上两氏。之后成书的《职原抄》也称,"明法博士二人,明法道之极官也,中古以来,坂上、中原两流为法家之儒门,以当职为先途","明法者……坂、中两家立家以来,以廷尉法儒(明法出身的使尉)、大判事为先途"。这一状况说明,坂上、中原两家以明法道为家业,担任明法博士、大判事、检非违使尉已经成为人事惯例。

最后谈一下检非违使通过职务而获利的情况。目前无法找到能详细说明检非违使获利渠道的史料,不过《狱令》中有明确规定的官府没收赃物、赎物,或许是检非违使职务收益的来源之一。《狱令》规定,提供给囚犯的衣服、荐席(草席)、医药以及维修牢房的费用,皆以赃物、赎物充抵。但赃物若是偷盗、欺诈所得财产,则须归还原主(原属官府则归官府,属私人部分则归私人)。受贿所得财产、盗取他人的所偷财物形成的"倍脏"等,皆由官府没收(《名例律》)。上述《狱令》中的赃物,就是这些被官府没收的财物。此外,八位及以上有位阶者、七位及以上有位阶者的父母妻子被判流放或以下罪行时,可以缴纳赎铜来抵刑;七十岁及以上老人、十六岁及以下年幼者、废疾者也可按此规定缴纳赎铜免去刑罚(《名例律》)。上述《狱令》中的赎物,就是这些犯人向官府缴纳的赎铜。

不过如前引内容所示,对杂色人收取赎物本属于刑部省的职务内容，9世纪上半叶检非违使设立后不久，此事改由检非违使代为执行（虽然此时重归刑部省）。根据10世纪的一份太政官符可知，原本令制规定由刑部省所辖囚狱司负责管理囚犯、牢房，将赎物用来充作囚犯衣服、牢房修理费用，但这时牢房基本都已破损，这些工作就全部从刑部省移交到检非违使了（参照第26页）。而且，结合前述检非违使不断扩大职权范围的趋势来看，收取赎物的工作和暂时回归刑部省管理的杂色人相关事务一样，总体上都可以看作是检非违使的职务范畴吧。

另外，史籍集览本《西宫记》接近末尾部分的二十三卷可以作为检非违使工作内容的参照[21]，其中引用了长保三年（1001）一份、宽弘四年（1007）一份、宽弘五年两份共四份赎铜勘文（罪犯未实际服刑而改以赎铜时，明法官员签署的勘文）。有趣的是，四份勘文提出的适用赎铜法的对象，并非赎铜法本来强调的有位者或其亲族。宽弘四年是废疾者，其他三例是年幼者，换言之，这全部是破例把赎铜法的适用条件扩大至庶人。尤其值得注意的是，这些勘文中提到适用赎铜法的理由。长保三年的情况是，有个十七岁的抢劫犯，其供认犯罪时虽是十七岁但实施犯罪还在十六岁，按照《名例律》以十六岁的年幼者来对待，可适用于赎铜法。宽弘五年的两例都是十七岁的盗窃犯，勘文回避原本刑法上对年龄的规定，而引用了《弘仁格》中不课税年龄从十六岁上调至十八岁的规定，以上调的不课年龄为基准，将年幼者赎铜的上限扩大到十八岁，则十七岁的犯人自然得以适用赎铜法。宽弘四年的例子中，"右得正（强盗的名字）承伏强盗之犯，过状已毕，而得正臂已被切"，就是说可能在抓捕的格斗过程中，该强盗的手腕被砍掉了，勘文以此解释犯人适用废疾者可赎铜的条款。

那么，为何在检非违使的工作中对赎铜一项如此重视呢？《江谈抄》中有一段藤原齐信（967—1035）与藤原公任（966—1041）的对话涉及检非违使的职务内容，我们从中可窥一二。部分罪犯在服刑完成后，受使厅差遣成为其杂役，称之为"放免"。在举行贺茂祭的时候，有一群放免者身穿绫罗锦绣，跟随在检非违使身旁。对此齐信认为那些放免者穿着如此不合身份的服装，"是把扣作赃物的东西做成华美的衣裳了"。不难推测，这是因为检非违使以配给囚犯衣服、粮食，修理牢房等名义获得赎物，反过来说，赃物、赎物对于检非违使而言属于职务上的收益，有一种物质回报的意义。那么，检非违使在搜捕强盗、偷窃等犯人时所获赃物，以及判罪、执行刑罚时所得赎物，都可能被其收入囊中。换言之，这里出现了一种新的官署运营模式，即履行职务的同时获得一定的收益。律令制式的公职观念以及相应的官员的公私观念都产生了变化，中世性的公私混淆、公私之别模糊的现象，在实际与思想两个层面愈加显著了。11世纪中期，"近来，厅事只依贿赂云云"（《春记》"长久元年四月三十日"条）所揭示的检非违使厅的情况，也反映了上述职务与观念的变化吧。

第三节　职与家业

职的特质

如果用官僚制（bureaucracy）这一政治概念来指代作为社会上一定特权阶层的官吏集团，为掌控主要政治权力并维持这一地位（即对官职的垄断）而塑造的统治结构，那么律令国家的统治机构确实可视为一种官僚制。律令制下将位阶与官职绑定（官位相当制），为正一位到少初位共五十阶的有位者集团，特别是五位及以上位阶者占据重要的高级官职提供了制度上的保障。更值得注意的是，这样的规范与分工的组织形式贯彻到了法律之中。换言之，太政官下的八省，省所管的职、寮、司等机构之间，贯穿了按等级序列分配职务、权力的原则，确定了所谓上下机构（所辖、被管）的统属关系；进而，构成这些上下各级机构之成员的官员之间，基于四等官制、杂任*制等确定了上下统属关系（《职员令》《职制律》）。于是，重视成文法这个履行职务之准则的"成文法主义"，以及在履行职务的程序上避免口头传递而依赖文书的"文书主义"，一同被奉为保障律令官僚制持续有效发挥机能的运营原则[22]。

始于 9 世纪并在 10、11 世纪之间蓬勃开展的律令国家中枢机构改革，呈现出设立新官署、撤并旧官署的历史表象，从政

---

*　杂任是四等官、品官之外各类下级职务的总称，包括舍人、史生、兵卫等，虽无位阶品级，但也属于广义上的"官人"，可免除课役。地方行政上也设置了郡书生、税长、调长等"郡杂任"。

治力学或政策视野的短期视角来看，可以说新设天皇直辖机构、削弱太政官的统辖能力实现了天皇权力的扩张。但以长远视野、从国家制度史的角度来看，这些措施最终带来了极为深刻的后果，即律令官制逐渐崩溃、律令国家走向解体。

由上节所述几类令外官署的创设与发展，以及令制官署的变质来推测整体，如作为天皇直辖机关的藏人所把太政官所辖修理职、中务省所辖内藏寮、宫内省所辖木工寮、主殿寮等都纳入其管理之下；辨官局的辨官部门与大少史部门分离，外记局的少纳言与外记部门分离等，显示出以太政官为顶点的大小官衙的统属关系逐渐松弛、瓦解。另一方面，藏人所吸收了上述令制或令外诸官署，成长为全面接管内廷经济部门的独立官署；检非违使吸收了刑部省、京职、弹正台的各种权力，成为统掌京都市内治安警察、审判、行刑等职务的机构；辨官局、外记局也都各自发展为大少史集团、外记集团这样能独立完成专门业务的机构。也就是说，以太政官为核心的大小官署间的统属关系解体了。结果，各个分离独立的机构或自成一体，或相互结合，各自执行独立完整的职务。这便是取代律令国家的新国家制度所采用的中央官制的第一特征。

第二特征在于官署运营能带来某种收益。像辨官局的大少史部门掌管太政官厨家那样，设计一种保障官署运营的盈利途径；或像检非违使所收赃物、赎物那样，直接将履行职务开展业务活动时获得的物品当作收益。换言之，职务活动与收益直接且密不可分地结合在一起。获取收益与履行职务紧密结合，再进一步发展，就是以获得收益为前提来履行职务。在此官职本身也可被视作内含一定收益的职位。众所周知，中田薰氏从分析中世的庄园所职入手，阐明了日本所有权法制史上的基本概念"职"的特征及历史性[23]。通过履行职务可以取得预期收入的、作为权力载体性质的官职可被称作"职"，则这种包含收益的官职就是中世所有权法制史上"职"的原型吧。

进一步分析，行使所有权概念的"职"谓之"知行"，如牧健二所论，"知行"最初是指古代官制史上履行职务的意思，[24]通过行使所有权概念之"职"实现了预期的收益，也就是获取一定的利益，被称作"所务"，其中的"务"最初也是履行职务的含义。

第三特征是特定氏族（"家"）对官署的承包。如前所述，辨官局的小槻氏独占了左大史首席的位置，成为大少史部门的主宰；外记局中清原、中原两氏掌握了大外记首席的最高地位，实际上共同成为该机构的领导者。大概到 12 世纪，左右大、少史的职位多数为小槻氏一族占有，辨官局到最后也呈现小槻一族垄断经营的局面。外记局中的大外记职位，基本上完全由清原、中原两氏掌控，他们对外记局的垄断经营已然根基稳固。原本属于宫内省管辖、后被藏人吸收的主殿寮，在镰仓初期以后，寮头即寮之长官也由上述小槻氏兼任，不久寮助（副官）及以下的僚属有名无实，这一机构就也由小槻氏单独运营了。也就是说，律令制以四等官制确立的机构运作原则，即按等级次序分配职权的规则完全失效了。

综上所述，特定氏族对某官署的垄断，不仅是要独占长官的位置，还要控制下级各职位。若不能，也要占有长官职在内的高级职位，或仅掌握长官职但使副官及以下职位有名无实。官署运作的详细情况未必一致，但各个官署皆由特定氏族承包经营的模式是相同的。从各个氏族的立场来看，垄断性承包的官署相当于该氏族的家业，如前所述，业务运营变化带来经济收益，所以这种家业意味着家产。而且，前文提及履行职务之意的"务"，也用于指代履行某一职务的家业经营者，官务（小槻氏）、局务（清原或中原氏）、省务、寮务等称呼由此产生。进而言之，像寮头对应的"寮务"、八省之卿对应的"省务"、知行国国守对应的"国务"、检非违使别当对应的"厅务"等，用"某务"称呼该机构的实际领导者（机构的主宰）而非形式上即律令官制上的长官，也正是官职家业化所导致的现象。

家业

其实，"家业"的观念在此之前就已有体现。《续日本纪》"养老四年（720）三月己巳"条中记载"缘其家业散失，无由存济"，同书"天平胜宝六年（754）十月乙亥"条也有"任意双六……终亡家业"的语句。此外，菅原道真在贞观十二年（870）五月式部省对策及第时所作诗中有"明诗对策有名闻，负担箕裘不外分"（《菅家文草》卷一），在昌泰二年（899）三月廿八日辞去右大臣职务时所上第三份表中也称"臣，地望荒甗，售以箕裘之遗业"（《菅家文草》卷十），这里的"箕裘"是同样的概念。天历八年（954）八月九日文章博士橘直干申请民部大辅的申文中有"抑近代成业之辈悉是儒门之胤，文籍随身，提撕在耳，少者二十有余，老者仅过三十，皆继箕裘，咸列升进"（《本朝文粹》卷六）之句；天历十年（956）十一月廿一日，菅原文时为其子惟熙申请修学费用的申文称，"文时谬以儒胤，叨扬虚名。风吹箕裘，即好文之君所惠；尘遗书籍，非成业之子谁传？"（同上）；长保四年（1002）五月廿七日，式部权大辅兼文章博士大江匡衡在为其子能公申请修学费用，并请朝廷准许能公继承家业的申文中说，"菅原、大江两氏，建立文章院，分别东西曹司，其门徒习儒学著氏姓者，济济于今不绝。因斯，此两家之传门叶不论才不才，不拘年齿……望请，蒙鸿慈，因准前例，早赐灯烛料，令继箕裘之业"（同上）；天仁三年（1110）正月十六日，文章得业生 * 菅原时登的申文也说，"望请，蒙天恩，因准前例，被下宣旨，令被敦光为问头，遂课试，将继箕裘之祖业"。前一节引用的保安五年（1124）正月十二日少判事中原范光申请明法博士、检非违使志的申文亦云，"随范光父祖廿年，久传谆诲，继箕裘三代，早遂大成。李门之春风，吹研精于青黎之杖；棘署之秋霜，辨听断于丹管之笔"（《朝野群载》卷九）。如上所示，他们在申请官职或与之相应的待遇时，举出的理由是其身份需要继承家业即"箕裘"，可见家业观念

---

* 从大学寮的文章生挑选成绩优异者二人，推荐参加秀才、进士考试，称之"文章得业生"，通过考试后可以任官，平安中期以后也可不经过考试直任地方官等。

的通行与普遍化。

当时的人如何看待某一职务与特定的氏族绑定，从而出现"专业氏族"呢？《续日本纪》"天平宝字二年（758）八月戊申"条中的"敕曰：'子尊其考，礼家所称。'"此即早期用例。《令集解》《政事要略》等9—10世纪的史料中也出现礼家、药家、经家、法家、历家等称呼。比如《令集解·继嗣令》"继嗣条"中"四位以下，唯立嫡子"一句：

> 赞云："虽不得出身，为身承家，更立嫡，如庶人也。"问："八位无子，但有孙，未知得出身以不？"答："依文不可然，但欲养子听，抑问礼家也。"（末句"问"字据意补）*

《令集解·假宁令》"闻丧条"中"闻丧举哀，其假减半"一句的解说：

> 穴云："于番上人服月已过者，无追服日残者，计残给耳，不给举哀之假，又不依先说也……"问："凡职事、番上、庶人等，过服月闻者何？"答："只止耳，若有残月者，如上解。"私案：于番上然耳，不给举哀之假，故其职事预月已过，给举哀之假耳，但于父母全起自闻日给一年耳可闻礼家。（末句"闻"字原作"关"，据意改）

---

* 国史大系本《令集解》作"合"字，即"但欲养子听，抑合礼家也"。

《令集解·职员令》"典药寮"条中"针师五人掌疗诸疮病及补写":

> 穴云："补写仔细之义，药家所通耳。"

《令集解·户令》"国遣行"条中"好学笃道"处：

> 穴云："笃道谓身存五教人也，抑合问经家也。"

同上条"不孝悌、悖礼、乱常"处：

> 赞案……私案：悖礼者……乱常者……抑可问经家也。

《令集解》所引的"赞说"，一般认为是贞观四年（862）八月以八十岁高龄离世的明法博士赞岐永直的主张（也有人认为是赞岐氏一族的学说），同引《穴记》是明法博士穴太内人的作品，一般认为最晚成书于弘仁、天长年间（810—834）。延喜元年（901）完成的《三代实录》"贞观四年八月"条记述了赞岐永直之死：

> 永直闲卧私第，授律令于生徒，式部省就门庭行讲竟之礼，法家荣之。

又,延喜十四年（914）三善清行的《意见十二条》的第 6 条：

> 故去宽平四年诏,省件大判事一人,中判事二人,少判事一人,唯大少判事各置一人。然犹大判事独用法家,少判事又非其人。

《政事要略》卷六十二引弘仁七年（816）十一月廿一日式部大丞橘常主与大判事物部敏久的对谈内容称：

> 问："……然则动作之事,孰非礼仪,而今有礼仪、非违之别,依上案之理不可然,但疑法家有分析之正文乎？"答："经家之意,实如前论,律令之意,颇有不同,略举一二之例于左……"

同卷廿五,编者（惟宗允亮）自己的文章中有：

> 私问："以十一月朔日,为奏御历之期,若有故乎？"答："憷无所见,但历家说……"案此：上件三月历家号谓天正月、地正月、人正月……"

《御堂关白记》"长和二年（1013）十二月一日"条：

> 此日日蚀不蚀,历家失欤。

特别是《本朝世纪》"长德元年（995）九月廿八日"条：

> 诸卿于阵定申大贰事，先日推问使言上之解由下给于
> 法家令勘申罪名。

《政事要略》记载：

> 爰云法家之判……者，为显折中之义，载于勘答之文。
> （卷八十一）
> 征赎铜，给官符于刑部征之，近代之例，官符载断罪
> 文若法家勘文等。（卷八十二）。

据此可知法家的勘文在官方刑事程序中起到重要作用。并
且，原本归刑部省负责的勘申罪名一事，至10世纪末也不经
刑部省而是直接由法家处理了。[25]大概同一时期一份有关赎铜
的官符规定，法家勘文可以代替断罪文。[26]这两点显示被称作"法
家"的专业人士团体已经开始取代司法部门履行公职业务，这
样巨大的变化无疑是家业集团发展的一个里程碑。

准用与折中

以家业继承观念作为思想支撑的官署世袭制，不断地侵蚀
律令制政治机构，法律层面也就不得不随之转变，以适应并支
撑新的国家制度。然而，律令从来没有被公开废弃，原则上依

然维持国家根本法典的地位，因此与律令官制在形式上长存一样，律令法在形式上也没有失去正条、本条的地位。因此，新法律的形成或是经由格、新制、制符＊等新法发布程序，或是通过明法道官员公开或默认地对《令集解》中早已经常出现的"时行事"（法曹的执行习惯）、民间习惯法等的承认，即重新解释律令的方式来推行。在此情况下，律令法的更改，也即新法理的出现会采用什么方法，以怎样的合理性解释来进行呢？我们结合明法道官员的律令解释来看一下。

先举继承法部分的例子。《令义解》对《户令》"应分条"的解说如下：

> 又问："僧尼嫁娶生子，亦既私有财物，既僧尼身死，若为处分？"答："僧尼嫁娶及私畜财物，并是破戒律，犯宪章。若在其生日，即国有恒典。然而僧尼，其既身死，虽是违法，亦有妻子，即所有财物当与其妻子。"

虽然僧尼的嫁娶（婚姻）是破戒、违法的，但娶妻的僧人去世后，其遗产可以传给妻儿。即使有僧人身死这一前提条件，但仍可以说《令义解》是在法律上认可僧人娶妻的。然而，后

＊ 格是对律令进行补充、修正的追加法，通常以诏、敕、太政官符等行使公布；新制是以宣旨、太政官符、院宣等下发的临时立法，中世以后，幕府、寺社等也发布对内的新制，即武家（关东）新制、寺家（寺边）新制等。制符是通过文书、符札对社会生活、政治仪式等内容进行规范的法令。

来的法家引用此解释，不仅在僧尼去世时，在僧尼还俗时，也认可其婚姻。比如文永四年（1267）八月廿二日，明法博士中原章澄的《明法条条勘录》第15条记载：

> 以僧为夫，可听否事？准《令义解》文，可听之由，先达或判之。

所谓"先达"的判例，即以往有名望的明法道学者的解释如此。需要注意的是，提出认可僧人还俗后娶妻的新说是以《令义解》中的解释作为依据。这里对律令法（特指《令义解》的法律解释）的"准用"（以某例为据），实际上是对律令法的扩大解释。而且，《明法条条勘录》的勘答者中原章澄并不遵从上述先达的判例，而是认为："僧尼嫁娶，犯法违教，不容典宪，设虽还俗，离之，科更无可用夫之理乎？"我们由此可以知道，关于是否承认娶妻僧还俗后的婚姻状态，明法道学者之间存在法律解释上的分歧，但可以确认的是，这是新法理的产生源自对旧说明显的扩大解释之一例。

再举一个债权法方面类似例子。即是否承认田地抵押的问题，以及与此相关，若承认抵押则被抵押田地转移给债权方还是留在债务方手中的问题。关于这两个问题，《杂令》规定：

> 凡公私以财物出举者，任依私契，官不为理……家资尽者，役身折酬。（用财物放贷，听任当事人之间自主缔

结契约，抵押物由债权方保管。若债务未能偿还则变卖抵押物以清理债务。若抵押物不足则扣押房屋和其他财产，若还不足则以债务者的人身即劳动力来抵偿。）

但《天平胜宝三年（751）九月四日格》，对"出举财物，以宅地园圃为质"的行为，规定"自今以后皆悉禁断，若有先日约契者，虽至偿期，犹任居住，稍令偿酬"（《类聚三代格》卷十四）。也就是禁止一切抵押宅地园圃的行为，对于禁令发布之前已经抵押的部分，施行过渡性措施，即允许债务者保留抵押的宅地园圃（"任居住"），到赔偿期限前可分次偿还（"稍"为渐次之意）。因此，只要不修改《天平胜宝三年格》，该政令就一直作为通行法律发生效力，不允许抵押宅地园圃，由此也就更没有允许田地抵押的余地。然而，12 世纪末成书的著名法律著作《法曹至要抄》（中卷）中，"不可以田宅为质事"一项虽引用了上述《天平胜宝三年格》，却附上如下的解释：

> 案之：不可以田宅之类为质之旨，《格》制严重也，是则为安堵百姓也。若无妨民业者，至于偿期可令稍偿补。

仅就结论而言，这是对田宅抵押行为的容忍，也是对《天平胜宝三年格》的否定，但表面上来看，否定旧格的逻辑并未使用任何否定的表达方式。也就是说，旧格禁止抵押田宅的目的本是使"百姓安堵"，那么今天允许抵押田宅若不妨害民业，则承认这一行为才是符合旧格意思的做法。不过在是否将抵押地转移给债权方这一点上，该书仍采纳了格的办法（原本规定是过渡措施），即债务者一方可以保留田地。这是以律令格式为参考依据，宣称对律令格式进行解释，但实际上采取开放性的理解思路，对律令格式进行各种修正。

允许抵押田地带来一个问题，即抵押地从一开始就归债权方还是留在债务方。《法曹至要抄》引用上述格的内容认为应由债务方保留，《明法条条勘录》（第 16 条）则相反。后者也引用了《天平胜宝三年格》，认为债务方保留说妥当，但接着提出，若造成债务偿还延迟，债权得不到保障，则债权方会处于非常不利的地位，因此转而支持债权方持有说。从观点上看，《明法条条勘录》给出的解释其实是往后退了，作者（中原章澄）主张"准的此令（即前引《杂令》'家资尽者，役身折酬'部分），物主暂知行之"，也就是再次拿出被《天平胜宝三年格》否定的《杂令》的相关规定，以此为"准的"支持债权方持有抵押地。

其实平安、镰仓时代明法道学者使用的"准""准的"概念，与今天日语中的"准处（依据）"等词在意思、含义上存在很大差别。"准"字的和训应为"ナズラフ"（《类聚名义抄》《伊吕波字类抄》），意思是"乙非甲却表现出和甲同等的价值、资格，准于、相匹敌、相称"（《岩波古语辞典》）。我想特别注意这里面"相称"的含义：乙非甲，但与甲对照，被作为相称之物。换言之，与甲对比，赋予乙为相称之物、相匹敌之物、同格之物即是"准"，这种赋予是基于保持平衡、追求安定的均衡观念之上的价值认可。《色叶字类抄》（古部）中有"准的彼此未定"，对于甲（彼）而言，乙（此）属于同格、对等之物，大概就是"准的"之原意（或是接近），明法道学者所用"准的"概念基本上接近于此吧。进一步推断，他们用到的"准处""因准"等词也是类似的概念。

明法道学者面对僧人娶妻问题时称"准《令义解》文，可听之"，面对抵押地应移交债权方时提出"准的此令（前引《杂令》)"，这种均衡观念就带来了对令条的扩大解释，或者做出背离律令本义的新解释。

综上所述，明法道学者运用"准""准的"概念，得以尝试对法律采取相当自由的解释。与其说"得以"，不如说他们不得不这样尝试。大概律令对于他们而言是绝对的表面原则，在起草一份份判决文书时必须引用律令正文，如果不对律令条文进行扩大解释，乃至偷换法律逻辑以对律令进行大幅度修改、变更，尽力填补律令与现实间的空隙，那么律令作为绝对原则的地位也岌岌可危。明法道学者无疑切实地明白，这种状况也会威胁他们自身的存在。

与"准的""因准"一样，对律令法做出修正解释、变更、歪曲时经常使用的还有折中之法（折中之义）。例如，宽弘五年（1008）前后形成的《政事要略》（卷八十一），提及抵押物在受抵押方遭烧毁或因火灾骚乱而遗失时的处置，指出这属于非常情况，不能够未履行安全保管抵押物之义务为名问罪受抵押方。它引用明法道学者的判断，即"疑罪从轻，古今通典，执宪履绳，务从折中"，因此受抵押方不需要赔偿抵押物品。这一判例被两个世纪后的《法曹至要抄》所继承，但该书认为受抵押方虽无赔偿责任，但"亦，可负物，不可辨补"，即解除抵押方偿还借贷财产的责任，由此"彼是（受抵押方、抵押方）无损，自叶折中之法"。折中之法源自《贼盗律》《谋反律》条文中"执宪履绳，务从折中"，本是说明法律执行时应采取立场的格言，但在此，"折中"的内涵是努力维护借贷双方的利益平衡，为抵押方解除了偿还借贷财产的责任。也就是说，这是仅从折中的立场出发，提出了律令中不存在任何依据的新法。

而关于是否允许寡妇收养养子的问题，《明法条条勘录》（第14条）认为，律令法中的《户令》有对养子的规定，不认可女性收养养子，但"僧尼犹以有弟子，准所处，何不许养子乎？执宪履绳，务从折中故也"，因此支持寡妇收养儿子。既然允许僧尼收养养子，为了保持均衡，不也可以承认寡妇收养养子吗？这种主张同时实现了折中之义，即以"准处"与"折中"两套论证方法，主张应允许寡妇收养养子。恰好在武家的《御成败式目》（第23条）中，也有性质相同的法令"女人养子条"。虽然法意（律令法）不允许，但是在武家社会，女性收养养子自右大将家（源赖朝）以来便是"不易之法"，且中央及地方也多有先例，因此允许。对比来看，明法道学者虽然得出同样结论，但不得不使用上述勉强的理由。

不过我们再回到折中之法，从此处例子也可看出，准处与折中在适用具体事情时结果相同，但在概念上仍非一致。准处主张均衡才是法的正义，而折中认为两极之间才是法的正义。这两者如同法律条文（疏文）中的金玉之言，被明法道学者频繁且肆意地使用。

家业的法理

如上所述，准的、折中作为行之有效的论证方式，帮助明法道学者对律令进行修正解释，以及推出突破律令法的新法。它虽然可更改律令法，但自身绝非超越律令法的新法理。然而，在作为明法道学者的法律解释而零星留存至今的明法勘文，以及无疑以今日已不见的大量勘文资料为基础创作的法律参考书（《法曹至要抄》《裁判至要抄》等）中，却存在一个明法道学者明确意识到超脱了律令法的法理，且他们公然为其辩护。这就是允许为了继承家业而打破律令限制的学说。先举实例如下。

A. 养子的继承权

《法曹至要抄》（下卷）相关解释如下所示：

> 《户令》"应分条"云："女子半分，养子亦同。"
>
> 案之：养子之法，无子之人为继家业，所收养也。然者其养子，可总领养父之遗财。（下略）

上述史料意思是，以继承家业为目的而收养的养子，可以继承养父的全部遗产。

B. 违法养子的认可

《户令》"听养"条称，"听养四等以上亲于昭穆合者"，即未生男子情况下，可以从四等以上亲族中挑选合乎"昭穆"的养子(从养父的子侄辈中挑选)。这是律令中养子法的基本条文。另外，《户婚律》中的相关条文规定，三岁及以下被遗弃的小孩虽是异姓也能收为养子，构成了养子法的补充条款。对此，《明法条条勘录》(第3条)先引用上述律令条文，然后说："违法养子事，设制之条，今典已明。虽须改正，性命将绝故，为令继家业，令收养之条，虽异姓有何事哉？"即养父临死时所收养子乃为传承家业，就算是被律令禁止的异姓养子也无妨。这是主张尽管违反了律令法，但也没必要解除养父子关系。并且，这条解释还提到所谓"先达或听之"，即这种容许违法养子的说法不是从《明法条条勘录》开始的，而是源于以往的说法。

C.同居卑幼私用家财

《户婚律》云，"同居卑幼私辄用财者，五端笞十，五端加一等，罪止杖一百"(据逸文)，可知法律禁止"卑幼"私自使用家财，但《明法条条勘录》(第1条)引用了以下值得注意的说法：

> 《户婚律》"同居卑幼私用家财"条之说者云，若为家业专用，无罪。但虽为家业，不听父母专用，科违犯教令之罪云云。

也就是说，同居的子孙、弟侄一辈未经父母许可私自使用家财，要是用于家业，便不被问罪。这一解释是对律令正文的否定。关于条文的"说者云"，有说法认为是指不晚于延喜初年（元年为901年）成立的散佚图书《律集解》或延历年间（781—806）的《律令私记》等，大致可以推定此说至少在10世纪初已经存在了。那么，较之认可出于继承家业而认可异性养子的《明法条条勘录》（1267）、基于同样理由承认养子可独自继承家产的《法曹至要抄》（12世纪末），从家业继承出发否定禁止家财私用法律的说法在更早时期就已经出现了。在家业这一前提条件下，律令规定的家族法规，即使只是对特定条款，但终归是被否定了。无须赘言，这种否定它的家业优先的法理，与建立在特定氏族承包官署经营之上的王朝国家体制相适应。如果说准用、折中是可能否定律令法的理论武器，那么家业优先的法理，哪怕只是一小部分，也无疑为建立在否定律令法之基础上的王朝国家的公家法赋予了实质内容。

以上讨论了以家业观念为前提的官署世袭制的发展，以家业逻辑为中心的新法理的成熟，不过还有一个新现象必须要提，即与此相随的国家制度史层面的新现象。在律令国家中，朝廷确立了"勘会制"作为行政原则，试图以此实现彻底的民众管理，即制作计账、正税帐等四度公文*为主的各类详细繁杂的账簿向中央汇报及彼此堪合。但随着这种制度及理念的解体，取而代

---

* 诸国四度使（正税帐使、大帐使、贡调使、朝集使）上京时提交公文的总称，包括大计帐（户口统计）、正税帐（正税收支）、贡调帐（输送调庸数）、朝集帐（官员政绩考核）以及补充材料（枝文），以反映地方的行政、财务状况。平安中期后逐渐失去实际意义。

之的是民事诉讼程序中的当事人主义 *，以及"纵有死人伏于狱前，若非起诉不予审理"这句法律俗语所示的刑事诉讼程序中的控审分离原则，通俗来讲，这是国家对于民众诉讼采取不干预、调和的政策。这一变化大概出现在 11 世纪以降。原因是诉讼制度上的当事人主义若要成立，就必须以公文书交付过程中被交付者（民众一方）的主体性行为存在为前提，而根据近年来古文书学的研究成果可以确认，这种新的文书程序首先出现于 11 世纪以降的国司文书中。

如此看来，特定氏族承担的官署世袭制在辨官局、外记局、使厅等中央主要机构中确立的 12 世纪前中期，应当可作为王朝国家的成立期。约半个世纪后，新兴的领主层 †武士集团统治的政权诞生于东国。这就是镰仓幕府，即中世国家的第二型。

---

* 法学概念，与职权主义相对。强调诉讼的发动、继续主要依赖于当事人，诉讼过程由当事人主导，法官仅处于消极的中立的裁判者地位。

† 即在地领主层，与都市贵族构成的庄园领主相对，指在农村实际经营领地、统治农民的中世领主。

第二章

镰仓幕府

第一节　幕府的成立与组织构造

从治承四年（1180）五月以仁王举兵开始，到文治五年（1189）八月源赖朝讨灭奥州藤原氏为止，这场持续近十年的内乱，不仅是日本历史上前所未有的涉及广阔地域、牵涉整个社会阶层的大规模动乱，而且由此催生了镰仓幕府这一新政权，可以说它也是历史上划时代的大事件。要理解镰仓幕府的基本性质，明确这一新型政治权力在日本国家史层面的地位，至少必须面对幕府权力形成过程中三个关键问题：一是源赖朝举兵的旗号，二是《寿永二年（1183）宣旨》所反映的东国政权构想，三是文治元年（1185）设置守护地头问题。

《最胜亲王宣》

治承四年八月，流放在伊豆国的源赖朝举兵讨伐平家。为其行动赋予大义名分的，便是起事前下发给赖朝、日期写作同年四月九日的《以仁王令旨》*（《吾妻镜》"治承四年四月廿七日"条）。该令旨发给东海、东山、北陆三道诸国的源氏及"群兵"，命令其"速追讨清盛法师†及从类叛逆之辈"。正文开头称"右，前伊豆守正五位下源朝臣仲纲宣，奉最胜王敕称"，明确以仁王自称"最胜王"，并称自己的命令为"敕"。之后，令旨罗列平家一族作恶为逆的罪状，如"恼乱百官万民，虏掠五畿七道，幽闭皇院，流罪公臣，断命流身，沈渊入楼，盗财领国，夺官授职……断百王之迹，切一人之头，违逆帝皇，破灭佛法，绝古代者也"。接着，令旨称"仍吾一院（后白河上皇）第二皇子，寻天武天皇之旧‡，追讨王位推取之辈，访上宫太子§古迹，打亡佛法破灭之类"，展示其打倒平家的决心，要求人们响应此号召举兵讨贼，约定对于有功者给予赏赐，"御即位后，必随乞赐劝赏"。

从以上引用部分可以看出，以仁王将平家的罪状归结于叛逆国家和破坏佛法两点：为惩罚排佛罪行，他自比圣德太子，使用最胜王的称号；作为追讨逆贼的号召者，他自比天武天皇，

以预定"即位"者自居，称自己的命令为"敕"，下达的文书为"宣"。关于这份收录于《吾妻镜》开篇不久处的文书，很早就有八代国治氏断定为后世的伪作，但伪作说未必有很强的说服力。[1] 但反过来认为《吾妻镜》所载文书一字不误地等同于当时的材料，也很难被证实。不过，以仁王横死于平氏之手数月后的治承四年九月，藤原定家在日记中记载"世上乱逆……称最胜亲王之命徇郡县云云"（《明月记》），同年十一月右大臣九条兼实也在日记里记下这样的传闻："自关东称一院第三亲王被伐害也宣，谓可诛伐清盛法师，东海、东山、北陆道等武士，可与力也。发往诸国，又给三井寺徒众云云。其状，前伊豆守仲纲奉云云。"（《玉叶》"治承四年十一月廿二日"条）近一年后的治承五年九月，自东国向伊势神宫敬奉的一份告文（"誓书"）中也有"被最胜亲王之宣称"的文字（《玉叶》"治承五年九月七日"条）。结合兼实日记中其他相关记录来看，已在东国镰仓建立根据地的源赖朝，这时依然把以仁王的存在当作政权存立的前提，将其作为自身权威的来源，并且称之为"最胜亲王"，称他的命令为"宣"。

赖朝拥立以仁王的情况之后再讨论，此处先关注将以仁王称作最胜亲王（《吾妻镜》所载文书是"最胜王"）、其命令为"宣"的问题。按照当时的公文书制度，"宣"是天皇意志的传达，不能滥用于其他情况（《玉叶》"寿永二年八月三日"条）。而《吾妻镜》所载文书透露了两点信息：一是文书发布者依据护国经典《金光明最胜王经》自号"最胜王"，以此赋予自己追讨佛敌的使命；二是将自身意志的表达文书称为"敕"，即自我认定为天皇（或将要即位者）。这两点几乎原封不动地出现在治承四年十一月、五年九月，身居镰仓的赖朝向朝廷提出的若干政治主张中。换言之，在这一时期，不论以仁王本人是否存活，或以仁王自己如何主张，源赖朝将其称作最胜亲王，将其意志表达视为"宣"，以此作为自身权威之来源是几乎确定的。那么我们就很自然地推断出，赖朝在举兵之时高调宣示《吾妻镜》所引"最胜王敕"之类的文书作为讨伐平家的旗号。

通过以上的考察可知，被流放到东国的源赖朝主动拥戴以仁王（最胜王），以打倒平家拥护的安德天皇为举兵口号。即使到了以仁王去世已一年半的治承五年九月，赖朝依然宣称以仁王还活着，而且拒绝使用安德天皇即位后所改的"养和"及次年改元新定的"寿永"年号，在下发文书中沿用"治承"年号长达三年。[2]

不过，就源赖朝举兵旗号的具体性解释，也即源赖朝在此旗号下采取了何种政治行动，大体存在两种意见。事实上这也代表了以赖朝为首的军事集团内部存在各自支持相对立道路的两股势力。第一条道路是否认"佛敌"平家拥立的安德天皇的皇位，主张尽早驱除叛逆者，让以仁王（最胜亲王）即位，以仿效"天武天皇之旧仪"，因此产生的政策是，只要军事条件允许应尽早进京。第二条道路则相反，主张与京都的朝廷诀别，拥戴以仁王在东国建立新的国家，在军事上则尽可能地将战线维持在京畿形势能波及的范围之外。

上述两种道路的对立，早在赖朝举兵后仅两个月的富士川合战取胜时便已浮现。当时，赖朝下达追击平家败军进而进京的命令，但下总豪族千叶常胤、相模豪族三浦义澄及上总豪族平广常等以常陆佐竹氏尚未降服、东国形势不稳为由，主张进京时机尚早，迫使赖朝撤回了命令（《吾妻镜》"治承四年十月廿一日"条）。到了次年，鉴于木曾义仲在北陆道的扩张所引起的军事形势进展，源赖朝再次准备进京，传到京都的流言称，前次阻止进京的豪族平广常要守护以仁王留在相模（大概是镰仓。《玉叶》"养和元年十月廿七日"条）。这个平广常正是反对进京派的中心人物，世代以受领名"上总介"为名，独立性非常强，归顺赖朝之后也自称"公私共三代之间未受其礼"（《吾妻镜》"养和元年六月十九日"条），拒绝对其行下马之礼。不仅如此，若干年后赖朝回顾称：

> （平广常）动不动就说"为何唯独对朝家那么在意，到了不体面的程度，只须像现在这样固守坂东即可，何必受他人笼络？"其已抱有谋反之心。（《愚管抄》卷六）

如此所示，平广常时常批评那些嘴上不离"朝家"之人丢了脸面，主张应该留守坂东。换言之，其反对进京不是基于形势或战略层面的考量，而是从心底里主张坂东独立，由此必然得出这样的想法。不过，为免误解而需要说明的是，广常的坂东独立论绝非其一人的想法，而应该是得到了上述三浦、千叶乃至其他不少东国武士的支持。与之相对，赖朝经常提出的进京方针，背后也一定有相当多的支持者。也就是说，赖朝当初打出以仁王的旗号时，就蕴含着两种对立的意见：以赖朝为代表的王朝再建论、以广常为代表的东国独立论。

有关东国独立论，还有一点需要补充，即最胜亲王的位置。东国若要独立，脱离京都朝廷的控制，那么就需要拥立与京都的天皇相匹敌的人物才能与天皇分庭抗礼。这是当时人们心中根深蒂固的身份等级制观念。不管源赖朝如何夸耀其出身高贵，也不过是比广常等豪族高几个级别而已，与皇亲比自不用说，就摄关家而言也难以相提并论。让我们回想起保元平治之乱*时，武士对于院（上皇）自不必说，对摄关家也是俯首待命，尽犬马之劳。因此要实现东国独立论，赖朝的身份完全不够，必须由更高贵身份者作为首脑。听闻以仁王已不在，有人背叛了赖朝（《玉叶》"治承五年二月廿一日"条†）；赖朝进京期间，由平广常保护以仁王看守后方（同书"养和元年十月廿七日"条）。从此类传至京都的流言中，可一窥当时的真实状况。

但要说拥戴源赖朝对广常等豪族而言没有一点好处，也绝非如此。以武艺为家业的武士聚集起来建立政治权力时，如这些家族之历史所示，这种集结必须要先组织成军事团体，而在

---

* 保元元年（1156）平清盛、源义朝等在后白河天皇、藤原忠通的命令下出兵，消灭了崇德上皇、藤原赖长一方的势力，标志着武士正式登上中央政治的舞台，史称"保元之乱"。平治元年 (1159)，源义朝联合藤原信赖袭击后白河上皇亲信信西，拘禁后白河上皇和二条天皇，后被平清盛击败，史称"平治之乱"，平氏由此确立了武家栋梁地位。

† 这条史料出自《玉叶》"治承五年二月廿日"条，而非"廿一日"条。

此之中，最优先的事项必然是拥戴一位符合军事集团首领的人物。当时，源赖朝正是合乎条件的不二人选。他肩负统领坂东武士且战功赫赫的赖义、义家等祖辈以来的声誉，出自在保元平治之乱中与平氏或竞争或对战，向中央展示了武家栋梁实力[*]的源氏嫡流[†]，本人也弓马技艺娴熟，具备武门栋梁的资质。所以对于关东豪族而言，赖朝至少是个值得拥戴的优秀候选者。

如此看来，适合作为东国政权首领（东国之王）的皇亲与适合担任东国武士团首脑（武家栋梁）的武将结合的"两主制"构想，可能已经在关东豪族脑海中萌生了。也就是说，关于在东国新组建的军事组织是充当服从京都朝廷的大将，还是要发展为有相对——尽管不是完全——独立性的政治权力这种政策争论暂且不论，这里暗含了既维持军事组织的本质又要成为完整政权的权力双重性问题。

《寿永二年宣旨》

寿永二年（1183）六月，曾权倾一时的平氏一族抛弃京都，仓皇西去。崛起于信浓的木曾义仲自北陆道向西进军，抵达近江；甲斐的安田义定、美浓的苇敷重隆、近江的山本义经等都

---

[*] 栋梁在平安后期常用来代指武士社会内有巨大威望的领袖，镰仓幕府成立后多指武家政权的领导者。

[†] 实际上，赖朝之父义朝一系的嫡系身份尚未来得及确立，特别是其子嗣的栋梁地位不被源为朝一系承认。赖朝草创政权之时，通过一系列政策及武家仪式为自己塑造了源氏嫡系的形象，参考川合康《鎌倉幕府の草創神話：現代人をも拘束する歴史認識》，《季刊東北学》27 号，2011 年。

响应义仲，欲一鼓作气进入京都；相当于义仲叔父的源行家成功笼络了吉野金峰山的僧兵集团，从南边进逼京都；此前一直追随平家的摄津国多田行纲，将从镇西送往京都的军需物资扣押在川尻的关口。平家别无出路，只有暂时把政权据点转移到西国，谋求东山再起。

京都方面，后白河法皇秘密出逃比叡山，但年幼的安德天皇被平氏一同带走了，所以确定新天皇的人选是当务之急。取代平氏占据京都的木曾义仲推出北陆宫为候选。后者是三年前率先举事讨伐平家但败亡被杀的以仁王的遗孤。但这一主张被驳回，最终以法皇诏书即位的是安德天皇之弟尊成亲王（即后鸟羽天皇，母为坊门信隆之女殖子）。

此时，以后白河为首的京都统治者集团还面临一个严重的问题，那就是诸国的赋税贡物无法运送入京。东海道、东山道方面，源赖朝以相模国镰仓为据点将势力扩张至美浓、伊贺、伊势附近；北陆道已为木曾义仲占有，山阴道在平家西逃后，也立即被义仲派兵占据，纳入势力范围；平氏掌控着九州、四国、山阳道安艺国以西诸国。因此，不只是诸国的国衙领，寺社、权门的庄园也无法正常地将贡赋运至京都。不仅如此，还有以义仲为首的地方军进京后引发的系列问题。这群粗鲁无知、毫无节制的乡下武士实施的残暴野蛮行径，被记载在《源平盛衰记》中。退一步讲，就地征调军粮、宿舍也是当时的一般做法。到了八九月，进入收割季节，然而"畿内近边人领并被刈取了，段步不存"。并且京都内外从神社、寺庙到民房全被入京武士霸占了。更为严峻的是，哪怕偶尔从地方国衙领、庄园运送来的些许贡赋，也尽皆被武士夺走。依赖这些物资、器物而运转的京都市场，转眼之间陷入了完全停摆的状态（《玉叶》"寿永二年九月三日"条）。

当此之时，京都朝廷将摆脱眼前危机的希望，寄托在镰仓的源赖朝身上。试想一下，义仲等入京武士是将京都逼入上述困境的直接责任方；西面的平氏，在新天皇（后鸟羽）即位后自身所拥立安德天皇的合法性被京都方面否定，昭示了两者已是水火不容的政治敌对关系。如当时右大臣九条兼实的日记中"以彼之贤愚又暗难知"（《玉叶》"寿永二年九月五日"条）所示，相比之下，对于朝廷来说，镰仓的源赖朝至少是未知数。两年多以前的养和元年（1181）夏，赖朝曾试图与朝廷交涉。当年三月，源行家在尾张国墨俣川与平氏军队战斗，结果大败，平氏士气为之一振。赖朝本身的势力并没有遭到削弱，而且接连战败的平氏又出现曙光，赖朝便向后白河送去密使，上奏了如下内容：

> （在下）全无谋叛之心，只为伐君（后白河法皇）之敌也。若犹不愿平家灭亡，可如古昔源氏、平氏相立，同仕于君也。关东为源氏之进止，海西为平氏之任意，共为国宰，受任于上。但镇东西之乱，可付源平两氏，暂请一试也。两氏孰守王化，谁恐君命，诚可明鉴。（《玉叶》"养和元年八月一日"条）

朝廷方面对这份密奏中的赖朝的政治态度抱有期待。"关东为源氏之进止"的条件，虽然在当下难以猝然接受，但那并非否定朝廷的国司任命权。回到寿永二年，从九月到闰十月这三个月间，朝廷带着这种极为不安的期待，或者说像是投下赌注一样与镰仓方面展开谈判。由于史料欠缺，现在很难弄清几番交涉的具体内容，不过大致推测，朝廷方面最先提出的要求是以下两点：（1）赖朝迅速进京；（2）须解除赖朝控制下的东海道、东山道诸国国衙领、庄园被侵占的状态（归还被占的年贡、运入京的物资）。对此，赖朝第一次回应的内容是以下三条（《玉叶》"寿永二年十月四日"条）：

（1）对神社佛寺进行封赏；

（2）诸院宫博陆（摄关家）等贵族的领地按原样归还本所*；

（3）虽为奸谋者亦可宽恕其死罪。

（1）的主旨就像赖朝自己解释的那样，是"寺领应如原归还本所一事，应早下宣旨"，即应尽快下达宣旨命令诸国被占寺领庄园恢复原样。（2）的着眼点也如解释文字"王侯卿相之领地，为平家一门侵占数所……请早降圣日之明诏，拂愁云之余气"所述，是应下发宣旨，恢复被平氏一门占有的权门贵族的庄园。不过赖朝也补充道，"赖朝处亦领有彼领地，人所嗟

---

* 在本家—领家—预所等多重庄园领主关系中，指代对庄园拥有实际管理权的领主。

叹同于平家，宜任道理可处置之"，即恢复权门贵族庄园的宣旨并未把赖朝本人排除在外，换言之，就是赖朝控制下的权门领地也应当恢复到被占前的状态。上述（1）和（2）两条都是有关恢复领地控制权的要求，（3）则是减刑特赦的要求，设想与前两条共同构成一套完整的德政立法。具体来讲，大概是平氏西逃后残留在京的"平家郎从"遭到严厉追究，并且这种追责清算还是在义仲势力的大力主张下进行的，得知这一点的赖朝想以此来对抗义仲的政策，削弱其支持度。

不论如何，赖朝第一次回复中答应将优先恢复神社、佛寺、权门被占的庄园，还暗示赖朝一方所占上述领地也会一并归还，展示出部分妥协的姿态。但对于朝廷方面最为重视的恢复被占国衙领（包括年贡）的要求，赖朝没有半句回应。朝廷对这样的回复自然不满意，将其搁置一旁。赖朝一方对此则放出狠话：若不答应先前的请求，则"天下乃君（后白河法皇）使之乱也"，并以流言的形式将要"塞路次"（阻塞道路）、"虏掠"美浓以东的威胁传到京都方面（《玉叶》"寿永二年十月廿四日"条）。

这里特别要提醒读者注意的是，赖朝威胁要"塞路次"，意味着对原属于律令国家的道路（七道所象征的公道）管理权的公然否定，并且"虏掠"一词是指平安时代地方叛乱中叛逆者以武力控制诸国国衙、造成国衙机能丧失的行为，因此"虏掠美浓以东"就是对朝廷在美浓以东统治权的否定，即对王朝国家的叛逆。到了十月，朝廷屈服了，完全按照赖朝的申请内容发布了宣旨，把重大国家公权委任给赖朝。一方面生活物资断绝使得朝廷的窘迫处境愈发严重，义仲等入京武士的暴行越发令人难以忍受，另一方面赖朝不辞成为反叛者的威胁，这些因素促使朝廷做出了最后的决断。宣旨的完整原文并没有保存下来，只留下以下两种抄写本或概述：

（1）东海东山诸国年贡，神社佛寺并王臣家领庄园应如原归领家（《百练抄》"寿永二年十月十四日"条）

（2）东海东山道等庄土（公？），有不服之辈，应知会赖朝处置之（《玉叶》"寿永二年闰十月廿二日"条）

不管是从文章主旨来看，还是结合朝廷与赖朝的交涉经过来考察，（1）无疑都是朝廷方面期望的结果（暂且不论是否能够完全兑现）。（2）是九条兼实对宣旨部分内容的截取，因为赖朝申请并获得宣旨后，宣称"为施行宣旨，通谕国中庄乡"，向伊势国派遣了使者。关于赖朝被赋予怎样的独特权力来惩处"不服之辈"，其具体表现如何，存在多种不同见解。[*] 按我个人的理解，那是对东海东山道诸国国衙在厅[†]的指挥权。[3]

如此分析的话，寿永二年十月十四日的宣旨的主要部分大概由（1）（2）两部分构成，从文章构成上讲，可能（1）是正文，（2）是附则，不过（1）是满足朝廷方面长久以来的要求，而（2）

---

[*] 关于这一点学界主要分成两派，一派以佐藤进一、石井进等为代表，认为赖朝借此掌控了广域的东国行政权；另一派以上横手雅敬与元木泰雄为代表，认为其权力的行使范围只限于赖朝实际可支配的地方。近年来，学界倾向于从东国政权自身的实力成长来解释幕府成立问题，即逐渐放弃了主张获得合法性＝取得实权的"委任封建制"说（以牧健二为代表），批评佐藤等过于看重朝廷的授权。

[†] 即在厅官人，是对平安中期以来实际负责国衙行政事务的官员的总称。

是对赖朝一方请求的许可，两者应是互补关系。虽说如此，我们也绝不能仅仅把这份宣旨看作是朝廷与赖朝双方妥协的产物。该宣旨是以裁断赖朝之申请的形式发布的，所以（2）才是宣旨的关键所在。正因如此，赖朝为保障宣旨的实施，即对"不服之辈"的单独处置权，并且让域内诸国知晓自己已掌握此项大权，便急切地向权力可及的最西端即伊势国派遣了使节。再进一步说，这样的权力赋予已经大大超越了传统的以朝廷任命国司或赐予知行国为表现的国司制度框架，覆盖领域包含十几个令制国、地位高于国司的特定公权被赋予单独的个体，从这一点评价，寿永二年宣旨在国家制度史上确实有划时代的意义。

自治承四年举兵以来的三年间，源赖朝实际控制了伊势到常陆的东海道十四国、美浓到下野的东海道五国共十九国的地域，而通过寿永二年十月的宣旨，其政权作为国家权力分支的地位，正式得到既存的统一政权王朝国家的承认。

诞生于镰仓的小政权，从其草创之时便埋下的两条路线之争，在此时也得出了结果。经过上述政治历程，寿永二年十月镰仓政权取得京都朝廷分支的地位。自政权诞生以来一直顽固地主张东国独立论、反对赖朝与京都方面携手的平广常，在宣旨发布前后的某个时候被赖朝以背叛朝廷的名义诛杀，大概是其宿命。并且，宣旨发布前数月，安德天皇西迁后京都方面要推举新天皇，在后白河法皇的意志下决定，尊成亲王践祚。对于新天皇人选，木曾义仲推举了所谓以仁王遗孤，而镰仓方面没有发表意见的迹象。可知大概这时，平广常的主张在镰仓已经失去了号召力。也在是同一时期，赖朝放弃举兵以来一直使用的"治承"年号，改用"寿永"年号了。

《设立守护地头之敕旨》

《寿永二年宣旨》发布两年后的文治元年（1185）十一月，以东国为根基逐渐成长的武家政权，迎来了发展的第二个关键节点。这便是常说的《设立守护地头之敕旨》，以源赖朝为首的武家政权由此真正成为全国性政权。

关于文治元年敕许设立守护地头的问题，学界争论已久，特别是1960年石母田正提出了新学说[4]，认为文治元年所设地头并非后来作为地头制度基本形态的"庄乡地头"，而是以一国为单位而设立的国地头。自此以后论争内容越来越复杂、细小，而且不少研究动辄忽视该事件在武家政权成立史上有重要地位这一基本论点，不可谓不遗憾。接下来，我会结合既有学说，概括事件的主要过程和意义。

元历元年（1184）正月木曾义仲败亡，文治元年三月平氏一族覆灭，此后便是源赖朝、源义经兄弟相争。同年十月，后白河法皇迫于源义经的要求，授予了他讨伐赖朝的院宣，犯下决定性的失误。因此在义经、行家失势后，后白河立刻下达了讨伐义经、行家的宣旨，"传命从二位源朝臣，尽快搜寻（源义经）藏匿处，抓捕归案"（《吾妻镜》"文治元年十一月廿五日"条），想以此挽回之前的失误，但赖朝反过来提出以下几点要求作为领受敕旨前往追捕义经、行家的现实条件：

（1）五畿、山阴、山阳、南海、西海诸国分给北条时政等赖朝的家人；

（2）不论是庄园或公领，都按每段五升 * 的比例征收军粮；

（3）授予田地知行权；

（4）授予对诸国在厅、庄园下司、总押领使 † 的黜陟之权。

（1）（2）（3）这三条内容皆出自九条兼实的日记（《玉叶》"文治元年十一月廿八日"条）。时任右大臣的兼实对后白河院政持批判立场，并且注视着时局的变化，在日记中记下当天晚上，代表赖朝进京的北条时政拜访院司 ‡ 吉田经房并提出上述请求。（4）来源于稍晚的文治三年（1187）九月十三日北条时政奉书 § 中"已下宣旨，总诸国在厅、庄园下司为总押领使进退也"（《吾妻镜》同日条）。石井进认为这里"已下宣旨毕"所指的发布日期，就是之前文治元年十一月敕旨颁布之时。5

不过，（1）中未将东海、东山、北陆三道列入讨论，是因为如这四项条件所见，他早已经牢固控制了该区域。不难推测，正是前述《寿永二年宣旨》赋予了幕府统治这三道的合法性。那么，这里说要将五畿四道诸国分与赖朝的家人，究竟是何意

---

* 此为计量单位。

† 总押领使是平安中期以来诸国为追捕凶党而设立的军事职务，对国内武士有军事动员与指挥权。最初是临时设立，逐渐成为常设职。这里的"总押领使"如下文所述，应该是守护职的前身。

‡ 上皇或女院的院厅机构职员的总称，一般包括别当、判官代、主典代、院藏人以及北面武士等。

§ 日本古代及中世的一种文书形式，是近臣承主人之意，以自身名义草拟并签发的命令文书。根据主人地位不同而有不同称呼，如"御教书""下知状""令旨""院宣""纶旨"等。

呢？《吾妻镜》"文治二年三月一日"条所载北条时政的申文称：

> 为诸国农事顺遂计，时政请辞所任七国地头职。至于
> 总追捕使，彼凶党已现身，为剿除贼患须留任此职。

此处明确表明，当时以一国为单位设立了"国地头"与"总追捕使"（像时政那样一人兼任两职的例子也很多）。这里的国地头，大概是沿袭了平氏政权末期的一国"庄园总下司"，即治承五年（1181）正月平宗盛奏请后，朝廷任命他为五畿内总管，同二月下宣旨任命其家人平盛俊为丹波国诸庄园总下司。而其直接的来源，可以追溯到源义经、源行家在京都失势后分别拜领的"九国地头""四国地头"。但关于国地头与总追捕使有何权限，（2）（3）（4）各项条件又如何与国地头、总追捕的职权结合起来，学界各说纷纭，难以统一。

关于（2）中按每段五升的比例征收军粮的权力，北条时政在上述申文中提出要辞退国地头职，且对控告武士强占兵粮米等不法行为回应说，"须查明此等情形，若兵粮米征收有过分者，即归还多征部分"。从其表述可知，征收军粮不属于国地头的职务，应归主要承担镇压凶党等军事警察任务的总追捕使负责。

接下来，怎样理解（4）中对诸国在厅、庄园下司、总押领使的黜陟权呢？文治三年九月十三日的北条时政奉书表示这项权力属于赖朝，且记载，"速令在厅官人，递交国中庄公下司押领使之注文（名簿），调派其履行守护内里等关东御役"，那

么这项职权的核心内容明显是征调庄园下司等参加守卫皇宫等军事性差役，而这也应该是总追捕使的职权（不过，如上横手雅彦氏所论，这里的总押领使不是国押领使而应理解为与下司同等地位的庄官[6]）。

剩下的（3）中的田地知行权才被视为国地头的职权，但内容最模糊不清。安田元久氏将其理解为下地领掌权，石母田正氏以为是庄园检注权，[7]各类学说看法不一。参照上引北条时政申文中以"诸国农事顺遂"为由辞退国地头，则国地头的职责必然与农民播种耕作的活动息息相关。元历元年（1184），已归赖朝统治的越前国内，号称"地头上座某"的人宣称接受"镰仓殿 * 劝农使"字藤内（比企朝宗）的命令，侵入法金刚院领在越前的河和田庄（田中稔《仁和寺文书拾遗》，《史学杂志》第68编第9号）。这一事例中反映，一国劝农使可以指示地头妨害庄园事务。文治二年四月赖朝的一份下文 † 中称，"诸国诸庄地头之处置，权归镰仓"（《岛津家文书》之一，第5号）；同年六月赖朝书状记载，"于谋反人居住之国国，凶徒所领之地，可补地头"（《吾妻镜》"文治二年六月廿一日"条）。由此可知，赖朝并未能在诸国各个庄园全都设置地头，而只是在谋反者所留居之国设国地头、在没收"凶徒"领地的庄乡设立庄乡地头，

---

* 对源赖朝及之后镰仓幕府首领的尊称。与征夷大将军等不同，镰仓殿不需要朝廷任命，是家业继承的方式传授，更强调主从关系的一面。

† 上级对下级传达命令的文书类型。最早是将辨官局下发的官宣旨称之"辨官下文"，后来藏人所、检非违使厅、各院厅、政所等也下发各自的下文。镰仓幕府成立后，有将军下文与政所下文两种，详见第二节"执权制"。

而这就是授予赖朝的地头进止权。[8] 敕旨发布后不久，赖朝给右大臣兼实写了一封书信来解释他不得不奏请设立地头的缘由，其中提到"诸国庄园平均可置地头职""然者虽为伊与国，不论庄园公领皆应置地头之辈也"（《吾妻镜》"文治元年十二月六日"条），即赖朝提出要调查诸国各庄乡所设地头的向背、过失，如有必要则不惜更改任命。

在此我们不难想象，在敕旨刚发布后的社会政治状况下，诸国、各庄乡是否新设或改任国地头、庄乡地头都必须由赖朝来确认；新设、改任的庄乡地头是否合适（包括此前的调查工作）由该国的国地头负责，国地头与辖区内的庄乡地头之间应该存在职务层面的上下级关系。进一步推测，那些原来的庄乡地头、下司被视为谋反者、凶徒而遭流放的领地，在赖朝新设地头之前，应该有不少由国地头作为"阙所地"进行暂时管理或者以处分的形式占有。

还有一点与地头相关的情况需要补充说明：我们经常只注意到以一国为单位来设置总追捕使，但实际上除此之外，也有在或大或小的各处庄园设立该职的例子。如文治二年三月北条时政辞退七国地头时，后白河院方面的回应（《吾妻镜》"文治二年三月七日"条）所明确反映，*某国总追捕使与辖区内庄乡追捕使间的关系，应该等同或者类似于前述国地头与辖区内庄

---

* 《吾妻镜》"文治二年三月七日"条："世间不落居之间，每国置总追捕使，若又于各处庄园皆补地头者可宜欤？最狭少领皆悉被补地头，则喧哗不绝，诉讼不尽欤。"

乡地头之间的统属关系。

综上所言，赖朝申请并获许的四项条件中:（1）是以国为单位对五畿四道诸国进行分赐，自然是沿袭了"赐国"即授予知行国的行为;（4）中对在厅、庄园下司、总押领使的黜陟权，继承了战乱时期国司对官兵的指挥权;（2）中的国内军粮征收权也是战争等情况下保障官兵粮食补给的措施。所以就制度发展脉络而言，（2）（4）都可以说是源自国司的职权。

由此来看，文治元年十一月的《设守护地头之敕旨》，的确意味着王朝国家的地方统治权力即领域性统治权的部分委让。赖朝率领的军事集团受主人与从者（家人）的人身支配服从关系约束，换言之，它以主从制这种身份性统治权作为组织原理。这自然与上述领域性统治权有本质上的不同。对于文治元年获得的授权（4），即对在厅、下司、总押领使的黜陟权，如果只注意到它强制征调在厅下司等履行军役这一点，可能会认为是人身支配的一种表现。但是如上所述，摊派兵役的根据是源于国司对官兵之指挥权的动员国内武士权，所以它还是应该被视为一种领域性统治权。因此，赖朝请求并获得了对在厅、下司、总押领使的黜陟权，就不仅意味着由此弥补了其统领的武士集团在军事警察力量上的不足，也是作为一个政权——即便只是王朝的分支——来确保自身军事警察权的必要措施。

然而，到文治二年、三年，局势的巨大变化给赖朝一度获得的地方统治权带来了沉重打击。文治元年十一月王朝对赖朝的授权，源于后白河法皇的政治失策导致王朝一方在赖朝的政治威逼下陷入窘境。等到王朝一方脱离这一状况，便着手反制。在王朝一方看来，谋反人义经、行家未能到达目的地九州、四国，残余势力不过主从数人，隐匿在畿内各地苟延残喘。赋予赖朝极大的权限，主要目的是追捕义经、行家，那么现在自然有理由削减其权力；总追捕使、国地头、庄乡地头的行为，遭到寺社、贵族等庄园领主势力日益强烈的批评、抵抗；对于赖朝而言，平氏族灭，义经、行家失踪，他统领的军事集团也出现了凝聚力松弛的危机。推断这三点合起来，促使王朝与赖朝的攻防关系发生逆转。

从文治二年到征伐奥州的文治五年，再到建久初年，这几年是赖朝权力衰退的阶段。这段历史的第一页，即王朝给予赖朝的最初反击，大概就是限制地头的职权。早在文治二年三月，北条时政提出辞去七国地头职。王朝接受这一申请，并强烈要求废止小规模庄园的总追捕使。接着是同年六月，赖朝向朝廷申请，以院宣停止东到尾张、美浓，北至越中，西含山阴、山阳、南海道诸国等畿内近国共三十七国范围内武士的不法、恶行（《吾妻镜》"文治二年六月廿一日"条）。王朝应此颁布政策，禁止谋反人领地新补地头以外的其他地头，"为加征课役，非法检断，妨总领之地本，责烦在厅官人、郡司、公文以下公官等"（《吾妻镜》"文治二年十一月廿四日"条）。从禁令采用太政官符的形式，即向全国发布法令时使用的最正统文书形式，也能看到王朝方面对于发布它的热忱。至少在法律层面，除谋反人领地新补地头以外，其他地头失去了"加征米"*的征收权、"检断权"†以及实地管理权。

对在厅、下司、总押领使的黜陟权也岌岌可危。早在文治三年九月的时候，幕府规定"但在厅者，须无隙奉公于公家，故止文书调进外之役"（《吾妻镜》"文治三年九月十三日"条），即在厅官人被免除文书调进以外的所有军事性课役。至于下司，建久三年六月廿日赖朝给美浓国家人的下文中提到，"当国内庄园地头中，存家人之仪辈，可从惟义（守护大内惟义）征调，服役也……皆上洛，履行大番役"（同上），即国内诸庄园地头中，只有御家人需遵从守护调遣，履行"大番役"‡等课役。由此，非御家人的地头、下司无须承担大番役等幕府赋予的军役了。

尽管能找到的事例只有美浓国一例，但不难推测这时赖朝已经放弃了通过文治元年敕旨获得的对在厅、下司、总押领使的军事指挥权。因为正治元年（1199）正月赖朝病故，其嫡子赖家继任家督时，朝廷授予赖家的宣旨称，"续前征夷将军源朝臣之遗迹，宜使彼家人郎党等，如旧奉行诸国守护"（《吾妻镜》"正治元年二月六日"条）。毫无疑问，这是对赖家继承其父赖朝所拥有的合法权力的认可，以此可推知赖朝晚年的地位及权力，而此处明示赖朝在国法上的权限是"诸国守护"，行使这

---

* 平安中期以后正式租税之外的追加税，这里特指地头主导的增税。镰仓时代（特别是承久之乱）以后，地头开始固定征收加征米，以此作为自己部分的收益来源。

† 日本中世对刑事案件及犯人进行处置、断罪的权力。

‡ 这里主要指京都大番役，前往京都守护皇宫等重要场所的军役。此外还有关东番役，职责是守卫镰仓的将军御所。

项权力的途径是驱使自己的家人、郎从。换言之，宣旨明言在诸国履行治安警察权限，须依靠基于主从制与赖朝结合的御家人团体来实现，则反过来，它也就禁止驱使御家人以外的在厅、下司、总押领使等武士。而且，此处"诸国守护"这个军事大权之象征，是称作"大番役"的皇宫警卫工作，因此仅就赖朝军事指挥权的对象而言，可以认为建久三年（1192）美浓国的事例与赖朝晚年的权力状态基本吻合。

文治三年（1187），奥州的藤原秀衡病逝，赖朝向秀衡的继承人泰衡施压，逼迫其杀掉隐匿在此的源义经，并最终率大军攻入奥州，文治五年（1189）八月消灭了泰衡的势力。义经被杀，意味着赖朝失去了文治元年十一月奏请获得强大权力的主要原因。对于王朝一方来说，这无疑是收回非常态的临时大权，将其换为平常状态下权力的好机会。面对这一形势，赖朝通过投入全部兵力的军事行动，以及由此消灭奥州藤原氏、征服奥羽两国的成果，彰显其武家栋梁的实力以及用武力平定全国的能力。

王朝、赖朝的主张如上所示，不过现实是政治军事状况迎来了新的转机。攻灭奥州的次年，即建久元年（1190），源赖朝自举兵之后首次进京，拜谒了后白河法皇，并且借机与摄政九条兼实等朝臣会谈。不难想象，大概这时赖朝与王朝展开了新一轮的政治交涉，达成了规定赖朝在国法上地位等事项的新协议。前引源赖家继任时朝廷下发宣旨中所提内容，大概正是此协议的主要内容。

接下来换个主题，阐述一下建久年间赖朝在国法上的地位、权限以及赖朝政权结构的概要。

镰仓幕府的结构

建久初年，王朝重新授予赖朝的常态下的固有职权是"诸国守护"。具体来讲，诸国守护的职责包括以下三项：（1）预防谋反人的出现；（2）谋反人出现时迅速讨伐；（3）追捕杀人犯、凶恶罪犯。王朝交给赖朝的职责，就是动员其家人执行这三项内容，而赖朝为此设置守护与地头，作为行使这些职权的手段。

守护原则上每一国设一名，负责追捕谋反人、杀人犯等。[9]例如，建久八年（1197），岛津忠久获任大隅、萨摩两国家人奉行人＊的下文中有"停止杀害已下狼藉事"（《岛津家文书》之一，第11号）；正治元年（1199）小山朝政就任播磨守护时，被告诫"朝政可处置事者，仅谋反、杀害人之事也。不可干涉国务†，不可裁决人民诉讼"（《吾妻镜》"正治元年十二月廿九日"条）。虽然这里并称"谋反、杀害人"，但最应警戒的是谋反。倘若演变为大规模叛乱，仅靠手头的兵力无法镇压下去，守护就必须召集、统领国内的御家人来应对。这便是守护在战时对御家人的召集指挥权。与此相对，平时守护对御家人的召集指挥权，是安排京都大番役。一般认为，将地方武士召集到京都，安排他们守卫皇宫的大番役制度始于平

＊　奉行人即接受上级命令执行某项任务的人。镰仓时代以来，逐渐成为武家官职的一种，担任行政、裁判等重要职务。

†　指诸国国衙的事务。

氏政权之前的平安时代，镰仓幕府继承了这项制度，将大番役定为御家人平时最主要的军事义务，并以国为单位组织御家人，命其在守护的召集、率领下完成守卫义务。在此情况下，大番役或许可被视作赖朝承担的诸国守护职责的核心——防止叛乱之职责的一部分。守护可以说是文治元年敕旨中所设总追捕使这一职制的发展，幕府方面最初称之为"守护奉行人"，或简称为"守护人"，或谓之"家人奉行人"，之后统一称作"守护人"，有时也干脆略称为"守护"。

考察守护制度成立时，必须结合守护前身总追捕使来讨论的，是国地头的问题。国地头在文治元年设立时非常亮眼，但之后的状况就完全不清楚，连存废与否也没有定论。这与国地头职权本身就模糊不清有很大关系，不过源义经在获任文治元年敕旨所设国地头之前身的九国地头时，似乎被授权管理庄园公领的调庸租税，以及年贡杂物的输送工作（《玉叶》"文治元年十一月二日"条）。对比前引播磨守护小山朝政收到"不可干涉国务，不可裁决人民诉讼"的告诫，可知国地头与总追捕使曾被合到一起，但之后原属于国地头的职务被剥离出去了。元历元年（1184）比企朝宗曾担任越前国"劝农使"——大概是国地头的别称（见第79页），之后成为越前国的守护。这一事例似乎可以印证上述推论。

地头也如前所述，在文治元年敕旨发布后不到一年，职权的行使范围就受到了严格限制。不过我们必须注意到，在谋反人及凶恶罪犯的原领地设置地头的原则始终没有动摇。毋庸置疑，这是为了追查谋反人、凶恶犯人的同党，防止有人再图谋不轨，正是赖朝承担的诸国守护权。因此，之后如果出现谋反人、凶恶罪犯时，将其领地上的庄乡认定为凶徒隐匿之地、并在那里设立地头的职权自然应包含在诸国守护权之内。镰仓中期发生的石清水八幡宫领地山城国薪庄、大住庄地头任命问题，[10] 以及兴福寺领大和国诸庄园设立地头问题都来源于此。

以上是赖朝获得的诸国守护权的实际内容，但幕府方面似乎将之理解为"日本六十六国的总守护、总地头职"。建仁三年（1203），二代将军源赖家因病将总守护、关东二十八国的地头职让给嫡子一幡，将关西三十八国的地头职让与同母弟千幡（后来的源实朝）(《吾妻镜》"建仁三年八月廿七日"条)。如此处置可以说就证明了这一点。

总之，即便守护每国仅置一名，地头只限于谋反人及凶恶罪犯领地所涉的庄乡，但这两个职位的委任权（更准确的说法是任免权）都由幕府首脑单独掌握。这一点很重要。赖朝获得的诸国守护权，换言之就是对治安警察事务的垄断性承包权。乍看起来，这似乎只是上一章所论官署世袭制的新事例，不过赖朝的职权内容极为广泛、丰富，职权的适用范围遍及日本全国各个角落，一定条件下也可否定庄园的不入特权。在这些点上，它与王朝国家的官署世袭制所具有的单独自成体系、非统合性的特征大相径庭。

而且，这个强大职权被以日本六十六国的总守护、总地头职的名义，授予了源赖朝这一特定个体，赖朝（及其继任者）将此分割为以国为单位的守护职、以庄乡为单位的地头职，并授予其家人。如前所述，有时他也可以将总地头职二分为东二十八国、西二十八国，给予两位后继者。换言之，某个特定的人总揽性地承包了日本全国的守护职、地头职，然后按自己意愿拆分，分给子弟或御家人。职务的执行（业务的运营）以这种形式被自由分割、化整为零。与王朝国家的官署世袭制中上下统属关系解体、各职务独立自成体系化的趋势不同，这里再度出现了职务执行层面的上下统属关系，以及职务的统合趋势。不过，这种情况下的上下统属关系并非基于职务科层制，而是正员 = 代官 * 制，即武家社会内尤为显著的主从制观念的产物。

如上所述，赖朝的诸国守护权并没有均质地覆盖日本全国。事实的情况可谓相反，我们从"西国堺相论事……可为圣断"（《吾妻镜》"贞永元年九月一日"条）这一原则在整个镰仓时代始终存在这一点，[11] 便可明白在《寿永二年宣旨》授予了广域支配权的所谓东国，与西国，特别是当时被称作畿内近国的地域（基本相当于文治二年六月赖朝奏请制止地头的不法、暴行时的三十七国）之间，幕府的实际统治权存在很大差异。在源平内乱及之后追捕义经、行家等事件中，九州地区最强硬且持久地对抗赖朝势力，而东北地区则是幕府举全部军事

---

* 本指代理人、代理本官者，后来引申为代替主人行使某项职务者。

力量才最终征服的区域。对于这两个地区，幕府在统治时自然要特别对待，在东北未置守护而是设立奥州总奉行，在九州则设置镇西奉行，之后授予武藤、大友、岛津三氏各三个国的守护职，以广域守护制来管理此地。

不过，正如王朝命令赖朝动员御家人履行诸国守护职责所明确显示的，幕府凭借原本具备的强大组织化军事力量，完成朝廷委托的诸国守护任务。那么，幕府拥有的军事组织是什么呢？

自举兵以来，追随赖朝并宣誓效忠的武士，通常被称作赖朝的"家人""郎从"，之后他们获得了"御家人"这个幕府法律上的正式称呼。赖朝及其继任者被称作"镰仓殿"，也被称作"武家之栋梁"，意思是日本最大军事集团之领有者。因而，幕府的军事组织就是栋梁—御家人之军事组织，一般称为"御家人制"。[12]

然而，当时的武士是规模各异的血缘性集团，也即同族结合的武士团。其形式是一家的家督统领庶子，一门的总领统率庶流。作为同族武士团之首领的家督或总领，成为赖朝的家人，并维持同族之间的团结，就是御家人制的基本型。所以同样是御家人，既有被称作"一国两虎"（《吾妻镜》"养和元年闰二月廿三日"条）、在下野国与足利氏（藤原姓分支）争雄的小山氏那种大豪族，也有仅率领少数庶子、郎从的小土豪。而且，各个武士跟随赖朝取得御家人身份的契机也不尽相同，有祖辈以来代代侍奉源氏、赖朝举兵时迅速来投奔的源家累世家人，也有赖朝举兵后才投入其麾下的新附御家人。新附御家人中还可细分，有的一开始就缔结主从誓约，有的是征战阶段与赖朝保持对等的盟约关系，战乱平定后才臣服，如甲斐源氏的安田义定那样。[13]

对这些类别各异的御家人，赖朝确实会承认其社会身份的等级差别（例如侍身份的人不可成为受领），也认可当时武士社会通行伦理中谱代家人与新附家人对主人从属关系的强弱区别，[14] 但原则上平等地将所有武士视为家人，严密监视御家人之间产生主从关系或类似的支配服从关系，同时严格禁止御家人越过赖朝直接与朝廷联络。这不禁使人联想到许多事情，比如赖朝派遣弟弟范赖、义经担任追讨平氏的主将而前往西国时，另派侍所 * 的和田义盛、梶原景时分别担任前两人的军奉行，命后两人不仅监管一般御家人，还监督大将军的军事行动；比如，赖朝屡次发出警告，严禁御家人未获自己推荐而自行接受京官的任命。

御家人对镰仓殿负有军役和赋税两方面的义务。战时的军役自然是从军、参加战斗，平时的军役则是护卫赖朝、警备镰仓等。赋税一般是被称作"关东御公事"的钱粮课赋。御家人原则上登记在本籍贯国，在战时的军役及京都大番役时，接受该国守护的统辖即军事指挥（若在镰仓服役，则受侍所统辖）。

御家人对镰仓殿履行臣从、奉公义务，作为回报则得到保

---

* 镰仓幕府统摄御家人的机构，后来由北条氏世袭侍所别当这个最高长官。

护与恩赏。多数情况下，成为御家人时进行的"所领安堵 *"，是最主要的保护；赐给领地作为对战功或平时忠勤奉公的报偿，是最主要的恩赏。掌管赐予或安堵领地业务的部门，则是负责为赖朝管理财产等家内事务的政所。

综上，赖朝与那些以规模各异的同族武士团形式存在的御家人，建立了直接的主从关系。这种关系成为镰仓幕府的军事组织之核心。赖朝依靠该军事组织履行朝廷交予的使命，即守护日本国。具体而言，任命御家人为地头职，使其负担守护庄乡的职责，作为回报给予其领地（恩赏）；由守护以国为单位统辖御家人，完成诸国守护任务。将此概念化，则可以说是以赖朝主导的御家人制为手段，执行赖朝所获得的日本国总守护权（六十六国总守护总地头职）；以守护地头职为媒介，连接赖朝掌握的主从制性统治权（主人权）与日本国总守护权这一限定的统治权。

第二节　执权制

赖朝的晚年安排

武家栋梁 = 镰仓殿的地位，是由镰仓殿与单个御家人之间

---

* 安堵本义指居所稳固，后引申为上级承认并保护下级的人身及财产权益。所领安堵，即主人承诺保障从者的领地所有权、管理权，相当于达成有一定法律效益的契约的行为。

缔结的主从誓约之整体来保障的。由于政治、军事状况的变化，或是主从双方状况的变动，尤其是主人一方军事实力、人心掌控能力的有无及增减，主从誓约动摇，镰仓殿的地位也不免动摇。一般而言，战乱背景下结下的主从誓约关系，随着和平阶段的到来，难免会有一定的松弛。这是显而易见的道理。况且如前所述，赖朝在文治元年时曾一度掌握的"对在厅下司、总押领使的黜陟权"，即对全体武士阶级的统领权已丧失大半。赖朝只能依靠从属于自身的军事组织，即御家人制，来履行日本国总守护的职务。而且，就连日本国总守护权本身也在文治元年之后开始被削减，则幕府唯有强化、充实御家人制度来保全日本国总守护权了。

另一方面，可能早在赖朝初次进京时，他就已经认真考虑如何把一手创立的武家栋梁之位安稳地传给子孙。以上就是赖朝着急为武家栋梁＝镰仓殿的地位夯实客观性基础的理由。为此他采取的具体措施有三个：第一，就任征夷大将军；第二，完善以政所为中心的政治机构；第三，谋划女儿入宫。

征夷大将军一职，自从延历十六年（797）坂上田村麻吕担任后便再无人就任，只有弘仁二年（811）文室绵麻吕任征夷将军、天庆三年（940）藤原忠文任征东大将军等类似例子。元历元年（1184）正月，即将走向覆灭的源（木曾）义仲获任征夷大将军*，赖朝也在建久元年（1190）进京之时想获得该职，

---

* 《吾妻镜》"寿永三年正月十日"条称"伊与守义仲兼征夷大将军云云"，但是《玉叶》"寿

但遭到后白河法皇的拒绝，[*]不得已止步于右近卫大将，到建久三年（1192）法皇死后才达成夙愿。赖朝非常渴望担任临时出征的最高武官征夷大将军一职，不仅是为了追溯田村麻吕、义仲的先例，无疑也着眼于该职本来作为外征将帅所获广泛军事指挥权¹⁵，对于在遥远的坂东设立幕府的武门栋梁而言，它是最适合的权威象征。[†]还有一点值得注意，赖朝在首次进京时就表明了求任此官的意愿。换言之，赖朝在初次进京时面临着极为困难的考验，即在内乱之中以镇压叛乱的名义崛起的镰仓幕府，到了内乱平定后的和平时期，其统治权在多大程度上能得到朝廷承认。如此看来，获取该武官职位不仅意味着将它作为前述那种无形权威来弥补赖朝遭受削弱的统治权，而且通过将

永三年正月十五日"条记载"又云，义仲可为征东大将军之由被下宣旨了云云"，《山槐记》"建久三年七月九日"条也提到义仲任"征东大将军"。从史料价值来看，《吾妻镜》是镰仓后期编纂的历史书，《玉叶》《山槐记》则是时人所写的日记，更接近一手史料。因此，源义仲担任的应该是"征东大将军"。

* 有关后白河法皇拒绝授予源赖朝征夷大将军的记载，只见于《吾妻镜》"建久三年七月二十六"条。但这与同书"寿永三年四月十日"条的记载相矛盾，即"武卫（赖朝）御本位者以下五位云云，被准彼例云云。亦依（藤原）忠文字治民部卿之例，可有征夷将军宣下欤之由有其沙汰"。就是说，朝廷方面没有阻止赖朝任"将军事"。

† 关于源赖朝就任征夷大将军的过程，近些年有了颠覆性的解释。樱井阳子从《三槐荒凉拔书要》中发现《山槐记》的散佚内容，里面有建久三年七月赖朝任将军的记载，据其可知：赖朝申请获得大将军职位，朝廷接受申请，交由群臣讨论具体该授予什么将军号。中山忠亲称有四种方案："征东大将军"（源义仲曾任）、"征夷大将军"（坂上田村麻吕曾任）、"总官"（平宗盛曾任）、"上将军"（无先任）。考虑到义仲、宗盛两例不吉利，余下两项中"上将军"为中国称号，"征夷大将军"有坂上田村麻吕的"吉例"，则应授予"征夷大将军"，最终朝廷采纳。参见樱井阳子《赖朝の征夷大将军任官をめぐって—『三槐荒凉拔書要』の翻刻と紹介》，《明月记研究》九号，2004年。换言之，赖朝未主动指定"征夷大将军"这个称号。

征夷＝讨伐东夷地区的叛乱这种非常态、临时性状况假定为持续的常态，使得赖朝能留驻镰仓并维持对东国军事集团的日常化指挥，换言之，由此使得幕府存在的正当性、常态化得到公认。正因此，后白河一方坚决回绝了授予该职的请求，否定了幕府的常态化企图，而是给予了右近卫大将这个天皇近侍武官的职位，完全背离了赖朝的愿望。

第二项措施，是建全以政所为中心的政治机构。文治元年（1185）赖朝获得从二位时，将之前的公文所改名为政所[*]（大概是从二位家政所），是为此机构的初建；建久元年（1190）赖朝进京时获任权大纳言、右近卫大将，但不久辞退了两职，次年正月举行前右大将家政所"吉书始"[†]时，将之前赐予御家人领地时使用的袖判[‡]下文或奉书形式的文书，变更为前右大将家"政所下文"的格式，已下发的文书召回换为新格式（《吾妻镜》"建久二年正月十五日"条）。这一改变不仅是恩赏文书格式的变换，也意味着政所从之前狭义的财务机构升级为管理御家人恩赏事务的机构。这意味着，之前的御家人由武家栋梁赖朝以直接的人际关系来管理，现在则改由武家栋梁之内政机构这一非人格性的机构管理。幕府的创业功臣千叶常胤曾说，"谓政所下文者，家司等署名也，难备后鉴。于常胤之分者，另请副置御判，为

---

[*] 政所原本是三位及以上贵族之家才设置的内政管理机构，此时赖朝因功获得从二位的位阶，故改公文所之名为政所。

[†] 武家社会一种仪式，模仿公家的吉书奏制，在年初（一般正月二日）或改元、任官等重要时节举行，呈上各类寓意吉祥、顺遂的文书，给上位者阅览。

[‡] 在文书右侧（称"袖"）空白部分的署名（"花押"）。

子孙末代龟镜"(《吾妻镜》"建久三年八月五日"条），表达了对恩赏文书格式变更的强烈不满。实际上，从现存的文书史料可以确定，下野豪族小山朝政也和这时的千叶常胤一样，在政所下文之外另获得袖判下文。而且，这种主从意识还带来反作用，据说结城朝光在赖朝死后放言，"忠臣不仕二君"(《吾妻镜》"正治元年十月廿五日"条），希望出家遁世。也就是说，其认为主从关系是活着之人的结合，主人去世，这种结合也就消解，所以主从关系不会原样延续到主人之子身上（主从限一代的观念）。前述非谱代型、契约型主从关系，也适用于这一点。[16]

正是基于以上情况，赖朝在建久年间开始迅速采取新政策，即打压千叶常胤、结城朝光等所持的生者之结合的主从关系思想，停用象征栋梁现实人格的袖判下文，替换为政所这个抽象非人格的内政机构发布的下文，以此将现实人格的赖朝与御家人间的主从关系，转换为作为客观权威的武家栋梁与御家人间的支配服从关系，且让御家人认识到这种变化。

第三项措施是女儿入宫计划。这给镰仓幕府与京都的关系带来了重大影响，不过在谈论此问题前，我们需要先一窥赖朝死后幕府的内部纷争。这并非单纯的内斗，而是以王朝实力、政策为背景的一连串政变。

从正治元年（1199）赖朝突然去世到承久之乱（1221）爆发的二十余年，对于开创基业不久的镰仓幕府而言，是政权根基持续动摇的危机时期。在此期间，镰仓幕府一方连续出现了梶原景时被诛杀（1200）、比企能员之乱（1203）、将军赖家被废并遭暗杀（1204）、平贺朝雅拥立事件（1205）、和田义盛之乱（1213）、将军实朝被暗杀（1219）等内乱事件，之后围绕将军继嗣问题则出现了幕府与朝廷间的冲突，终于酿成承久之乱。如果对上述这些事件发生的契机即政治势力对立的主要原因进行细致考察并整理归纳，或许可以从中阐明初期镰仓幕府在构造上的矛盾。

首先出现的梶原景时事件，发生于赖朝去世的正治元年十月。按照《吾妻镜》记载，事情概要如下：景时获知了结城朝光的前述发言，遂向新主源赖家诬告朝光不忠，进而引发冲突事件。但景时反遭三浦义村、和田义盛、千叶常胤、小山朝政等六十六名实力御家人联名弹劾，被逐出镰仓，暂时逃到相模的领地一宫*。之后景时声称获得了朝廷委任其为镇西管领的宣旨，举族进京，途经骏河国时被幕府军截杀。不过根据当时京都方面得到的情报，景时被放逐的原委不同于《吾妻镜》的记载，似乎有相当重大的内情。具体来说，景时是为了反抗其他御家人的压迫，向赖家控告御家人阴谋废黜将军、拥立赖家之弟（之后的实朝），但调查证明这是与事实不符的诬告，便遭到了放逐（《玉叶》"正治二年正月二日"条）。这样来看，就算景时所谓御家人废立将军的阴谋并非实情，但这种诬告在短时间内获得重视，背后自然是因为实力派御家人之间存在反赖家的氛

---

* 平安中期朝廷对各令制国的神社设定等级，一宫即当国第一位的神社，其下还有二宫、三宫等。一宫一般与国衙比较近，与在厅官人有密切政治关系。相模国一宫即寒川神社，在今神奈川县高座郡寒川町。

围，而景时可能是支持赖家一派的代表。正因如此，时人评价放逐景时是赖家的"不觉"（失误）（《愚管抄》卷六），也就是说赖家失策，主动切掉了自己的重要羽翼。

那么，将军赖家与实力派御家人间为何对立？在梶原景时事件前不久，赖家刚继承赖朝位置仅三个月，便被禁止亲自裁决诉讼，改由北条义时、北条泰时、大江广元、三浦义澄等元老合议之后再将意见呈报给他，将军权力的行使遭到严格的限制。而景时事件后不久，赖家试图削减幕府创业以来授予御家人的领地，将之限制在五百町，超出部分则分给领地狭小的近臣，但这激起了元老们的反对（《吾妻镜》"正治二年十二月廿八日"条）。在此我们看出，赖家开始打压实力派御家人、提拔新附御家人的政策。景时是赖家这些政策的支持者，《吾妻镜》中的一些记载可以作为佐证，比如景时很早就利用侍所所司的职位收留俘虏、投降者，一有机会便从中斡旋，将他们提拔为御家人，施与私恩，拉入自己的阵营，越后国豪族城长茂即为一例。这位武士在寿永年间因反抗源赖朝被俘，之后被交给景时看管，文治四年（1188）以武勇之名得以免罪，并纳入御家人行列。但在景时失势后可能被放逐或是自己潜逃，一时间从镰仓销声匿迹了。到了景时被诛的次年（1201），城长茂突然出现在京都，袭击了当时在京的小山朝政，并闯入上皇居所，请求下发讨伐关东的宣旨，未成功后逃往吉野，最终被杀（《吾妻镜》）。

在此事件中，城长茂选择袭击的目标小山朝政，正是景时曾告发的结城朝光的兄长。他是下野国的大豪族,不仅参与联名弹劾景时,而且在景时失势后取代其担任播磨守护,与景时极端对立。此外,在城长茂出生地越后国,城氏一族呼应长茂,大规模举兵("建仁之变"),事态发展到出现真正的叛乱。因此,长茂申请讨幕宣旨的举动值得重新注意,结合景时宣传接受了获任镇西管领的宣旨并计划进京的事实,我们不禁怀疑后鸟羽上皇方面给过景时、长茂某种回应,使他们期待能够得到宣旨。

所以,这一事件的背后是以小山、千叶等为代表的东国豪族御家人阶层,与打压他们以强化将军权力的赖家、景时势力的对立。后者又与上皇联合,谋求其支持,则两股势力的争斗也可理解为幕府中的京都派与东国独立派的争斗。如此来看,京都派的梶原景时自文治年间以来一直掌控着播磨国守护之职,无疑就具有特殊的意义,因为该国对于京都来说,是重要的政治军事之地。正因如此,景时失败后,可谓反景时派代表的小山朝政便取而代之,担任了该国的守护。

其次是建仁三年(1203)的比企能员之乱*。比企能员作为将军赖家的岳父,比景时更亲近将军,是赖家强大的后盾。考虑到这一点,则这场内乱无疑也源自幕府的内部对立。不过如果关注能员在某个时间段曾担任检非违使判官这一事实,则不

---

* 1203 年 8 月,病重的源赖家把镰仓殿的职权两分给嫡子一幡与同母弟千幡。围绕继承人问题,北条氏与比企氏的矛盾升级。9 月初北条氏率先发难,袭杀了比企能员,然后以平定谋反的名义集结军队攻击比企氏住所,后者寡不敌众而放火自尽,一幡同死于乱中。赖家得知事变后欲讨伐北条氏,但遭泄露,反被废黜。

难推断他有机会直接接触后鸟羽上皇，受上皇笼络，那么比企能员与北条氏冲突的背后，如同梶原景时事件时一样，似乎也有王朝（后鸟羽上皇）的力量及政治操作的影响。在承久之乱后，顺德上皇被流放佐渡时，据传能员之子比企能本侍奉上皇左右（《本化别显佛祖统记》），似乎也可印证上述两者的关联。

再次是元久二年（1205）的平贺朝雅拥立事件。此前一直是反赖家派的北条时政，费尽心思放逐了赖家，后续又谋划废黜拥立不久的实朝，改立女婿、同为源氏一族的平贺朝雅为将军。但是阴谋泄露，时政被逐出镰仓，当时担任京都守护的朝雅也在京遭到诛杀。不过，这一事件其实在之前已有伏笔：朝雅担任武藏守时，与当地豪族、著名的幕府创业功臣畠山重忠对立。北条时政听信朝雅的诬陷，以谋反的罪名将畠山重忠父子诛杀。结合朝雅在京都颇受后鸟羽信赖的情况来看，平贺朝雅事件的性质其实已经超过时政拥戴女婿为将军这样个人利害的层面[17]。这恐怕也是两大势力的对立，一方是拥戴将军实朝的东国豪族御家人阶层，另一方联络上皇以其为后援强化自身政治立场，即之前赖家、景时派在政治脉络上的延续。在此时点，这种对立表现为朝雅与重忠围绕武藏国控制权的争斗。

如上所示，赖朝死后幕府内部连续出现的这些事件，绝非单纯的重臣间的权力斗争，而是幕府创立以来一直存在的根本矛盾的爆发。前文反复提到，这种矛盾是幕府对王朝该采取何种道路的问题。在此意义上，将军家（源家）与天皇家的婚姻问题，就涉及幕府体制的根本，并且构成赖朝死后这些内斗事件的重要背景。总结这个赖朝晚年接续出现的问题，大致有以下三项内容：

（1）赖朝女儿入宫问题

（2）实朝正室人选问题

（3）迎立后鸟羽上皇之皇子为将军的问题

建久六年（1195），赖朝第二次进京时，谋划将长女大姬送入后鸟羽天皇的后宫，于是选择联合当时在京都政界握有实权、声望很高的源通亲。此时在后鸟羽的后宫中，关白九条兼实的女儿已是中宫*，源通亲的养女以及后鸟羽叔父坊门信清的女儿也已入宫。兼实、通亲、信清都盼望着自己的女儿能生下皇子，作为掌握朝廷权柄的关键一招。在这种情况下，赖朝背弃了幕府创业以来与其一直保持友好关系、相互支持的兼实，转而与通亲携手，可能就是因为后者默许了赖朝长女入宫。这里最重要的一点是，赖朝致力于让女儿入宫的目的。考虑到在如此激烈的外戚竞争背景下，大姬入宫还能够取得通亲的默许，那么这个目的就不是一般认为的赖朝想成为天皇家外戚，而是将他未来的外孙以后鸟羽皇子的身份迎奉到镰仓。因为这样一来，一可回应自以仁王以来部分人对维持东国相对独立的期望，二可确保依靠王朝授权且赋予权威的幕府首脑地位，且按照前文所提（第69页）两主制构想，赖朝所具备的另一个武家栋

---

* 自一条天皇朝以后，日本朝廷常常并立二后，一为皇后，一为中宫。二者地位一致，但中宫常有优势。

梁之地位，也可以在迎立皇子时安稳地传给自己的子孙，从而以源氏一门的血脉巩固两主制。

然而终究事与愿违，身体一直病弱的大姬于建久八年（1197）病死，而源通亲的养女在通亲与赖朝结盟的当年就不负期望地为后鸟羽生下了皇子。通亲利用这一优势条件，次年（1196）断然发动"建久七年政变"，罢免了关白九条兼实，以及兼实之弟慈圆的山门座主*职位，将九条家一门逐出朝堂。之后，赖朝又谋划送次女乙姬入宫，但尚未实现便去世，继承者赖家也努力推进这项计划，但乙姬也病死，入内计划以失败告终。[18]

接下来是三代将军源实朝的正室人选问题。据《吾妻镜》记载（"元久元年八月四日"条），最初内定的是幕府重臣、源氏一族的足利义兼之女，但源实朝想娶京洛贵绅之女，于是选定了坊门信清之女。关于实朝本人嫌弃东国武士之女而要娶朝臣之女这一解释，我们没有证据专门否认，也没有必要这么做，不过必须要指出的是，选择坊门信清之女这件事的意义，超出了赖朝个人的好恶层面。因为坊门信清这个人与天皇家缔结了令人瞩目的姻亲关系，幕府方的选择——可能是由实朝之母北条政子主导的——明显包藏了深刻的政治意图。具体而言，信清是修理大夫信隆之子，虽然当时官位刚至权大纳言就辞职，但姐姐七条院（殖子）是后鸟羽天皇的生母，在源平内乱末期

---

*　比睿山延历寺的住持，统领天台宗诸寺，一般由皇子或摄关家子弟出任。

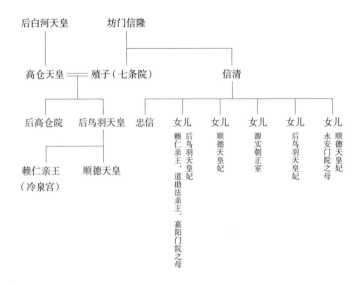

的政界拥有很强的话语权。而且他把两个女儿送入后鸟羽天皇的后宫，另外两个女儿送入顺德天皇的后宫，与后鸟羽天皇结下多重姻亲关系（参照系谱图）。

　　将该人物的女儿作为将军正妻迎到镰仓的目的为何？这无疑是以赖朝送女儿入宫正相反的形式，谋求将军家与后鸟羽之间建立姻亲关系，哪怕这种关系是间接的。如此来看，则我们或许可以推论：作为部分回应以仁王生存说中所见的东国豪族阶层迎立皇亲之构想，赖朝计划送女儿入宫，但两个女儿都病死之后，此计划夭折，幕府一方就采取了与入宫形式相反的代替方案，即安排坊门家的女儿为实朝之妻。

　　最后是将军实朝在位后期的迎立皇族问题。这项计划也由北条政子积极推动，欲迎奉后鸟羽的皇子、前述坊门信清之女所生的冷泉宫赖仁亲王（参照前页系谱图）至镰仓。但众所周知，此事因后鸟羽的拒绝而未能实现。[19] 一般认为，政子定下这项计划是预料到没有子嗣的实朝不久后就会死去，不少人从这一点出发，质疑她身为母亲却缺乏人性。然而，迎立皇子一定是用来取代实朝吗？恐怕并非如此。前文已述，治承寿永内乱期东国武士之间涌现出的迎立"贵种"（皇亲）的强烈期望，虽因平广常被诛而一时偃旗息鼓，但进入建久年间出现了赖朝送二女入宫的计划，看似没有采取迎立皇亲的形式，而且包含不同意图，不过仍是旧日构想的重现。在实朝选择正妻时，此想法也深有影响。到了此时，它以与内乱时期完全相同的两主制构想出现，正因如此，后鸟羽果断拒绝了幕府的申请："'幕府此举，日后恐害得日本国一分为二，这如何使得'，于是批复称，'此事绝不可为'。"后鸟羽敏锐地意识到，迎奉皇亲到关东是双刃剑，既可作为京都与关东和睦的黏合剂，又会成为国家分裂的隐患，或者说，幕府就是借东西和睦之名，图谋东西分裂。

法与众议

　　关于贞永元年（1232）成书的《御成败式目》（以下简称《式目》），目前存有主持此事的执权北条泰时的信件，对编写的过程、编订时的主旨等都有明确记载。具体而言，泰时在编纂期间给六波罗探题北条重时送去两封书信，讲述了大致相同的内容，现择要点引用：

以往裁决案件之时，虽案情相同，但对强者宽从，对
弱者刁难，虽立法缜密，然因对象不同而有所偏颇。为今
后杜绝该类情形，作此式条。(《中世法制史料集》第一卷
第一部附录，八月八日的书信)

换言之，制定《式目》最主要的目的是保障裁判不因涉案
对象的地位高下、实力强弱而发生偏袒而预先制定可作为裁判
基准的法令。此处泰时提倡司法公正的理念，也明确表示《式
目》是作为裁判标准的法律。那么，这次制定的作为裁判基准
的法律，与既有的律令法是什么关系呢？从律令法的角度来看，
既然有律令法存在，为何还要再制定《式目》呢？对于这一点，
泰时用下列略显晦涩的文字解释：

盖虽有法令之教，然抑于武家之习、民间之法，能知
晓法令者可谓少之又少。而众人不知法，若凭法意判决是
非，则通晓法令之官人可任意征引、解释判例，勘录各不
相同，人皆为之困扰。因之，乃体察文盲之辈，保障判决
稳固有效，预作此《式目》。(同上，九月十一日的书信)

这里先说，为了没有学识而无法理解律令的武士考虑，要
制定武士也能理解的法律，避免因不懂法而获罪的悲剧。而且
明法道官员的判决原案("勘录")因实际负责人不同而产生差
异，导致大家不信任他们。关于最重要的《式目》与律令法的

不同，从信件中"武家之习、民间之法"等文可以发现，即对于生活习惯、法律意识皆异于公家的武士而言，律令法不仅无法读懂，而且条文本身也有他们不能接受的部分。因此，如信中其他地方提到"此状确有少数条目违反法令之教"所示，此信的核心思想是，即便与律令法冲突，也要制定武士能够真正接受的法律。制定"文盲之辈"也能理解（阅读）的法律，是对"京都之人"可能的批评提出的表面辩解，也可以说是托辞。考虑到这封信是写给六波罗探题的，则内容中自然出现上述辩解、托辞，且逻辑极不明晰吧。

然而，今天我们看到以《御成败式目》（《贞永式目》）为名传下来的文本，到底保留了多少贞永元年制定时《式目》的原貌，则尚存许多疑点。这种详细的文献批判留待他日，先把关注重心放到贞永元年的时候制定《式目》对于国家制度史的意义这一问题上来，以此推断《式目》的原貌。[20]

首先，现存《御成败式目》的各条目存在错位，第32、33、34条应该在第11、12条之间。调整后归纳如下：

第1条：神社之事。

第2条：佛寺之事。

第3—6条：幕府与朝廷、本所的关系。

第7、8条：裁判的两大原则。

第9—11、32—34、12—17条：刑事法相关。

第19—27条：家族法相关。

第28—31、35条：诉讼法相关。

那么第 36 条以下的条目是什么呢？它们是贞永元年《式目》制定之后追加的部分。因为第 37—41 条与延应元年（1239）四月十四日发布的《追加法六条》中五条的内容一致，第 49 条与宽元元年（1243）年七月十日颁布的法令、第 51 条与宽元三年十月廿八日颁布的法律意思相同。

因此，贞永元年制定之时的《式目》就是现存的第 1—35 条，不过我们仍无法断定这部分就一定保留了最初的原样。《吾妻镜》（"贞永元年八月十日"条）记载《式目》编纂完成时是"五十个条也"，天福二年（1234，贞永元年后的第三年）的一份文书中有"《关东五十一个条》御下知状*"（《高野山文书》，劝学院），由此推断，《式目》制定时有 51 条，且现存第 1—35 条中有不少将原本其他条目的内容归为一条的痕迹，则大概《式目》当初是 51 条，后来（可能就是将现存第 36—51 条追加进去时）将其缩减到了 35 条。因此，尽管现存《式目》第 1—35 条没有保持当初的形式，但在讨论《式目》本来的构成、编纂的主旨等问题时，唯有抛开第 36 条及之后部分，以第 1—35 条为基本依据。

根据上述对第 1—35 条内容的归类来分析，首先，刑事相关部分是按谋反、杀害刃伤、盗贼恶党、抢劫偷窃、斗殴、放火、密怀（通奸）、伪造文书等犯罪行为的刑罚规定排列的。其中，有的条目仅称"式目之趣，兼日难定"（第 9 条"谋叛人事"）

---

* 下知状是日本中世的一种文书，多是家臣奉将军之意下达命令，结尾有"下知如件"。

或 "既有断罪之先例，何及犹豫新仪*"（第 33 条 "强窃二盗罪科事"），没有给出具体的刑罚规定。由此推测，《式目》制定者网罗主要的刑事犯罪，并将其按重罪到轻罪的顺序排列。

如此来看，从第 1 条 "神社之事" 开始，诸条目按照上述归纳与排序方式分布，也反映了《式目》制定者一定的意图。如第 7 条为 "不易法"，第 8 条是 "不知行年纪法†"，表现了裁判的两大原则，在此之后才是刑事法、家族法、诉讼法等条目。也就是说，第 7—35 条是泰时书信中倡导的裁判基准之法，构成《式目》的实质性主体部分。与此相对，第 1 条 "神社之事"、第 2 条 "佛寺之事" 无疑是借鉴了律令法编纂先例，即《大宝令》《养老令》的内容从《神祇令》开始，弘仁、贞观、延喜三代的格也是按神社、佛寺、诸司的顺序编写，朝廷发布的 "新制"（格的一种，12 世纪起出现）也将神社、佛寺定为第 1、2 条。第 3、4、5 条则从与朝廷、本所的关系上，确认了幕府行政之核心的守护、地头的权限。第 6 条明确幕府不可插手国司、领家的诉讼，从裁判权的层面揭示了幕府与朝廷的关系。

如此来看，我们必须要注意到，泰时其实借鉴了朝廷的法典、法规，在两相对比的基础上制定幕府的基本法典。而且在神社佛寺条目之后、裁判基准诸条之前，是对幕府统治权的范

---

* 　新仪是新的做法、新的规定，平安时代以来注重先例的贵族社会一般用 "新仪" 来批判现实中不合规则、破坏传统的事务，多带有贬义色彩。

† 　知行年纪法，又称年预法，即对某领地实际控制达到一定年限（一般是二十年）后就可获得其所有权。不过这类法令通常只适用于幕府管辖领域，也不涉及本所的庄园年贡等问题。

围、王朝幕府间统治权界限进行明确规定的条文，由此彰显出了幕府的统治权。前文已述，第7—35条作为裁判基准体现了《式目》的本质内容，而第1—6条则展现了《式目》的理念。

按照上述分析，制定之初的《式目》（现在的第1—35条）无疑是关于幕府统治权的基本法典，本质上不涉及基于主从制的支配权——这属于幕府（严格讲是将军）掌握的其他权力，即主从制性统治权。以《式目》为基础的法律统治，目的只在于巩固幕府的统治权，更具体地来讲，通过合理行使裁判权，强化统治权的客观效力。

另外关于现在《式目》第35条以下的增加内容，其编入时间、目的等仍有疑问，不过那是应该从贞永以后的幕府政治史及立法史角度进行单独考察的问题。

关于《御成败式目》的发布过程，据泰时书信（八月八日的信）中"《式目》要广布于关东御家人、守护所地头，使知晓其意"，为此要"誊抄后分发给各守护所地头，让国中地头御家人皆可得见"所示，《御成败式目》并没有秘藏于幕府机构，而是令地头御家人能广泛知晓的公开法。而且，在《式目》制定后临时颁布的单行法，也作为补充被追加进去。在此意义上，这些单行法被称作"追加"，幕府内部特别是负责裁判事务的奉行人之间集录这些追加，编纂成大小各种追加法令集。在实际审判时，除了参照《式目》及追加，幕府还会重视判例，即当时所谓的"先例""旁例"。诉讼当事人引用先例、旁例作为各自主张的根据，而幕府的判决就是要判断这些先例、旁例的援引是否妥当无误。这样的例子不胜枚举。与编纂追加法令集一样，负责裁判实务的奉行人也会按照事项类别收集、整理判例，比如恶言中伤、破坏寺社领的知行年纪法等相关案例。

因此，这里还面临一个需要结合起来考虑的事项，即幕府诉讼程序中的"引付"。其实"引付"为人所知，并非是作为幕府诉讼制度中的程序名称，而是作为建长元年（1249）新设的诉讼审理（也包括起草判决原案）机构的名称。但"引付"一词原意是引核、对照，[21] 在诉讼制度中就是指让事实调查与案件审理有效结合的核对工作。把哪些内容放一起核对呢？不难推测，是将现实中的诉讼案情与《式目》、追加、判例进行对照。这种含义的"引付"在建长元年被借用为机构名，且新机构不仅负责事实调查、核对工作，还是以审理、起草判决原案为主要业务的审判机构，那么在此之前的一段时间，必然还存在符合"引付"最初含义的司法程序。从这一点也能看到，幕府诉讼制度中很重视追加与判例。

综上所述，执权北条泰时所代表的 13 世纪前期幕府领导层，将裁判公正放在政纲领首要位置。为保障这份公正，他们制定《式目》，且重视追加及判例。在确立裁判规范的同时，幕府还形成了裁判过程中的众议原则，一同保障裁判公平。

嘉禄元年（1225），即北条义时死后其子泰时继任执权的第二年，北条泰时于十二月任命了十三名评定众，以执权、连署及评定众共同组成"评定会议"裁决诉讼等幕府政务。这大概就是幕府诉讼制度中众议制的开端。谈到合议制，原本王朝方面就有延续律令制议政官会议传统的"公卿议定"（参照第157页），寺院方面也早有成熟的"集会制度"*，而幕府也在正治元年（1199）赖家刚刚承袭赖朝地位时，以政子的命令废止了赖家亲裁政务的权力，确立了由北条时政、大江广元等十三名幕府重臣构成的合议制，而这应当就是评定制直接的雏形。

　　讨论评定制的众议理念之前，先大概介绍一下该制度。首先，评定处理的是包括裁决诉讼在内的幕府政务中的重要事项，其中需上呈评定会议的裁判案件，大概也只限于当事人为御家人的情况，其余则按照惯例由问注所†负责。如前所述，参加评定会议的人有执权、连署以及评定众，而评定众由以下几类人构成：（1）实力派御家人中资历最老者；（2）北条氏一族的主要人物；（3）在裁判或其他政务方面能力出众者。就评定这个合议机构所处理事项的性质来看，第三类政所执事、问注所执事等官僚群体的高层加入是自然而然的事情。第一类所谓御家人阶层的代表人物，是之前泰时书信里提到的熟知"武家之习、民间之法"的人，被认为能在幕府的司法裁判中熟练运用那些源自武士生活中的法规。第二类的北条氏一族，表面上看是作为实力御家人而入选，但其实是北条氏想以评定会议作为巩固自身政权的制度据点，因而对此机构寄予了厚望。

---

* 平安后期作为寺社组织运营的基本方式，在遇到大事时举行所有僧众参加的满寺集会，以不记名投票、少数服从多数原则决议，决议结果对所有寺内成员均有约束力。

† 1184 年设立的诉讼机关，起初主要负责将案件当事人的诉求、主张记录下来转呈镰仓殿，此后逐渐获得起草判决文书的权限。随着引付的设立，职责只保留了借贷、田地买卖等民事诉讼。

那么，幕府的为政者是如何理解众议理念，又怎样付诸实践呢？就评定制而言，首先，评定是一个完整的合议组织，所下的裁决被视作全体成员完全的共同意见。换言之，作为评定成员的执权、连署、评定众在内的评定组织成员自然要遵守以下约定：不得因诉讼当事人的亲疏、好恶而产生偏袒，不以同侪朋辈而顾忌，不以权门势家而畏惧，发言要基于对事情是非曲直的判断；评定做出的判决不管是否合理，皆视作评定会议成员的集体决定，即便内部有针锋相对的不同意见，也发誓不将其泄露出去；不仅是评定会议的参加者，在裁判现场记录等直接与诉讼当事人接触的问注所奉行人，也要立下同样的保密誓约（《御成败式目》末尾的起请文）。

合议制中的另一个问题，是会议的发言顺序。因为如果是地位高者先陈述意见，那么后面的发言者将难以自由地表达想法。这一点，当时朝廷的惯例是按照出席者的位阶由低到高依次发言，而幕府的评定会议的发言模式包含两种顺序：根据参会者年龄，按年长到年幼的顺序，称作"老"；按年幼到年长的顺序，称作"若"。评定开始之前准备好记有"老""若"的两支签，由抽签者来决定发言顺序。[22] 选择这种抓阄方式，是为了避免长期从年轻者开始发言可能带来的事先通气的情况。从该抽签者与统计评定会议出席、缺席人数的"参否役"同为重要的评定运作之职员，也可看出通过抓阄决定"老""若"两种发言顺序是保障评定公平的重要手段。虽然这种方法明确出现在史料上是 13 世纪后半期，但推测其产生时间在评定制成立时期应无大错。

另外，"评定"会议刚成立时，会场设于将军府邸之内，且在设立评定的时间段，幕府也推行了让御家人到将军府内东、西两厢轮番值勤的镰仓大番制度（《吾妻镜》"嘉禄元年十二月廿一日"条）。这两件事同时发生在思考设立评的意义上是不可忽略的。因为前文多次提到，评定制无疑是为帮助将军行使其统治权而设立的制度，而镰仓大番役作为仅次于京都大番役的御家人军事义务，体现了将军对主从制性统治权的行使，是证明这种统治权存在的象征性制度。所以，设立评定时将会议场所定在将军府内，且同时公布推行镰仓大番制，便是要让强化将军两种权力的方针广为人知。实际上，创立之初的评定展示出符合将军行使统治权的方式。评定之席设在将军府邸之内，评定得出的决定事项以"事书"（内容概要）形式呈交将军裁定，尤其是诉讼裁判时，交给胜诉方的判决文书（裁许状）末尾有"依镰仓殿仰下知如件"的固定话语。然而，到评定设立近二十年后的宽元元年（1243），将军对评定事书（判决概要）的裁决变得迟缓怠慢，估计从这个时候开始，将军亲裁的手续被省略。因此之后判决文书中固定的套句只剩下"镰仓殿仰"，裁判的整个流程上不再有将军参与的地方，幕府的判决权实质上已归评定会议掌控。

建长元年（1249）幕府新设引付这一机构，负责文书审查到当堂对质、起草判决原案等诉讼工作，由此以引付头人为领导的引付会议成立。简而言之，这一机构与评定会议一样强调公正的理念，要求与会成员自觉地对会议结果承担共同责任。

执权时代的镰仓幕府体制中，与合议制并列的特殊设计是诸官职的双头制。众所周知，承久之乱时，北条泰时、北条时房作为幕府军指挥官进京，战争结束后留在京都，以军队驻扎地六波罗为名，设立了六波罗探题（南方、北方两分支机构），此后这一职位被继承下来，六波罗由两位探题管理成为常态；元仁元年（1224），泰时接替其父义时就任执权时，设立了幕府政治上仅次于执权的"连署"一职，由北条时房担任，此后作为幕府政治上最高职位的执权、连署（又称两执权）双头制成为常态。这些都是我们熟知的内容。此外，幕府官制中两人共同执行政务的例子非常多，比如负责各个诉讼审理（主要是文书审查）的双奉行制、诉讼程序中领地的"沙汰付"（所谓"遵行"*）等需要行使武力的场合派遣两名武士前往的"两使制"等。理论上来说，两人是合议制的最小单位，保障行事公正稳妥，防止独断专行等合议制的优点也能适用于双头制。此外，当时的人也认为，双头制能有效发挥相互监视（牵制），及明确多人合议制难以实现的责任分配吧。

将军与执权

藤原赖经接替被刺杀的三代将军源实朝被送到镰仓时，年

---

*　即执行判决。幕府判定某处领地现有管理不合法而必须停止时，直接派遣使者，或者接到命令后的守护派遣使者前往当地执行此命令。

仅两岁，幼名三寅。北条政子死后次年，即嘉禄二年（1226）的正月，赖经被正式任命为征夷大将军，在执权北条泰时晚年时已经二十五六岁了。年龄渐长的将军受到近习、负责日常护卫的家臣及其一族拥戴，于是幕府中形成了将军的个人势力，且似乎显露出对抗、制约执权势力的举动。仁治三年（1242）泰时去世，其嫡孙经时就任执权，京都方面收到"关东合战之企者，事已发觉"的传言。之后，将军赖经的府邸被康纲（或许是经时的岳父宇都宫泰纲）包围；幕府命令诸国强化关防，道路无法通行等消息不断传入京都（《平户记》"仁治三年五月廿日""廿六日""廿八日"条）。从这些情报中可以推测，当时幕府内部存在反对经时继任执权的势力，而将军赖经正是其中心人物。

经时就任执权后便着手整顿诉讼制度，且接连下达指令、法令，明确执权是幕府裁判权的代行者。比如原本执权一方起草的诉讼评定事书后要先呈予将军阅览，之后再根据事书内容草拟判决文书并下发给胜诉方。对于这种以将军意志为主导的诉讼流程，经时以手续缓慢为由，命令相关机构省去将军阅览事书的环节（《中世法制史料集》第一卷第二部追加法［以下简称"追加法"］第 213 条）；在同一时期发布的法令中，他将泰时任执权时所做的判决称作"故武藏入道殿（泰时）时御成败事"（同上，第 211 条），向内外明示幕府裁判权的行使者是执权而非将军；对于某些特定的案件判决，他称之为"故武州禅室（泰时）时沙汰成败事"（《吾妻镜》"宽元二年六月廿七日"

条），下令若无特别情况不得变更，以尊重泰时之裁决的形式，强化了判决结果的持久效力（所谓"不易法"[23]）。这些法律措施包含了彰显执权作为裁判权代行者之权力地位的意图。

宽元二年（1244）四月，执权经时迫使赖经把将军之位让给年仅六岁的儿子赖嗣，次年又逼赖经出家，并将女儿嫁给赖嗣为妻，以图架空将军。然而前任将军赖经的声望并未衰减，且企图借助在京都的生父、前任摄政九条道家的力量东山再起，于是代替病弱兄长经时的新执权北条时赖，迅速派兵包围了赖经的府邸，将赖经的近臣名越光时流放到伊豆，逼名越时幸自杀，罢免了千叶秀胤、三善康持等人的评定众职务，最后把赖经送还至京都。这是宽元四年五月的事情。

不过，将军派和执权派的斗争并未就此结束，而是在次年即宝治元年（1247）爆发，演变成所谓"宝治合战"（三浦氏之乱）。在宽元四年事件中，赖经一派实力仍强，执权派没有强行镇压他们的实力，所以将赖经送还京都也只是基于后者自身的意愿。对于赖经派的处置，也仅止于北条氏嫡流得宗家的最有力竞争对手名越家*。但在翌年的宝治合战中，执权派断然攻击因赖经回京而失去主心骨的将军派，打倒了三浦、千叶等豪族，完成了前一年事件后的收尾工作。

我们无法否定，北条氏一族的嫡庶之争，以及以北条氏与

---

* 得宗家是北条义时以来的嫡系，名称源自义时的法号"德崇"，又写作"德宗"。名越家则是北条氏的支系，以北条义时次子朝时为祖，名号来源于北条氏府邸所在的镰仓名越亭。

三浦氏的纠葛为代表的豪族御家人之间的霸权争夺，是宽元、宝治两次事件的重要因素。但在两次事件之中，赖经的近臣名越光时、三浦光村、藤原定员等都扮演了反执权派的重要角色，而且宝治合战时三浦一方阵亡的五百多人中，在将军御所值勤簿中登记姓名者达二百六十人之多（《吾妻镜》"宝治元年六月五日"条），由此来看，两次事件无疑是将军势力与执权势力的冲突。本来，按镰仓幕府的体制，将军掌握的统治权力由执权制代为施行（正因如此，执权被称为"政务御代官"——《沙汰未练书》）；将军掌握的主从制性统治权，在性质上本是身份支配的权力，不仅无法委托他人代行，并且弱化、架空这项权力会直接带来支撑幕府的主从制（具体为御家人制）崩溃的危机。在此意义来讲，将军势力与执权势力的对立是扎根于镰仓幕府体制中的矛盾。

此事还有一个需要关注的点，即关东政局与京都政局的密切关联。此时九条家因道家、良实父子不和而内讧不绝，权威下降，后嵯峨上皇趁机开启院政，为确立院的独立权力而鼓动幕府。执权时赖响应，散布道家、赖经父子的阴谋论，令二人下台，并削弱了关东申次*的权限。这是幕府想要排除京都方面通过将军带来的政治压力之表现。

在前任将军赖经被赶回京都六年后的建长四年（1252），现

---

* 镰仓时代朝廷所设职务，与六波罗探题一起负责沟通朝廷、院及幕府之间的事情。

任将军赖嗣因祖父道家涉嫌参与僧人了行颠覆幕府的阴谋 *，也遭废黜，并被送回了京都。后嵯峨上皇的皇子宗尊亲王被迎至镰仓取而代之。与后鸟羽上皇不同（参照第 102 页），后嵯峨毫不犹豫地准许了皇子东下。这大概因为仁治三年（1242）四条天皇急逝 † 后，后嵯峨得到幕府的大力支持而即位，此后幕府与王朝维持了难得的融洽关系；赖经任将军时期，虽然真相不明，但传言道家联合赖经阴谋废掉后嵯峨，因此对后嵯峨而言，就有必要进一步强化与幕府的协调关系（参照下一章第 152—153 页内容）。

但是，执权难以干涉的那部分将军权力，在亲王将军到来后依然未变，而且宗尊有强烈的镰仓之主的意识，在屡次“御行始”“二所诣”等出行活动时亲自选定供奉的御家人，并命人严加查处服侍怠慢者。[24] 以往下知状结尾的固定句式“依镰仓殿仰下知如件”，在宗尊亲王任将军期间始终被写作“依将军家仰下知如件”就与他的意识、性格不无关系。恐怕和赖经那时一样，将军周围聚集了非常亲近的御家人，受执权排挤者也努力靠拢，这样一来将军个人的势力必然会成形，只是时间早晚不同罢了。文永三年（1266）七月，宗尊的妻室与僧人良基私通，暴露了“将军家御谋反事”（《外记日记》），宗尊亲王惨遭废黜。此时，名越教时（宽元事件中的光时之弟）意图举

---

* 1251 年，了行、矢作常氏、长久连等宝治合战时三浦一族的残余势力联合起来企图拥戴将军讨伐北条氏，但事情泄露，因而失败。

† 日本古代土地面积单位，一町为 10 段，约合 11880 平方米。

兵，但为执权一方阻止（《吾妻镜》"文永三年七月四日"条），可见宗尊亲王一方成长为以名越氏为羽翼的巨大势力，执权派也寻找机会给予致命一击。

宗尊将军被驱逐约二十年后的弘安八年（1285），幕府内部又发生了安达泰盛之乱（霜月骚动），在当时御家人中权倾一时的安达泰盛以谋反罪名被诛杀。自其次子盛宗及同党被杀于筑前岩门开始，对与泰盛联手的武藏、上野武士五百余人的事后处理波及各地，成为规模巨大且影响深远的内战，[25] 以致九年后的永仁二年，幕府发布法令"弘安合战与党人事，自今以后，不可再有赏罚"（追加法第643条）来停止追究。然而，该事件不单是泰盛与得宗家内管领平赖纲的权力斗争的问题，其深刻地反映出背后的体制矛盾。

安达氏自泰盛祖父景盛以来，与得宗家世代保持姻亲关系，加上景盛在宝治合战时立下大功，则此家族为执权势力壮大做出了重大贡献。泰盛本人担任评定众、引付头人、越诉头等要职，又将妹妹作为养女嫁给执权时宗当其正室，妹妹所生儿子贞时被立为时宗的继嗣。泰盛还获得自承久之乱以来，除足利义氏以外一直被北条氏独占的陆奥守受领职，[26] 可谓"威势越先祖，人多从之"（《杂谈集》）。但是，他一方面与得宗家休戚与共，推进执权制发展，另一方面长期作为将军的近臣。他从二十岁时被选为将军藤原赖嗣的近习以来，一直在宗尊亲王左右侍奉，是知名的善射者，且蹴鞠方面很有才华，被选作将军"鞠奉行"之一员。惟康亲王代替宗尊亲王成为将军后，恰好逢上蒙古袭来，泰盛担任了御恩奉行，[27] 负责最重要的恩赏这个维系将军与御家人现实纽带的工作（《竹崎季长绘词》）。

如后所述，御恩的处理[*]不经评定众而直接由将军亲裁，即便是执权时宗拜领恩赏地，也要通过御恩奉行安达泰盛传达（《建治三年记》）。御恩奉行相当于将军行使不受执权干预的自身固有权力时的左膀右臂或分身。霜月骚动时，许多实力派御家人作为泰盛的同党而被杀，其中也包括出身学者之家、东下镰仓以学识侍奉将军的刑部卿藤原相范等人，[28] 可见泰盛在将军阵营中建立起了牢固的势力。

除了以上泰盛的经历，"泰盛嫡子秋田城介宗景，骄纵已极，谓曾祖父景盛入道乃右大将赖朝之子，俄称源氏，其时赖纲入道得势，宗景遂谋叛以图将军之位，缘此而称源氏也"（《保立间记》），结果泰盛一族遭到诛灭。从泰盛嫡子自称源氏的事实，以及泰盛由此被怀疑谋反，可以看到当时御家人对源氏将军的憧憬，且将这一愿望寄托于泰盛身上。想来，当时的将军（亲王将军）虽身份上极为尊贵，但无法满足将军所需另一个属性即"武艺之栋梁"。这种体制上的缺陷是所有人都清楚的。相比之下，泰盛文道武艺皆出类拔萃，安达氏自祖父景盛以来就与将军源实朝关系深厚，泰盛本人亦是实朝后妻（坊门信清之女，被称为"八条禅尼"）最为信赖之人（《大通寺文书·文永九年八条禅尼置文案》），具备了补足上述缺陷的一半条件。

---

* 即将军对御家人赐予领地或承认领地所有权的行为。

　　将军势力与执权势力的对立、相克，不仅表现为宽元政变、宝治合战那种政治主导权的争夺或武力冲突，也主要是通过人事政策、制度改革等，而且这方面在不断累积之中，隐微、持续地走向执权一方占据优势的状态。在幕府官制中，政所承担了将军权力的固有部分，可谓将军权力之牙城。它是一个巨大机构，负责将军及其家族的衣食住等一切物资的调配、管理，以及被称作"关东御领"的将军直辖领地的管理、经营等，即统辖将军家的内廷经济；作为这一权力的外延部分，将军直辖地镰仓的市政，将军直辖寺社鹤冈八幡宫、胜长寿院等的行政管理也归政所负责；作为将军固有的主从制性统治权之行使，即将军对御家人赐予领地（新恩）、施与安堵，也由政所负责。

　　在政所如此广泛的职务内容中，执权较早关注并开始介入的是镰仓市政、领地赐予及安堵事务，之后是将军对直辖社寺的管理。据以下事实可知，镰仓市内的治安警察、街市道路的规划、对商业的统制管理、对市内通行者的身份限制（如禁止杂色人骑马）等镰仓市政工作一般归政所管辖：正治元年（1199）二代将军源赖家向政所下令，限小笠原弥太郎等五位近臣之从类，即便于镰仓市内暴行，任何人不得违抗，若有违反者则通报其姓名，且此份公告须"传达至村里*"（《吾妻镜》"正治元年四月廿日"条）；建长六年（1254）幕府向政所下令，"镰仓中杂人、非御家人之辈，不遵从奉行人处置者，犹须惩处"（同

---

* 　里是古代日本最小的地方行政单位。五十户为一里。

上"建长六年四月廿七日"条），次年又将镰仓市内无尽钱*、抵押物的相关法令下发至政所，命其传达到所辖区域（追加法第305条）。执权北条泰时晚年的仁治元年（1240），大概是仿照王朝国家的保†奉行人（保官人）制度，镰仓也创设了保奉行人制，将镰仓市区划为若干个保，每个保指定一名负责人，管辖以下多种繁杂事务：防备或处置小偷、游人、强掠妇女者、恶党等，管理路口的盲人法师、街头表演的相扑者，对各街巷路口买卖、强买进行商业统制（《吾妻镜》"仁治元年二月二日"条）。之后随着职责的细化，保奉行人分化为保检断奉行、地奉行两职，而建长年间（1249—1256）已出现得宗家的家臣担任地奉行的例子，可知执权特别是得宗势力，已经进入制度上归政所管辖的镰仓市政机构。[29]

接下来，再看对御家人领地的赐予、安堵之权。《建治三年记》记载，"议定自今以后诸人官途事，罢评定之仪，准御恩沙汰之直裁，可（将军）内计也"（"六月十六日"条），可见"御恩沙汰"（新恩）由将军亲自处置。给予新恩（安堵也是一样）的文书格式，在镰仓殿的位阶未达三位之前只需他在文书右侧（"袖"）署名（花押），不用家司署名，即所谓袖判下文；镰仓殿位阶至三位后，按照其官名或辞官前的官名，在文书开头写

---

* 土仓等金融机构以抵押物为担保而贷出的款项。

† 本指律令制下基层治理单位，五户为一保，定一人为保长，承担征税、治安等责任。平安后期，国衙领内也设置"保"，由在地领主申请开发土地而被任命为"保司"，负责农垦、课税。

"前右大将家政所下……""将军家政所下……"，末尾由令（一人）、别当（二至五人）、知家事（一人）、案主（一人）共同署名，即所谓"政所下文"。这两种格式是赖朝以来的惯例，与执权（时政、义时的时候）签署或执权、连署二人（自泰时以后）共同签署的下知状这种简略文书格式形成显著对照。后者常用于裁判时的判决文书、给予"守护不入"等特权时的特许状等。关于判决，宽元元年（1243）将军阅览评定事书的环节被省略，执权的裁判代行者地位得以确立，不过新恩、安堵事务仍归将军亲裁，政所下文也照前文所述由政所的家司共同署名。

然而，建长三年（1251）六月藤原赖嗣获得从三位，开始签发将军家政所下文以来（初见于《朽木文书》中记为同年八月三日的文书），家司署名方式有了明显的变化：令、知家事、案主只有官职姓氏而不署名，别当中也只有执权、连署共同署名。当时，政所的令由二阶堂氏世代担任，被称为"执事"，负责管理将军家直辖领等其他政所事务。令、知家事、案主在政所下文只写正式的官姓而不再署名，表明新恩、安堵事务虽然原则上像从前一样属于政所管辖，但实际上已经脱离了政所，签署方式变成将军裁可后附上执权（及连署）的承认即可。

从文书格式的变化推测，安堵制度的变化较新恩的更为复杂。[30] 起初，安堵、新恩采用同一手续，但从弘安年间（1278—1288）起，转让领地的安堵区分嫡子、庶子，对嫡子的安堵仍用政所下文，对庶子的安堵则用下知状。本来下知状这种文书，源自简略型文书"下文"，但执权（设立连署后则是执权与连署）签署的下知状，被用于执权代行将军政务而下发命令时的职务文书（如诉讼的判决文）。从下知状的上述性质来看，嫡子、庶子的安堵状分别采用政所下文、下知状的文书形式，其实表明对嫡子的安堵仍是将军的亲裁事项，而对庶子的安堵已归执权管辖（"评定沙汰"）了。另外，弘安七年（1284）幕府颁布新法令，以安堵奉行办事迟滞为由，规定若是"让状显然"而易于裁决的情况，应当迅速签发安堵下文，否则由安堵奉行移交给引付负责（追加法第555条）。这一改变也是"让状安堵"从将军直管（安堵奉行）转为执权管辖（引付）中的一个过程。

到了嘉元元年（1303），对于安堵的规定又变了。转让领地的安堵不区分嫡子、庶子，一律按照以下的方式进行：在申请者提出的让状右侧空白处，写上"任此状可令领掌之由，依仰下知如件"（依照申请文书，认可对此领地的领掌）与日期，然后附上执权、连署的署名，最后赐还给申请者。这被称作"安堵之外题"*，由此政所下文、下知状的区别消失，外题的结尾变为"依仰下知如件"（之前的下知状是"依镰仓殿仰下知如件"）等省略形式，且署名方式也像御教书一样变成官途署名（下文、下知状是官途署名，如相模守＋平朝臣，外题则仅有官途）。也就是说，安堵的外题在文书格式上，是下知状与御教书的混合。这种新格式的产生，恐怕也反映了安堵相关事务的管辖或

---

* 外题即上级机关或上位者在申文、解状等下级的上呈文书的卷头或卷尾处留下的裁决文字。镰仓后期，以执权、连署等署名的下知状的格式，在申请者的转让文书卷头处留下认可裁决，用以取代之前的安堵下文，谓之安堵外题。

流程的变化。不分嫡子、庶子，较之只限庶子，更强化了执权的管辖力量。换言之，这意味着在领地转让方面，安堵事务全归执权负责了。

在此后的室町幕府初期，将军足利尊氏基于主从制的支配权，其弟直义掌握基于统治权的支配权，将军的二元权力被两兄弟一分为二。那时尊氏握有恩赏权，签发赐予新恩的下文，而直义签发下知状形式的判决文书，以及下文形式的安堵文书。[31] 如果安堵在镰仓幕府时期，经过上述变化从将军直辖转由执权掌控，那么在室町幕府时期，它就归于直义手中，从统治权的代行者角度来看，正可谓是执权后继者的人手中，也是自然而然的事情吧。

第三节 得宗专制

北条氏的集权[32]

如前节所述，在镰仓幕府内部，执权政治作为反映东国御家人阶层，特别是豪族领主层部分政治立场、要求的体制而产生，不过这一体制蕴含了若干矛盾。从 13 世纪后半期北条时宗担任执权（算上连署的任期是 1264—1284）开始，幕府政治迅速转向执权北条氏的专制统治，而这就是镰仓幕府本身及执权政治所包含的各种矛盾的外在表现，以及幕府（莫如直接说就是北条氏）对此应对的结果。下文将概述执权政治向以北条氏家督（因北条义时的别号而称"得宗"）为顶点的独特专制体制转换的过程。

　　首先，必须介绍一下北条氏是如何掌控幕府要职的。在源赖家、源实朝两代将军时期，北条时政以将军家外戚的身份，成功垄断了执权这个将军政务代行者或辅佐者的地位。此后，时政的后继者一面担任侍所长官（别当），监视将军的活动及将军固有权力的行使，并加以限制；一面强化代行将军政务上权力的体制（所谓执权制），在树立、巩固执权制这个公共性、体制性名义之下，达成了稳固北条氏自身权力地位的目的。在此之际，也即 13 世纪早期，政所执事、问注所执事两职分别由二阶堂氏、三善氏世袭，奉行人职务则由中原氏、清原氏等来自京都的官员世代担任。结合这一点来看，王朝国家的官署世袭制的惯例及观念也已被引入了镰仓幕府，而这对于北条氏特别是其中的得宗家独占执权职位，以及北条氏一族占据幕府诸要职等行为的合理化，发挥了巨大的推动作用。

　　在北条泰时担任执权时设立的连署，是与执权合称"两执权"的重要职位，自创设之后就由北条氏一族专任。同样是泰时时代设立的评定众，最初有北条氏之外的人，不过北条一族渐渐增多，至泰时晚年，十九人中北条氏占到五人，至北条时赖任执权时，十三四人中北条氏占到五人（《关东评定传》）。由于弘安八年（1285）以后缺乏《关东评定传》这样每年记录职员的史料，我们无法了解详细情况，但据偶然留下的嘉历元年（1326）有关"评定始"的史料可知，十名出席者中有五六人出自北条氏（《金泽文库古文书》第 1 辑第 374 号）。由此可知，北条氏在评定众的占比增长。另外，时赖在建长元年 (1249) 设置了引付众，作为评定众的辅助。此职起初由二阶堂氏等氏族担任，但随着它转变为评定众的成员预备部门，北条氏的占比也逐渐增多，且领导引付众并起草判决原案的引付头人，也由评定众中地位较高的北条氏担任（以上据《关东评定传》）。也就是说，以执权为中心，由连署、评定众、引付众组成的幕府政务机关，特别是裁判机关，由北条氏一门运营的趋势逐年增强。

然而，评定众、引付众参与裁判实务时需要列席协商裁决的会议，所以任用人员自然在一定程度上要考虑年龄条件。在新创立评定众的嘉禄元年（1225），十一名成员中六十岁及以上者两人、五十至五十九者两人、四十至四十九岁者三人、三十至三十九岁者三人、二十九岁一人。但到了北条时宗任执权的文永、弘安年间（1264—1288），年轻者大量入选：二十五至二十九岁的在此前的三十七年中合计也不过四人，但在文永弘安二十年间就达到四人，甚至还有两人不到二十五岁，此前绝无先例。而且，这些二十来岁的评定众全都出自北条氏一门，其中像文永九年（1272）入选的北条宗政（二十岁）、建治三年（1277）入选的北条义宗（二十五岁），不经引付众就直接担任了评定众（《关东评定传》）。这种趋势在之后进一步增强。如前所述，在没有完整职员名录存世、只能从片段史料中整理出部分名单的弘安八年（1285）以后，也可发现四位十来岁的评定众，且正安三年（1301）北条凞时年仅二十五岁就进入评定众并兼任引付头人（《镰仓年代记》）、嘉历四年（1329）金泽贞冬入选引付众的同年就晋升评定众（《金泽文库古文书》第1辑第391号）。以上事例说明，评定众、引付众的选拔不是基于职务能力，而是根据出身、家格，所以这两个职位失去了作为裁判合议官员的实质。在上述金泽贞冬的例子中，其父贞显欣慰于"年内两度升进"，明显是将评定众、引付众理解为幕府官制上的晋升阶梯。[33]

北条氏对高级官职的占据不仅出现在幕府中央机构，也发展到了地方。无须赘言，承久之乱后在京都设立的六波罗探题，此后由北条氏专任；因蒙古袭来而在九州设立的镇西探题，同样确立了只限北条氏担任的人事惯例。北条氏把控要职现象中需特别提及的，还有文永、弘安年间以来，北条氏担任守护职忽然增多的事实。先来看一下，该时期偶然留存下来的四份得宗家守护分国目录：

时间	国名
文永九年（1272）	武藏、伊豆、骏河、若狭、美作
弘安二年（1279）	武藏、伊豆、骏河、若狭、美作、摄津、播磨、备中
正应五年（1292）	武藏、伊豆、骏河、若狭、美作、上野、肥后
延庆三年（1310）	武藏、伊豆、骏河、若狭、上野

可知文永年间以来，得宗家除了牢牢掌握了武藏、伊豆、骏河、若狭四国的守护职外，有时还会增加一个或数个分国的守护职。包括得宗分国在内的北条氏一门掌握的守护职的情况，

则如下所示：

时间	史料中可查之国 （66国2岛）	北条一门任 守护之国	不设守护之 国
承久之乱后（1221）	39	11	4
三浦之乱后（1247）	45	16	5
安达泰盛之乱后（1285）	52	27	5
幕府灭亡前（1333）	57	30	5

如上所示，从三浦之乱到安达泰盛之乱期间，包括得宗在内的北条一门的守护分国数量显著增加，尤其是以蒙古袭来为契机，在防御外敌的名义下，北条氏强行把势力扩展到山阴道、山阳道、九州一带，同时让六波罗探题兼任摄津、丹波、播磨三国守护，镇西探题兼任肥前守护等，以将畿内近国及九州地区的政治、军事要地置于北条氏一门的掌控之下。

接下来必须要讨论的问题，是得宗专制成立不可或缺的条件，即在北条氏族内确立、强化自己的总领地位。北条氏的家族规模与下野国"一国两虎"之称的小山氏、足利氏（藤原姓），下总国的千叶氏，上总国的上总氏等豪族领主层无法相提并论，或许比起相模的三浦氏、镰仓氏等也十分弱小，是豪族传统很稀薄的小型武士团。因此，东国豪族层武士团常见的同族内部的血缘支配原理，具体而言即总领对庶子、庶族的统制，在北条氏内部并未确立，反而是政治性地位权力这种非血缘因素的获得，重组了北条氏的总庶次序。

《吾妻镜》及流传至今的几种北条氏系谱，似乎接受了北条氏总领（嫡系的家督）从时政传至嫡子义时、从义时传至嫡子泰时且传承十分自然、顺畅的叙事。但是，时政父祖辈时分出的庶流完全不见于记载；时政的兄弟中，与时政一起参加赖朝创业的时定及其子孙的事迹也付之阙如；义时到泰时、泰时到经时、经时到时赖这接连数代的家督继承似乎都是激烈内斗的产物。考虑到这些，则我们可以看到，北条氏一族内部难以形成稳固的总庶关系，反而可以说是在屡屡发生的家督之争中，家督与执权被视为同一物，最终取胜者获得了家督与执权，然后以自身为中心构建新的总领秩序。

不过，北条时赖在康元元年（1256）出家并交出执权之际，指派的后任是同族的北条长时（相当于赖时父亲的从弟），《吾妻镜》谓之"家督幼稚时之代官也"。就是说，时赖之子、当时六岁的时宗已经被指定为北条氏家督和下任执权，在其成人之前，暂时由长时代为担任执权。时赖在此后七年间虽名义上出家隐退，但直到病逝仍然掌握幕府实权的事实，就表明长时的执权之位只是名义上的，此时时赖与长时的关系，完全像王朝国家的官署世袭制下，族长即官署事务实际执行者，与担任官署名义上长官的同族之人的关系（参照第46页）。在这种方式之下，将北条氏视作世袭幕府政务代行者＝执权一职之家族的习惯及观念逐渐固定化。

时赖死后的次年，执权长时也去世了，于是暂时由一族的长老北条政村接任执权，身为家督的时宗担任连署。四年之后，

即蒙古国牒状＊第一次送来日本之时的文永五年（1268），时宗
接替政村就任执权。此后到弘安七年（1284）病逝的十六年执
权期间（且最后的六年不设连署，为执权独任），是发生了文永、
弘安两度外敌入侵，以及幕府为应对外敌而导致内部政治、朝
幕关系发生巨大转变的激荡时期。在此期间，得宗发动的下述
几起对同族的清洗行动，无一例外都缺乏明确的明面理由，但
正因如此，说明清洗事件是得宗为了树立其在族内的绝对地位
而断然实施镇压的结果。进一步讲，得宗认识到这样高压的同
族统制，同时是通向在幕府政治上的得宗专制之路。诸清洗事
件概述如下：

（1）文永九年（1272）二月，时宗命令北方六波罗探题北
条义宗以谋逆的罪名，诛杀了时任南方六波罗探题的庶兄北条
时辅。同时，任筑后、大隅两国守护职并在族中颇有势力的名
越时章及其弟教时，因有同党之嫌，也被时宗派出的杀手诛杀。
然而，得知时章无辜之后，时宗判处凶手死刑，对杀害教时的
追讨使无任何赏罚，草草了结该事件(《镰仓年代记》纸背文书)。
名越兄弟所受嫌疑没有任何根据，明显只是打倒名越氏的借口
罢了。不过考虑到文永三年（1266）宗尊亲王被废黜时名越教
时有举兵的举动（参照第 117 页），说明得宗早就在寻找打倒
名越氏的机会。对该氏而言，这是宽元政变（参照第 115 页）
之后的二次蒙难。

＊ 指互不统属的机构之间使用的文书类型

（2）建治三年（1277），时赖任执权时期的连署重时之子、自文永十年（1273）以来一直担任连署的盐田义政辞职出家，随后迅速遁世，隐居于信州。幕府追究其擅自遁世的行为，处以没收领地的重罚（《建治三年记》《关东评定传》）。目前尚不清楚他隐遁的原因，但幕府对于这位重要人物采取的严苛处罚，明显包含族内统制上的杀鸡儆猴的意味。

（3）弘安七年（1284）四月时宗刚一去世，北条氏一族的佐介时光便因密谋不轨的罪名被流放至佐渡，时光之侄、六波罗探题时国也被召回镰仓，流放至常陆，不久在流放地被杀害（一说为自杀，《镰仓年代记》里书[*]、《六波罗守护次第》）。该事件似乎与建治三年佐介时盛之死有微妙的关联。时盛之父时房（相当于泰时的叔父），在泰时任六波罗探题（北方）、执权的时候，作为南方探题或连署从始至终辅佐着他。时盛继承父亲的地位，任六波罗探题兼丹波守护，从探题离任出家后长期住在京都，嫡孙时国成为六波罗探题两年后，以八十一岁高龄离世。[34] 凭借其地位、履历和长期驻留京都的经历，加上幕府内资历最老的重要身份，时盛在京都政界拥有巨大的影响力。这对于幕府、得宗而言未必是乐意见到的事情。所以，佐介时光、时国的倒台，无疑是得宗对时盛死后失去家族主心骨的佐介家的政治打压。

泰时时代设立的新职位"家令"，对得宗家的族内统制发挥

---

[*] 写在古文书里侧的内容，一般是注释、注记。

了重要的作用。设立此职的直接目的是，经营北条氏的家领及统制族人、被官 *。仰仗执权的权威，它的地位愈发显要，可代表执权巡视诸国，在幕府与朝廷需要政治交涉之时，也经常作为幕府正式使者之外的执权私人代表进京。为与其他御家人区别，得宗家开始被敬称为"御内"（与之相对，北条氏以外的御家人称为"外样"）后，其下属武士被称作"御内人""御内之仁"或"御内奉公之仁"，而家令就被称作"内管领"。内管领正是作为得宗的代理人、分身统辖北条一门及被官（御内人）的核心之职。

如前所述，北条氏一门子弟多数担任评定众、引付众，乃至二十来岁的年轻人也位列评定众后，不免令人怀疑这些人是否具备了参与幕府政务的能力，特别是作为负责审判最终裁决的合议官的能力。实际上，以执权、连署及评定众组成的评定会议真正按照创立之初的设想发挥机能，只限于泰时、经时、时赖任执权的时期，此后评定会议及评定众的制度性权威不断下滑。任命年轻人担任评定众这一事实，便从侧面反映了这样的趋势。早在时赖任执权之时，他就以私邸内的秘密会议讨论幕府政务（《吾妻镜》"建长四年四月廿九日"条），进入文永年间，时宗担任连署乃至执权，经常在评定会议之外于私邸举行幕政会议，后来这种会议逐渐制度化，变成名为"寄合"的合议机构。

---

* 被官意为受管辖者，中世时期指代受贵族、武士、僧人等位高者庇护的下属阶层，相当于隶属关系较深的家臣、从者。

根据当时的问注所执事、深受时宗信任并加入寄合会议的三善康有所编半官方日记体史书《建治三年记》，彼时除了执权时宗之外，日常出席寄合会议的还有时宗的岳父、御家人中权势最高的安达泰盛，此书作者三善康有，得宗家家令、内管领平赖纲等。他们在此主要讨论幕府的人事、"兵粮料所"＊等涉及与本所交涉的事务、幕府内各机构管辖权的变更等事项，总而言之是幕府政务中最为枢要的部分。

寄合会议的出席者称为"寄合众"（初见于《镰仓年代记》中正应二年北条时村任职的记载），作为幕府枢要之职以装点要人的履历。据镰仓末期的延庆二年（1309）四月的一份史料，[35]身为评定众的金泽贞显获准"参勤御寄合"时，一同出席的有得宗贞时、连署北条宗宣、北条凞时、长井宗秀、安达时显、太田时连，执权北条师时则缺席（《金泽文库古文书》第1辑第324号）。由此来看，寄合会议的成员除了主持者得宗，还包括执权、连署及寄合众四人。并且，从同一史料中出现的人名表记作"信州奉行"（问注所执事太田时连）、"相奉行长（长崎的略称）入道"、"相奉行尾金"（尾藤金吾的略称，金吾是卫门府的唐名）可知，当时为寄合而设了奉行、相奉行之职。担任相奉行的长崎（高纲）、尾藤是御内人，特别是长崎，还是当时的内管领。另外，据德治三年（1308）的《平政连谏草》

＊ 兵粮料所指战时专门用于供给军粮的领地，一般涵盖某一国所有庄园、公领，所以很容易引起贵族、寺社的不满与抵抗。

记载，当时寄合会议固定每个月举行三日。

时宗在任得宗期间，另一件值得注意的事情是文永三年（1266）三月，尚任连署的他推行的诉讼制度改革。其内容是废除主要的诉讼机关引付众，轻微案件交给问注所处理，重要案件由评定众审议之后交由执权、连署（得宗）亲裁（《吾妻镜》《镰仓年代记》）。虽然不久后引付恢复了，改革归于失败，但这使得执权、连署（得宗）垄断最终判决权的制度得以出现，可谓划时期事件，这也标志着评定、引付制度权威的衰弱。

寄合制所象征的得宗对幕府权力的掌控体系由两部分构成：一是由北条氏一门把控幕府诸要职，二是作为得宗被官的御内人进入幕府官制诸部门支撑。第一点已如前文概述，以下讨论第二点。

首先要提及的是御内人尤其是内管领在侍所的任官情况。时赖从执权离任后的正嘉年间（1257—1259），内管领平盛时担任侍所的所司（《吾妻镜》"正嘉二年三月一日"条）。自北条义时以来，北条氏一直垄断侍所别当的职位，因此大概是时赖在担任执权期间，将其被官平盛时任命为侍所所司，自己作为侍所的实际主导者，从执权地位引退后依然让盛时保留所司的职位（参考下一任执权北条长时只是暂时代理人的事实，见第128—129页）。由此开始的内管领就任侍所所司之制，似乎维持到镰仓末期，在得宗高时担任执权的1320年前后成书的《沙汰未练书》记载，"侍所乃关东处理检断之所也……守殿（高时）以御代官御内人为头人署理之"。掌管镰仓市政的地奉行，在前文提及的建长年间（1249—1256）也出现了御内人，此后似乎就由外样、御内人同时担任了。此外，从片段的史料中可以看到，到镰仓末期，列席评定会议、记录评定众出席状况的"参否"之职由御内人（安东贞忠）担任（《金泽文库古文书》第1辑第374号）；象征将军固有权力之最后堡垒的御恩奉行事务，也由御内人（盐饱新右近入道）来掌管（《金泽文库古文书》第7辑第5301号）等。

体制矛盾与蒙古入侵[36]

文永五年（1268）正月，高丽使节来到筑前国博多，将蒙古的国书交给该国守护少贰资能，由此开始的日蒙交涉最终走向破裂，文永十一年（1274）及弘安四年（1281）蒙古两度入侵。这是众所周知的事情，不过"元寇"事件不仅仅是两次战斗后击退入侵那么简单，其对日本的政治、社会、思想方面带来了不可估量影响。在此仅就镰仓幕府的支配体制而论，蒙古入侵使幕府不得不面临强化军役、增强兵力的现实需求，而这又暴露并激化了原本御家人制度就暗含的矛盾，最终动摇了包括御家人制在内的整个幕府体制。我们先来看军役的问题。

蒙古的第四批使者赵良弼*来到日本的文永八年（1271）九

---

* 也有说法称赵良弼这次是蒙古第五回派遣使者。即1266年11月第一次（黑的、殷弘）至对马返回，1268年1月第二次高丽代送国书至太宰府，1269年2月第三次（黑的、殷弘）至对马返回，1269年9月高丽使节代送国书（中省省牒）至太宰府，1271年9月第五次（赵良弼）至太宰府。

月，幕府命令在镇西拥有领地的御家人赶回领地，第二年急忙动员在九州的御家人，命其负责北九州的筑前、肥前两国的沿岸防御。这便是所谓"异国警固番役"。第一次入侵后的次年，即建治元年（1275），幕府规定镇西九国的地头御家人轮流驻防，春季（正月、二月、三月）为筑前、肥后的御家人，夏季（四月、五月、六月）为肥前、丰前的御家人，秋季（七月、八月、九月）是丰后、筑后的御家人，冬季（十月、十一月、十二月）则是日向、大隅、萨摩的御家人。这样各国御家人的执勤时间有三个月，但就每个御家人而言似乎只有一个月的服役期限。然而，之后规则似乎变了，从建治三年以后的实际情况看，单个御家人每个月换班一次、每年轮四次，即一年中有四个月需要服役，从弘安十年（1287）开始变为每月换班、每年轮两次，至嘉元二年（1304）则变成五年一次。如此一来，异国警固番役在第二次入侵前后达到顶点，之后频次逐渐降低并维持到幕府崩溃。

此外，幕府从建治二年施行石筑地役。石筑地（石垒）在弘安之役时发挥了很大的防御功效，因此幕府推行了御家人轮替修固石垒的制度，且此役与异国警固番役一样延续到了幕末。异国警固番役的服役者可获免镰仓番役，推测也能获免京都大番役，[37] 但对御家人而言，平时规模最大的军役京都大番役只是三到六个月的服役期，且好几年才轮到一次（例如上总的御家人深堀氏在 1259 年服役后，至 1268 年才第二次服役），相比之下，异国警固番役带来的负担更加沉重。

幕府也曾努力减轻御家人的军役，比如在时赖的时代缩减之前泰时任执权时设立"京都市中篝屋役"、修改京都大番役的服役规定等 *。但眼下为了防御外敌，整个九州及山阴、山阳道西部多国的地头御家人，都被强制要求承受远比其他地方御家人更沉重的军事课役。

异国警固番役、石筑地役以地头御家人领地的产量为基准计算，而领地产量又由大田文，即幕府不定期命令国衙或守护以一国为单位制作的田簿来确定。在距此较近的时点，我们可以看到文永九年幕府令诸国编制田文的命令（追加法第449、450条），不过这样的田簿无法准确反映地头御家人领地的经常性变动，以此来摊派军役难免会出现不公平的结果。

比如下面这个例子：文永年间蒙古初次入侵后的第三年，即建治二年（1276），幕府策划外征（异国征伐）†，要求九州御家人根据各自田地数额上报相应兵力及武器情况，于是肥后的御家人井芹秀重提交了一份详细报告，称领地共二十六町六段有余 ‡，其中五町四段为阙所地 §，一町三段多由父亲变更分配而让给了妹妹，如今被他人强占，除此之外则是因各种原因而无法领有的土地。扣除这些无法实际控制的土地后，现在他能够支配的田数为十一町三段多。同族高秀的八町领地中，也有四町二段被他人强占，实际支配部分不过三町八段。而且报告中

---

* 服役期限从半年缩短为三个月。

† 文永之役（1274）后，镰仓幕府为防备元朝再度入侵，曾策划主动进攻、占领元人在朝鲜半岛的据点，但最终未能实施。

‡ 日本古代土地面积单位，一町为10段，约合11880平方米。

§ 被罚没收、诉讼后更替或知行者死去等原因，导致暂时没有确定新的领主的土地。

对照庄园领家的取帐[38]、名寄帐*，强调二人实际支配的田数并非谎报。[39]也就是说，井芹秀重名义上领有的田数有一半以上实际无法领有，因此幕府按照原有数额摊派的军事课役其根本无法承受。秀重请求幕府不要再参照大田文中的名义田数，而是采纳庄园领家作为征收年贡的基础账簿而每年更新、保留下来的取帐、名寄帐上的实际支配田数（现在支配的领地的产出量）来摊派。

一般来讲，御家人的领地，除地头职那样受幕府（将军）统辖的部分，大多归庄园领主支配，西国御家人这种情形尤为普遍。对于这种归庄园领主支配的御家人领地，仅靠幕府方面的资料难以准确把握其增减变化的实情，必须要依靠庄园领主一方的资料。井芹的报告就指出这个超出幕府权力范畴的问题。

那么，御家人领地变动这一问题本身到底是怎么回事？这正是御家人制度的内在矛盾，是幕府一直头疼的问题。首先，针对因出售而导致御家人领地减少的情况，《御成败式目》（第48条）禁止买卖私领之外由将军所授予的恩赏地；仁治元年（1240），幕府修该此法规，规定即便是私领，卖给"凡下"（平民）、"借上"（金融业者）的部分也将被没收；即便是购买者是武士，若非御家人也不可向其卖地（追加法第145条），换言之，只允许御家人之间的土地交易；文永四年（1267），幕

---

* 这里的取帐、名寄帐都是庄园征税账簿。取帐记录了检田时的数目，名寄帐统计名主的姓名、田地面积、产出量等。

府禁止御家人领地的买卖、抵押，不论是恩赏地还是私领（追加法第 433 条）；永仁五年（1297），幕府发布所谓德政令[*]，禁止领地买卖、流押，并规定御家人可无偿收回已卖出的部分。其次，对于西国御家人因犯罪受罚而被本所没收领地的情况，天福二年（1234）幕府告知本所，犯罪是否属实须通报幕府，今后没收领地之前要先通知幕府，由幕府来调查实情，也即采取了限制本所行使没收所领权的政策（追加法第 68 条）；宽元元年（1243）幕府再次向本所提出，今后御家人被本所罚以没收领地时，须重申天福二年法令的内容，如果本所不予采纳，则幕府向本所推举另一位御家人，申请将被没收的领地给予此人（追加法第 210 条）；宝治二年（1248）幕府规定，御家人与他人围绕本所统辖领地的纠纷，由本所法庭裁决而败诉后，向幕府申诉本所误判（考虑到败诉者通常都会主张误判），幕府会与本所交涉，以求纠正误判（追加法第 264 条）。

这类法令向我们揭示了以下事实：尽管御家人的领地是幕府摊派军役的基础，但只要这些领地不归幕府支配，阻止其减少就超出了幕府的权限，幕府只能以向本所告知、申请己方主张的形式向其施加压力。

因此我们重看井芹秀重的报告。其中明确提到秀重、高秀未能实际支配领地的三点原因：阙所地的存在、父亲更改领地

---

[*] 日本中世否认既有的债务债权关系，使抵押物（领地）物归原主的一种法令。关于永仁五年的德政令，参考本丛书中的《德政令》（崇文书局，2023 年）。

分配对象、其他人强占（也有因文书缺失而不明的部分）。阙所属于幕府对井芹的问题，因此这部分幕府方面能够负责；父亲更改领地分配对象（悔返）是其行使父权，若井芹不向幕府提起诉讼，其他人强占也是幕府无法处理的问题。换言之，防止御家人领地减少、确保军役之基础是超出幕府权能的问题，我们在井芹的报告中向我们部分地揭露了这一幕府体制层面的重大矛盾。

接下来我们讨论的问题是，面临增强兵力以抵御外敌的需求，御家人制却存在妨碍增兵的内在矛盾。御家人在战时通过立军功、平时通过履行公务，获得将军恩赐的领地及"职"，即领受所谓"御恩"的特权。此外，根据家世高低、嫡庶之别、职务轻重等不同情况，御家人可以被幕府推荐担任相应位置的朝官（官途、受领），可谓社会地位的荣誉特权。还有，御家人即使成为犯罪嫌疑人（谋反除外），倘若没有经过幕府的审理以及相应的"辨疏"环节，则不能被逮捕，此为刑法上的特权。作为垄断性地负责以武力守护日本国的镰仓将军之家臣，身享这种特权的自豪感，确实发挥了增强御家人的忠诚与团结的杠杆作用。但另一方面，它也将其他希望取得御家人身份的非御家人断然拒之门外，同时阻止御家人脱离这层身份，自然会导致培育成员的固定化、集团的封闭性。对于非御家人主动参加大番役或经济性杂役，并以此自称是御家人的事情，幕府法庭曾争论此事是否可行；对于御家人丧失领地问题，幕府施行各种对策，最终断然执行令其无偿取回的强制措施（参照上一页）；

为了将失去领地的御家人仍留在御家人之列，幕府出台法令，或以祖父母世代以来的御家人（弘安十年。追加法第 609 条），或以曾祖父世代开始的御家人（正应六年。追加法第 639 条）为限。这些均反映了这种御家人集团的封闭性。

而且御家人的庶子在履行幕府的经济性杂役时必须服从总领的调度，想要获得朝官必须通过总领的推举。在这类限制之下，庶子脱离总领独立发展的势头受到严格压抑。而在外部，如前述幕府干涉庄园领主（本所）没收御家人领地的情形，不难推测本所一方十分厌恶并本所一方强烈厌恶乃至阻碍下属的庄官、名主成为御家人。这些因素都严重阻碍御家人成员的更新、扩大。

那么在防御外敌这一紧急、重大的任务面前，幕府如何处理归结为上述两点的御家人制之矛盾呢？

关于针对镇西御家人的领地转让问题，幕府规定在防备外敌的特殊时期禁止御家人向女儿让渡领地，若无男性继承人则选近亲之子为养子，令其继承领地（弘安九年。追加法第 569 条）。到 14 世纪初（德治年间），幕府又规定"为增士卒之数""可庶子总领相并"（《肥前实相院文书·正和元年十一月镇西下知状》），在九州一带通过立法推动庶子的独立。[40] 这类极大改变旧有族内制度的军事法令得到推行，似乎与之呼应，在异国警固番役方面，总领也被迫承认庶子独自履行军役的行为。[41]

然而，这样的幕府体制性改革能否成为消除上述矛盾的良方呢？答案是否定的。为解决只要依靠御家人制度就不可避免的军役负担能力低下、兵源不足问题，幕府于是向朝廷、本所方面寻找解决之道。

文永十一年蒙古初次入侵之后，幕府在命令安艺守护前往任国的御教书 * 中提出，"彼凶徒袭来，应召国中地头御家人并本所领家一元地住人等，令作战御敌"（追加法第463条）。建治二年（1276）发给安艺守护的御教书也提道，"应早召安艺国地头御家人并本所一元地 † 住人等，令警固长门国"。限于史料，目前无法弄清幕府此时动员本非权限之内的本所一元地住人的经过、程序等。不过，蒙古再度入侵之后的弘安四年（1281）闰七月九日，幕府请求王朝方面颁布以下两条政策：

（1）诸社职掌人应守卫本社；

（2）寺社权门领、本所一元地之庄官以下，应随武家（幕府）统领前往战场。

然而，当日朝廷就收到了前一天蒙古船队沉没的消息，庙堂上下惊喜不已，幕府申请的内容也就没有许可的必要了。但同月廿日，朝廷还是按照幕府的申请下达了宣旨，而且日期上溯至敌军败退的报告到达京都的那一天（《壬生官务家日记抄》）。这肯定是闰七月九日之后幕府再度申请的结果。此后，幕府就可在"异国警固"的名义下征调本所领地上的人了。例如弘安九年（1286）末，颁给肥前守护的关东御教书，就要求

---

* 公卿贵族、幕府将军、寺社上层等通过侍臣（家司）发布的一种文书。

† 由庄园领主直接支配的领地，不受地头、守护干预。

该国的本所一元地预所等＊与地头御家人一同参与异国警固番役（《龙造寺文书·弘安十年正月廿九日肥前守护施行状案》）。

在动员本所领地人员的基础上，幕府还从庄园征派军粮等物资。已知的例子是文永十一年（1274）十一月对东寺领庄园的征收。到了弘安四年六月即申请上述宣旨之前，幕府因防备异国，向朝廷申请征调整个九州及因幡、伯耆、出云、石见等山阴道诸国的国衙领、本所一元地的年贡以及富户的储粮（仅针对现存部分），王朝一方无法拒绝，哀叹"异贼未入境，欲灭亡洛城乎？上下诸人应无比类欤"（《壬生官务家日记抄》）。

如上所述，幕府采取对本所一元地进行军事动员，征调国衙领、本所一元地年贡及富户存粮这种强硬措施，以图解决防御外敌上的军事力量不足。不过不容忽视的是，这些举措是在获得王朝方面颁布宣旨这一正式的权限授予流程后才推行的。在此，过去仅以将军家人承担国内警备之任的有限度的防御职务包揽制，开始转变为使役其他人的统合国家层面的职务承包模式。然而，将军若是在公权力的名义下驱使非御家人，那么仅就服役者的报酬（对战功的恩赏）这一点而言，该役使关系便不可能止于一时，而这种改变将明显动摇幕府主从制的根基。

得宗政治 [42]

时宗病逝的次年 (1285)，其岳父安达泰盛——大概也是将军

＊　代替庄园领主执行庄务的现地管理者，指挥下司、公文等下级庄官。

权力的最后代言人——作为得宗专权最主要的障碍，在内管领平赖纲发起的政变下迅速败亡，一族同党随之覆灭（霜月骚动）。此后，幕府政治的发展无疑来到了重大的转折期。

赖纲拥戴时宗的小儿子、十四岁的贞时为得宗并掌握实权，于正应四年（1291）派遣御内人尾藤、小野泽前往博多，调查新设不久的九州诉讼机关"镇西谈议所"的奉行是否有不法之事；同年幕府下令，对于原属将军直辖的寺社及"京下"诉讼事务，在诉讼审理迟滞时应转交给饭沼助宗（赖纲之子）、长崎光纲（赖纲之侄）等五名御内人（追加法第631、632条）。此类政策使御内人集团，特别是赖纲及其子弟凌驾于御家人之上并监视后者，且赖纲之子助宗官至五位检非违使判官、安房守，攀上当时御家人也很难取得的荣位高官。

"城入道（泰盛）被诛后，彼人（赖纲）一向执政，诸人恐惧之外无他事也。"（《实躬卿记》"正应六年四月廿六日"条）赖纲的这种专权、骄横不久招致北条贞时的不满。永仁元年（1293）四月，贞时派人诛杀了赖纲、助宗等。理由据说是赖纲阴谋拥立助宗为将军（《保历间记》），但这明显与贞时父祖打倒政敌的借口如出一辙。接着，贞时下令终止弘安合战（安达泰盛之乱）后的赏罚追究（永仁二年。追加法第643条），赦免受泰盛牵连而被流放下总的金泽显时等，展现匡正赖纲失政的态度。但另一方面，他废除了已有传统的裁判机构引付，设置了执奏七人（永仁元年十月，《镰仓年代记》）。担任执奏的是原来的引付头人在内的幕府要人，且此机构的职责仅是审理诉讼并

将结果报告给贞时，与之前引付头人担责起草并呈交判决原案
的制度无法相比。判决的权力由此集中到贞时一人手中。

虽然仅一年后，执奏被废而引付重设，不过"重事犹直听
断"，即重要的案件仍像之前那样由贞时亲自裁决。到了正安
二年（1300），幕府废除越诉方，命五位御内人负责此事务（永
仁元年十月，《镰仓年代记》）。所谓越诉方，是为败诉者而设
的重审机构，重审自然可能会否定前次判决，因此越诉方的长
官（越诉头）惯例由担任过引付头人的领导层，也即地位仅次
于执权、连署的要人充任。因此，现在让御内人代管越诉业务，
表明这项具有权威的重审之权力也归于贞时之手。不论是哪一
任执权还是得宗，在镰仓幕府历史上恐怕没有像贞时这样强权
在握的人了。

贞时担任执权十七年后，即正安三年，将职位让给女婿师
时出家，但之后十年间一如从前地掌控幕府权柄。到了晚年的
德治三年（1308），幕府奉行人平政连给贞时进谏称，"评定之
大事犹待亲临钦""每月御评定间五日……不阙御勤仕"等（《平
政连谏草》），可知贞时在出家后仍日常列席评定会议。幕府之
中获得受领（国守之官）者，即便是执权也被尊称"相模守殿"
"相州""守殿"，唯独得宗可以随意使用"太守"＊称号，这恐怕
也是贞时的时候才开始的（《永仁三年记》,《金泽文库古文书》

＊ 平安时代对于亲王担任国司长官（限常陆、上总、上野三国）者，借用中国秦汉以来
　的郡守称号"太守"以示尊敬。

第 1 辑）。镰仓末期的文人执权金泽贞显，在给家人的书信中描绘得宗北条高时（贞时嗣子）的巨大权威，那正源自父亲贞时以来的权势。

那么，贞时所建立的得宗专制政治的实质为何呢？得宗专制秉持何种政治理念、政策，要追求、实现怎样的目标呢？如前所述，面对因蒙古袭来而表露出御家人制的矛盾，幕府选择的解决之道主要是从王朝、本所方面夺取公权力。执权采取的政策核心是推行并构建独自的诉讼制度，接下来我们以此为中心概述政务部门的改革。

在 13 世纪后半期引付制度发展中所体现出的幕府诉讼制度理念，以审判公正为最高原则，程序上采取当事人主义，具体层面以尊重武家习惯法为前提。但另一方面，相对于这种诉讼程序，引付的直接审理主义*，以当事人为中心的诉讼流程，以及引付、评定的二重审理机制，被严厉批评有损裁决速度。改革从强化引付在程序上的权力开始。早在建长五年(1253)四月，幕府下令，为诉讼对决†而向"论人"（被告）下发"召文"（传召文书），并多次催促，但被告完全不听传唤时"殊可有御沙汰"，明确表明处罚不应传召之罪的方针。同年八月二日，对于"违背御教书之科"而处以没收部分领地（《吾妻镜》），也是该方针的具体化。

---

* 指法官亲自听取当事人辩论并进行证据调查以判决，而不以他人审理结果或调查结果为基准。

† 原告、被告前往审判机构，在审判人员面前当面辩论的法律程序。

《御成败式目》（第 35 条）就规定，领地纠纷等民事诉讼案件中，被告三次受召文传唤都没有到场时，若原告占理（推断其占理）则不需经过对决即可判定其胜诉；若原告不占理则将诉讼物（存在纠纷的客体）判给第三方。也就是说，被告拒绝应诉，即"违背召文"（或"召文难涉"），可成为推断其主张无理的证据，但是拒绝应诉本身还没有被视作犯罪行为。然而建长五年的两个法令，明确将拒绝应诉视作犯罪，不应诉的被告除了该案败诉之外，还因不应诉之罪而受到处罚（具体而言是没收部分领地）。幕府对于这种拒绝应诉的态度转变，不是单纯的政策松紧，而是暗示了裁判原理的变更：审判从调停原告、被告双方，转为拥有判断是非正误并强制执行的机能。

并且，文应三年（1260）的法令（追加法第 331 条）规定：对决结束后，允许提交追加证据的只限证据文书，不再认可原告、被告的追加申状（追加的申诉内容）。这与泰时任执权时期为限制滥诉而采取"悬物押书""堺之打越"*等不得已而为之的策略相比，非常武断且富有职权主义†色彩。这样的新规定仍是照应了上述审判理念的变化。

为上述新审判理念及实施带来划时期转变的，是前文提及的文永三年（1266）废除引付的举措，而以此为先例并再度废

---

* 悬物押书指领地诉讼中，败诉者向对方提出放弃领地所有权主张的书面保证，是防止案件重申的有效手段；堺之打越指领地边界纠纷中，提起诉讼者若被证明无正当理由则会受到惩罚，须将部分所得领地（通常是一半）转交给被告。

† 与当事人主义相对的法学概念，指法官在诉讼中居于主导地位，可以依职权主动调查取证、判决不局限于当事人的诉讼请求等。

除引付的，则是永仁元年（1293）的改革。评定与引付构成的二重审理机制非常影响裁判的效率，构成了废除引付的借口，但该改革背后隐含的是引入职权主义以强化公权力的目的。因此，即便幕府被广泛批评对诉者关闭或者收紧大门而复活了引付，但废止引付背后暗含的目的并未被放弃。比如，幕府鼓励案件双方通过和解（"和与"）而不是判决的方式解决诉讼。这不是当事人之间的和解（"私和与"），而是在法庭上的和解，一旦成立，法庭会向他们下发承认当事人所作和解文书的判决书（和与之裁许状），在之后的诉讼中这份判决书也受到特殊的法律保护。除此之外，在得宗贞时的掌权及之后的时期出现了下列诉讼程序规定：

正应三年（1290）：幕府发布"不易法"，规定康元元年（1256）到弘安七年（1274）间的"御成败"，即长时、政村、时宗任执权时的判决不可更改。这种不易法在《御成败式目》成立以来就多次发布，目的是维持判决结果，防止越诉出现，因此在"不易"的时期下限到发布新"不易法"之间的时间段为重审请求留出余地。泰时时期的"不易法"与下限之间隔了十五年，经时、时赖时期则设置了十六年，但正应三年这次不易法只留了七年间隔期。也就是说，这次不易法发布后，超过八年的判决一律不接受重审（追加法第619条）。

正应三年至六年（1290—1293）：幕府规定诉讼受理机关问注所审查诉状，如果判断其诉求不合理，可以不转呈引付而直接驳回（追加法第641条）。换言之，受理机构也拥有了一定的审理权，可以拒绝受理。

正安二年（1300）：幕府明确了对滥诉的惩罚（追加法第699条）。为防止"虚构不实施行滥诉之辈"胡乱告状，幕府规定予以重罚，有领地则没收领地，无领地则流放。恐怕在镰仓幕府法制史上，没有比这更严厉的滥诉处罚了。

延庆二年（1309）：幕府发布"外题安堵法"[43]（追加法第712条）。对于曾获得过安堵下文、外题的领地，适用于省略三问三答环节[*]的简易诉讼流程。

延庆三年（1310）：将"刈田狼藉"[†]之罪从领地诉讼（"所务沙汰"[‡]）改为刑事诉讼（"检断沙汰"[§]）所管（追加法第713条）。

正和四年（1315）：将"路次狼藉"之罪划归刑事诉讼所管（大概也是从领地诉讼划归，追加法第714条）。

以上这些法令以及前述的和解政策，都收窄了重审及诉讼的途径。相较于"所务沙汰"的理念即尊重权利方的诉求，这些政策明显更强调"检断沙汰"理念下基于公权力的保护、惩罚职能。审判理念从分辨是非，转为公权力的规训、惩治。

---

* 幕府将原告的诉状交予被告，被告需回复陈状，互相辩驳，如此往复多次（一般是三轮），直到裁判机构根据所提材料判明胜负。若一方主动认输或双方达成和解，即结束诉讼程序。

† 指自称对某领地原本拥有所有权而擅自收割领地农作物的示威行为。

‡ 一般包括领地被侵占、边界纠纷、地头职的继承争夺等。主要由引付负责。

§ 主要包括谋反、杀人、放火、盗窃、砍伤、强盗、强奸等，由各地守护及侍所、六波罗检断等负责审理、处罚。

第三章

王朝国家的应对

第一节　王朝的复兴

关白与关东申次

承久之乱后，左右王朝政局的是西园寺公经。三代将军源实朝被刺杀后，公经违背后鸟羽上皇的意图，将女儿与九条道家所生的两岁外孙送往镰仓为将军。承久之乱时，他又率先向幕府通报了后鸟羽的讨幕计划，遭到上皇囚禁。因此内乱结束后，公经获得了幕府的高度信任，成为王朝再建的中心人物。龙肃氏很早就推测，[1]后鸟羽等三位上皇被流放远国后，将后鸟羽的兄长入道行助亲王立为治天之君（后高仓院），并使其子茂仁即位（后堀河天皇）一事，便是行助之妃、茂仁之母持明院陈子的外甥公经在背后谋划运作的。

西园寺公经在内乱平息当年由大纳言晋升为内大臣，不到一年又官至太政大臣，并任关东申次，一手掌控朝幕间的联络事务。据说朝臣的晋升、摄关的更迭也全由受幕府支持而位至极官的公经左右。另一方面，将军赖经的父亲九条道家，因为承久之乱时作为天皇（即九条废帝、仲恭天皇[*]）的外戚担任摄政，不得不蛰居一段时间，但不久凭借着将军之生父、公经之女婿的身份又恢复了职位。内乱后第六年，即安贞元年（1227），道家的叔叔九条良平任左大臣，嫡子九条教实（与赖经一样都是公经的外孙）年仅十八岁就位至右大臣。次年，近卫家实尚未提交辞表就被免去了关白之职，道家取而代之。宽喜三年（1231），教实接替其父道家成为关白，时人评价"关白殿，当时云殿中，云公务事，殊令专行云云，末代颇以无益欤"（《民经记》"宽喜三年七月廿一日"条），即教实不论公私场合都举止嚣张、态度专横。毋庸置疑，这是因为背靠道家与公经的威势。道家从关白之位退下后称"大殿"，仍然可以出入禁中参与枢机，且通过将军赖经保持对幕府的强大影响力。不仅如此，有一段时间比叡山座主、三井寺（园城寺）长吏、山阶寺（兴福寺）别当、仁和寺御室这些职位全由其子担任，道家俨然是宗教界的幕后主宰。于是，承久之乱后由九条、西园寺两家联合支配政局的局面维持了近二十年。

然而，嘉祯元年（1235）道家请求幕府允许后鸟羽、顺德两上皇还京[†]却遭到断然回绝。这成为其失势的前兆。幕府最忌

---

[*] 仲恭天皇是后来明治政府给的谥号（1870），此前一直被称为九条废帝、承久废帝，不被视作天皇（未举行即位仪式与大尝祭就遭废黜）。

[†] 前一年后堀河上皇离世，留下了年仅四岁的四条天皇。按照惯例，此时需要一名年长

惮后鸟羽势力恢复，因此对涉足此事的道家高度警戒。七年后（1242）四条天皇猝然去世，道家拥戴顺德上皇之子、相当于自己外甥的忠成王即位，但幕府因为顺德上皇在承久之乱时积极参与讨幕而排斥忠成王，转而支持土御门上皇*的皇子邦仁（后嵯峨天皇）继承皇位。道家失势，而公经迅速表明态度支持邦仁即位，巧妙地与之分割。加上宽元二年（1244）道家与次子良实关系恶化，令朝廷免去了良实的左大臣之位，由三子一条实经代之，因此庇护良实的公经与道家之间的隔阂立刻加深。未过多久，七十七岁的公经病逝，道家接替他成为关东申次，但此时在镰仓方面，将军赖经凭借父亲的权威，形成了与执权北条氏对立的将军势力，所以宽元二年执权经时迫使赖经让出将军一职给六岁的幼子赖嗣（参照第115页）。如此，道家与赖经已成为京都的后嵯峨、西园寺势力以及镰仓的执权势力的共同政敌。

宽元四年正月，后嵯峨将皇位传给西园寺的外孙、皇子久仁（后深草天皇），开启了院政，并迅速告知幕府将关东申次的职权一分为三，秘事重事（皇位及摄关的更迭等）仍像之前那样告知道家（再由道家告知幕府），僧俗人事告知摄政，"杂务"（诉讼相关）则由院司凭院宣直接与幕府交涉（《叶黄记》

的皇室男性家长开设院政，所以道家有这样的申请。

* 土御门上皇在承久之乱时不支持父亲的讨幕政策也没有直接参与此事，幕府本不准备处罚他，但其自愿流放阿波国。此时他已去世，但顺德上皇仍健在，并期望儿子即位后自己可以回到京都。

"宽元四年三月十五日"条）。也就是说，这是大幅削弱关东申次的权力，开启院与幕府直接交涉的道路。同年五月，新任执权时赖在镰仓以武力清除了赖经的近臣势力，并将赖经送回京都。京都方面风闻，这是赖经与道家合谋鼓动勇士讨伐北条氏但事情败露之结果（《冈屋关白记》"宽元四年六月十六日"条）。据道家给春日社呈奉的愿文记载，"小僧（道家）……又听闻谣言称余阴谋国位之重事"（《春日社记录》六），可知他甚至被怀疑要废立天皇。这些都不过是为了结束道家、赖经的政治生命而强行编造的理由罢了。

同年十月，按照幕府的申请，朝廷命西园寺实氏代替道家担任关东申次。次年正月，道家的爱子实经被罢免摄政之位，并被罚闭门蛰居。六月，镰仓发生了三浦泰村之乱（宝治合战），据说长久以来与父亲不和的良实向后嵯峨院控告道家参与了泰村的谋反，并将此事也报告给镰仓方面（《九条家文书》"普光园院不孝记"）。四年之后（1251），僧人了行欲颠覆幕府的阴谋暴露，九条家再度受牵连，将军赖嗣被废，九条家一族蒙受上皇责罚。不久之后，道家在东山光明峰寺猝然死去，《续本朝通鉴》称是东使（幕府使者）杀害了他。

院评定制 [2]

以上是镰仓的藤原氏将军（赖经、赖嗣）与京都的九条道家一族没落的过程，但这也只是幕府与王朝紧密合作、同时推进政治改革的一个侧面，或者是政治改革的第一步而已。

现在回看道家专权之下的朝政，首先注意到的是道家或其代理人摄政、关白的专横执政，然后是由此带来的贵族整体的暮气沉沉。仁治三年（1242）幼帝四条天皇突然死去，二十三岁的后嵯峨即位，之前的摄政近卫兼经直接转任关白，两个月后二条良实接替。但摄政变为关白，政务执行的方式似乎没有任何改变。像石清水八幡宫的神官斗殴导致神社被血玷污这样的重大事件，自然采取了将公卿召集到皇宫举行首仗议*的正式手续（《平户记》"宽元二年十月十四日"条、"同三年四月十四日条"等），但一般的纷争等是召集指定的数位公卿在关白府邸举行议定解决，与摄政在时一样。[3] 即便不时有有识之士在日记中称，"（天皇）成人之时，如此般朝务但在内里议定欤？不须申于殿下（摄政关白），此先例未闻之事也"（同上，"宽元二年八月廿八日"条），但应该没人直接对关白说这些话。也就是说，后嵯峨在年龄上已经是成人，但在事务处理上仍被视同幼帝对待，朝务皆由关白掌控。

再加上后鸟羽院政时期公卿人数显著增多，[4] 结果得势者与不遇者的差距增大，攀附九条、西园寺乃至关东的执权北条氏以求取荣华的风潮盛行一时，[5] 参加仗议的公卿不熟悉议事流程，"仿若婴儿"（《平户记》"宽元二年十月十五日"条），

---

* 也称阵定，平安时代以来公卿于皇宫内的左右近卫府阵（武官列队的场所，后演变为公卿觐见的等待区）举行的国政会议。天皇或摄关一般不亲临会议，而是通过藏人收集参会者们的意见，作为决策时的参考。

或者在仗议上陈述意见时将律令中的"八虐"*读作"八虎"（"虐"的异体字与"虎"字相似），暴露其无能（同上，"宽元三年四月十四日"条）等。我们虽不能忽视贵族个人资质低下问题，但这时还有另一个重要的问题，即在作为重要事宜讨论场所而好不容易召开的皇宫仗议中，列席的公卿按照顺序陈述意见后，并未进行应有的质疑讨论。

"人人定申（陈述判断）后，稍有不审处尤应评议，此为定例。定申一遍后，人人无言，上卿未练，故无仰旨欤。又人人无言，无念也（负责主持议事的上卿不熟练，未督促出席者发言？然而谁都不发言仍是遗憾之事）。仗议大事也，逐年随日陵夷（衰退），可悲可悲。"（《平户记》"宽元二年十月十四日"条，另可参照"宽元三年四月十四日"条）参加仗议的民部卿平经高如此悲叹。平经高在此批判对政务毫不积极上心的公卿敷衍地应付议事会议，尖锐地揭示了政务停滞的原因在于公卿的消沉颓废。

宽元四年（1246）正月，后嵯峨天皇在位仅四年就传位给四岁的皇子久仁并开启院政，无疑是要以此摆脱关白及在其背后的九条道家的束缚，自己掌握朝政的主导权，并由此革新朝廷政治。如前所述，恰好在此时，镰仓方面被废黜的将军赖经正谋划夺回权力，而执权时赖先发制人将其势力驱逐，并将赖

---

* 仿照唐律的"十恶"规定的八种特别重大犯罪，即谋反、谋叛、谋大逆、恶逆、不道、大不敬、不孝、不义。

经本人送回京都。八月，幕府遣使向后嵯峨院汇报事件的经过，同时请求朝廷推行德政，特别是纠正以往不公正的叙位、除目，且申请更换关东申次（《叶黄记》"宽元四年八月廿七日"条）。十月，幕府如同预先通知的那样，申请罢免九条道家的关东申次，以西园寺代替，并且重申希望朝廷推行德政。十一月，后嵯峨院建立评定制，便是对这两次幕府申请的回应。

院评定是院政的最高决策机关，首先被任命为评定众的是西园寺实氏（太政大臣）、土御门定通（前内大臣）、德大寺实基（内大臣）、吉田为经（中纳言）、叶室定嗣（参议）五人。评定制的创立是幕府强烈劝告之后出现的，且从"评定""评定众"等名称也可以看出，它具有模仿幕府评定制之处。但另一方面，如桥本义彦所论，[6]我们也不能忽视它是平安时代以来公卿议定制（再往前可以追溯至律令制下的太政官议政官会议）传统的延续。

先来看一下最初被任命为评定众的五人。西园寺实氏是后嵯峨的岳父（后深草的外祖父），作为关东申次，为其父公经积攒下来的权势添砖加瓦。土御门定通既是后嵯峨生母的叔叔，也是北条义时（时赖的曾祖父）的女婿，幕府指定后嵯峨为皇位继承人也有定通的暗中运作。后嵯峨开启院政，他被任命为执事，取代九条家成为权势仅次于西园寺家的人物。德大寺实基[7]日后因担任检非违使别当而声名鹊起，由其在《十四条政道奏状》中所述见识所示，他因在公卿中见识出众而入选。如果说前列的西园寺实氏、土御门定通二人是作为幕府与院沟通纽带的重要角色，那么德大寺实基则因学识而获任。这三人不管是从清华家*的家格还是从官位来讲，都属于公卿的上层（仅次于摄政、关白的阶层），因此他们代表了上层贵族。与此相对，吉田为经、叶室定嗣属于名家，是供职于院司的事务型官僚，也即中层贵族的代表。上述五人代表了贵族社会的上层、中层，则可以认为院评定制继承了公卿议定制的系谱。

不过，幕府再三请求并建议后嵯峨院引入评定制，且以细致流程考察、承认评定众人选的目的为何呢？其一，幕府高度认可由中上层贵族代表的协商裁决政务方式，希望王朝以此恢复朝政安定；[8]其二，我们需要关注到，院评定制的所管事务即评定的对象，包含了此时在王朝政务中比重不断增加的裁判（特别是领地诉讼）。从结论上来说，幕府劝告王朝方面建立评定制的第二个目的，是期待后嵯峨院政重整、完善王朝领地诉讼相关的裁判制度。

早在仁治三年（1242）六月（后嵯峨即位后五个月）北条泰时去世时，有朝臣赞扬泰时的公正，为其死感到惋惜。[9]然而当时幕府完善诉讼制度的行动在王朝、本所间议论纷纷，原本应受王朝、本所管辖的案件也多被纳入幕府的裁决。在此背景下劝告王朝引入评定制，从幕府方面讲，无外乎是在裁判管辖方面明确王朝的事务归王朝，王朝、幕府互不干预而两相自

---

* 这里的清华家以及名家都是公家社会内部对于门第等级的一种划分，详细可见下一节内容。

立的方针。鲜明反映这一点的，是宽元四年（1246）十月废止京都篝屋一事。此事在幕府再次申请王朝推行德政（具体是指评定制）以及更换关东申次时，一同告知了后嵯峨院（《叶黄记》"宽元四年十月十三日"条）。

篝屋是历仁元年（1238），执权泰时在京都市内各处所设、作为夜间警备的临时岗哨（《吾妻镜》"历仁元年六月十九日"条）。如"万人（由此）可高枕无忧"（《叶黄记》"宽元四年十月十三日"条）所示，它对维护京中治安有很大帮助。到了宽元元年（1244）十一月，一直留在京都、隶属六波罗的所谓在京御家人被免除大番役。宽元四年正月，幕府免除大番役御家人的篝屋执勤工作，改由在京御家人负责（《东寺百合文书》イ函），十月则如上所述，废除了篝屋本身（据《民经记》"宽元四年十二月八日"条，实际废除要等到次年春天）。

从这个过程来看，降低大番役、在京御家人役、篝屋役等御家人所背负的沉重负担是幕府的首要问题，因此，它之后废除了篝屋，即减少为王朝提供的军役以减轻御家人负担，彻底解决此问题。京都城中治安本来归检非违使负责，废除篝屋也就意味着幕府将京都的治安工作基本交还给了检非违使厅。那么，提出废除篝屋与建议施行德政也即引入评定制，就不是时间上的偶然一致，而是作为幕府对王朝的新政策之一环，具有内在的关联吧。或许幕府将泰时死后急速显现的将军、执权两派斗争导致的政治不稳，与御家人对军役的不满合起来看待，决心将幕府、王朝的关系从相互依存转为互不干预、两相自立，以寻找解决问题之道。幕府这种对王朝关系之转换的最后一招，即迎立亲王将军。

创立院评定制六年后的建长四年（1252），幕府废黜了将军赖嗣，将院政之主（即治天之君）后嵯峨上皇的皇子宗尊亲王迎到镰仓。从源赖朝举兵时在东国流传的拥立以仁王说，到后鸟羽上皇时迎立皇子计划失败，一直萦绕于幕府内外的拥立皇亲想法至此终于实现。从宗尊亲王到幕府崩溃时守邦亲王一共四代亲王将军，表面上象征着朝幕协调，但从政治性功能而言，是为了后鸟羽所说的使"日本国一分为二"（参见第103页），换言之，他们是保障幕府与王朝间相对独立状态的"特殊装置"。

如此看来，从打压九条家开始，到设立院评定制，再到拥立亲王将军，这一系列政治事件都是呼应了后嵯峨院推行的政治改革，以及幕府向朝幕间相互不干预的转换。如下所述，后嵯峨院之后的朝政受到幕府法律、制度的强烈影响，但又发展出了独特的诉讼制度，正是因为后嵯峨院政时期设定的朝幕关系框架得到了维持。

从后嵯峨院政到后宇多院政，即截至元亨元年（1321）后宇多上皇让位给后醍醐天皇，而后醍醐亲政开启旨在彻底变革王朝的新政，这段时间，大致可分为以下八个时期：

序号	天皇及统治方式	起止年限	历时
1	后嵯峨院政	宽元四年（1246）至文永九年（1272）	二十六年多
2	龟山亲政、院政	文永九年（1272）至弘安十年（1287）	十五年多

3	后深草院政	弘安十年（1287）至正应三年（1290）	约两年四个月
4	伏见亲政、院政	正应三年（1290）至正安三年（1301）	十一年
5	后宇多院政	正安三年（1301）至延庆元年（1308）	七年多
6	伏见院政	延庆元年（1308）至正和二年（1313）	五年多
7	后伏见院政	正和二年（1313）至文保二年（1318）	约四年半
8	后宇多院政	文保二年（1318）至元亨元年（1321）	三年多

在此期间，王朝进行了一系列改革，展示出刷新朝政特别是整顿裁判制度的姿态，如龟山院政时期的弘安九年（1286），朝廷将评定分为德政沙汰与杂诉沙汰两类；伏见亲政时期的正应五年（1292），朝廷发布《新制十三条》，规范记录所的诉讼程序，尤其是把之前每月三次的评定会议改为每月六次，且仿照幕府的制度设立"庭中"，作为专门受理案件重审的机构；后伏见院政时期的文保元年（1317），朝廷发布《政道条条》《二十四条），新设专门审理社寺诉讼的机构"神宫传奏""诸社诸寺传奏"，并且规定评定及文殿*下发勘决（判决草案）时，要在神明面前起誓保证判决公正；后宇多院政时期的元应元年（1319），朝廷发布《政道兴行法》。这些政策也受到持明院、大觉寺两统†不断激化的争斗影响，基本上每一代都有对评定制进行改革的法令。这些改革使得评定的程序更为复杂、严密，通过增加开庭次数等方面完善、充实评定制度。其中龟山院政时期的改

---

* 文殿本是管理书籍、文书机构，中世院厅的文殿是重要的诉讼审理机关，也裁决政事。

† 镰仓后期围绕皇位与领地的继承，皇室内部形成持明院统（后深草天皇子孙）与大觉寺统（龟山天皇子孙）两大派系，彼此对立，为之后的南北朝分立埋下伏笔。

革，标志着诉讼程序法实现了划时代的发展。

首先需要关注的是将原告、被告传唤到文殿进行裁决的规定。以往由称作"文殿众"的专业法官（明法家）直接审问诉讼当事人，并主持两方的辩论，如今改作将诉讼当事者直接召唤到评定众出席的文殿评定的会议上，让其当堂辩论。目前只能推测这一变化大约出现于弘安七年（1284），但院政之下的判决会议成员被称为评定众，他们亲自出席诉讼当事人对决之席，这一行为具有重大意义。因为据此程序，相比基于文殿众起草的判决原案进行的书面审理，它可以通过直接审理实现自由心证*。这明显源自幕府的制度，即在幕府的诉讼程序中，评定众作为拥有判决权的评定会议成员，同时置身引付机构，担任引付头人或引付下属的评定众，由此负责直接审理原告被告并起草判决文书。简而言之，这是导入了直接审理原则。

其次要提的，是弘安八年十三日以宣旨的形式发布的《新制十二条》（《石清水文书》之一，第 319 号）中第四条：

敕裁地不可重处置之事
仰，究后嵯峨院圣断渊源，谓当时敕裁一二，殊无仔细，不可动辄改判

---

* 指法官通过对证据的审查判断形成内心确信，凭借良知和理性，不受任何外界影响地自由判断。法律本身不对所有诉讼证据的取舍和证明力的大小进行规定。

此处虽有"殊无仔细"（没有特别必要）的保留条件，但仍规定不得更改后嵯峨院政时的判决。无须赘言，这也是对幕府反复推出的"不易法"的仿效，如"嘉禄元年至仁治三年（泰时在任期间）御成败之事……不可更改"等（参照第 114 页）。而据永仁末年、正安初年的《山科教定申状》（《山科古文书》四）"文永弘安，经御前评定受圣断之地……不可动辄更改"，不易法也适用于龟山亲政、院政期的判决结果。

再次，是弘安八年《新制二十条》中的第十六条：

> 定诉讼年纪之事
> 仰，虞芮之狱，虽不可设年限，魏邴之类，犹烦商量。
> 宽元已前事，暂不可改正。

此处是说，原则上不设提起诉讼的年限，但为了避免政务机能停滞，不再受理宽元之前的案件。该项立法的主旨与"暂"这个保留性措辞，体现了这条新法与王朝国家的公家法不相容的性质，但它原本就是意识到幕府法律中的知行年纪法，寻求达到类似的效果。考虑到在公家法中，"职"与"知行"作为一对不可分的概念（参照第 45 页）而成立，则知行年纪法这种将"职"与"知行"分开，且赋予一定时长的知行某种所有权法上效力的法律出现，就意味着公家法上述重要原则的崩溃。正是因为这一点，王朝没有将知行年纪法导入公家法，而是制定了这种诉讼年纪法作为知行年纪法的代替形式。

最后要关注的是后宇多院政时院的听断。虽没有史料记载明确年份，不过推测嘉元元年（1303）就出现了上皇列席最终判决的评定会议进行听断的事情。这应该也是模仿数年前幕府方面的得宗贞时新设的直断制。关东的这项制度是得宗专制化的制度性表现，而院的听断制也彰显了院政之下上皇的主导权。前文提到的文保元年（1317）《政道条条》第十四条规定，每月六次的评定会议原则上要求评定众全员出席，但"细碎之事等，虽不及文书回览，（上皇）又不出御，其众少少参会，了解之，可申所存事"，即轻微小事不需上皇临席，由若干评定众召开会议即可。这被视为纠正院主导型评定程序过度烦琐的措施。同法令第十七条提到，"诸社诸寺诸院宫以上并使厅之处置""其有诉讼，虽寻子细，不可贸然敕裁"，即上皇的裁断不可以打破社寺权门等本所的裁判权，以及检非违使厅的裁判权，给院政权力加上一定的限制，但这也是上皇权力增强的反证。

官署世袭制的发展

律令官制体系中宫内省所辖的造酒司，在 13 世纪初负责供应"日次供御之酒醋，斋院诸宫之日贡并诸社祭礼之酒，官行事所、藏人所之恒例临时召物"。但承元三年（1209），其向藏人所申请改由诸国各地的酒曲商人向造酒司交纳官用的酒醋曲等（《押小路家文书·承元三年四月廿一日藏人所牒写》），获得了许可。当时，造酒司给出的理由是这些酒曲商人"服仕本司，经公用而顾私为恒例也"，即造酒司是酒曲商人的本司（本来的管辖官署），后者向前者上交赋税是自然而然的事情，而且这样提供官用物品并经营私利是恒常之例。

降至仁治元年（1240），造酒司又提出了如下申请（《平户记》"仁治元年闰十月十七日"条）：从正月到年末一年中各项常例、临时的佛神仪式，每月及每日之公事杂务等，原本由造酒司负责供酒，但因原料供应不足，于是从五畿内等近邻十二国的税课中抽取一部分用于造酒。但是近年来诸国未纳、少纳的情况增多，这种运营模式难以维持。嘉禄二年（1226）朝廷虽下发宣旨督励但没有效果，因此现在想采用新的方式，即东西两京及诸酒肆每年按一栋建筑物缴纳一升的比率贡酒。以上是造酒司申请文书的主旨，文书中还补充了一些内容作为例证："内藏寮、内膳寮于市边征收鱼鸟交易之利润，以备每日官用；左右京职仰京中诸保，于染蓝并人夫课税；装束司征收市中苧买卖之辈所得利润，此外例子不可胜举。此皆和市交易之课役也，非式条所载，皆新仪之名欤？"造酒司称，尽管所谓"和市交易之课役"即针对工商业者所获利润的课税，是没有任何法规依据的确保官署财源的新方式，但内藏寮、内膳司、左右京职、装束司等许多机构都采用了此方法，因此它绝不属于没有先例、条规而应摒弃的"新仪"（当时这是负面意义的词语），而后则强调："于此酒屋等，合分东西两京以下条里，虽不知其员，全不备本司之上纳，又不勤他役，从私业也，诚非当司可辖制邪？"造酒司的言下之意是，不能容许酒肆不履行任何课役而只求私利，造酒司作为酒肆的"本司"当然可以对其课税。

将此与承元三年的情况对比，从申请对象与造酒司的工作内容说明来看：承元三年时造酒司强调服务宫廷方面的属性（所谓"藏人方"），而仁治元年时强调服务太政官方面的属性（所谓"官方"），但在以自己是酒曲商人（酒肆）的主管单位而主张课税正当性这一点上，两处解释是一致的。这种主张应该是以律令时代以来设定官营作坊制度、宫廷直属渔猎区域的制度，以及随着这些制度解体而以经营者的赋税作为补偿的做法为历史性根据，而其现实性依据则是一般以行会特权形式表现出来的国家特许经营。尽管仁治元年时，申请者强调用市场交易的课税来充作机构运转的经济来源的例子不计其数，但在被问及是否采纳时，左大臣等多半朝臣以此方式为"新仪"而反对（《平户记》"仁治元年闰十月十八日"条）。由此来看，至少在官方层面，这种赋课方法仍是历史不长的新例，造酒司的申请被否决的可能性很大。然而在乾元元年（1302），造酒正得到院宣，其中规定酒曲商人须向造酒司交纳赋税，若不遵守则禁止营业；元亨二年（1322），造酒正又领受纶旨*，其中否定了藏人所、左右京职对洛中酒鑪（酒舍）的课税权，将其完全授予了造酒司（《押小路家文书》）。

造酒司的长官造酒正，到镰仓时代多由大外记中原氏来担任。根据《尊卑分脉》，中原氏师清流的师朝、师弘（《叶黄记》"安贞元年十二月廿九日"条。《平户记》"仁治元年闰十月十七日"

---

*　天皇通过藏人等近臣发出的命令文书，不需要经过公卿，相比诏、敕，手续更加简便。

条载《造酒师解》，亦可证明师弘在任）、师冬、师绪接连四代任此职，此外嫡系师元流的师宗、师音、师千，师重流的师右等也担任过造酒正。特别是到了镰仓末期，根据记载详细的《外记补任》可知，师宗（嘉元二年［1304］六月二日至同四年二月五日）、师名（据《天皇冠礼部类》所引《大外记师右记》，是延庆四年［1311］正月之前到正和五年［1316］前后）、师俊（正和六年前后）、师梁（元亨二年［1322］12月廿二日至正中三年［1326］之后）都担任过该职。由此可以推测，中原氏垄断了造酒正的职位，从而将京都酒舍的课税等造酒司收益作为家产世袭了。[10]

与造酒司类似的例子还有大炊寮。[11]大炊寮在律令制下也和造酒司一样归宫内省管辖，负责提供天皇的御用稻粟、亲王等的月料、祭祀节会等宫廷仪式所需稻米等食物。进入中世后，供应范围限定在天皇、春宫每日御用食材及皇宫殿上侍所所需食物，其经济基础则是分散在诸国的便补保*以及设在山城、摄津、河内三国的御稻田。但不久之后，我们最早可在元应元年（1319）十二月十八日的后宇多上皇院宣中看到，洛中河东西郊的贩米商人成为大炊寮的供御人，须履行每年每家向本寮（大炊寮）进纳一果（相当于一石二合†）稻米的义务。从12世纪末起，大外记中原氏兼任大炊头成为常例，14世纪以后大外记师右将

---

* 平安后期形成的一种特殊领地，由国司指定，其应缴纳的赋税固定作为上级某官署、封主的贡赋。

† 古代日本的计量单位，十合为一升，十升为一斗，十斗为一石，其中一合约为 0.18 公升。

大炊头让给嫡子师茂后仍掌管该机构的运作（参照第 46 页所述寮务的形态），可见大外记中原氏世代独占大炊寮的模式已经稳固。便补保、御稻田及 13 世纪末 14 世纪初对洛中洛外贩米商人的新增课税等大炊寮的固定收益，全都成为大外记中原氏的世袭家产。其丰厚程度，可谓"温职中，尤膏腴"（《职原抄》），即高实际收入官职的第一等。

进入镰仓时代，官署世袭制呈现出另一个重大变化，即下级公卿层开始参与官署的承包。如前所见，在官署世袭制成立中发挥核心作用，并支撑其后续发展的是诸道各家。除了文章道的菅原氏等一部分特例外，诸道各家的家格大致是不超过五位的地下之家 *。然而，到了这个时期，位列公卿阶层的诸家，即所谓堂上之家中较下层的部分（中下级公卿层），开始涉足承包官署之中。下文以内藏寮为例来说明。[12]

据元弘三年（1333）编写的《内藏寮领目录》，在诸国月贡、寮领等可溯至平安朝的财源以外，还列有上桂供御人 †、六角町生鱼供御人、今宫供御人、大和国黄瓜园供御人、同国内侍原内小南供御人等供御人。其中，上桂、六角町和今宫这些供御人负责进贡鱼贝类，黄瓜园供御人负责进贡瓜类，小南供御人负责进贡火钵、器皿等物品。这些供御人何时、因何成立而各自不一。例如关于六角町供御人，按照赤松俊秀的观点，御厨

---

* 不被允许进入清凉殿成为天皇近臣的贵族阶层，一般是五位及以下，与之相对的是堂上之家。

† 供御人，专门为天皇或神社提供特定农产品或生活物资的职业人员集团。

子所受源平内乱影响无法继续进贡原料后，作为解决办法，朝廷于建久三年（1192）开始指定当时在京的町商人充当供御人；与此同时，租用六角町供御人的店铺做生意的近江粟津御厨供御人，也向御厨子所交纳"座役"这一课税。姊小路町生鱼供御人在宝治元年（1247）就有活动，证明今宫供御人商业特权的文书则保存在文永十一年（1274）的藏人所牒中，由此可以大致推测它们各自的成立时间。

不过，原本作为御厨子所之供御人而出现的六角町供御人，经历下述情况后才被纳入内藏寮当中：负责天皇御膳的御厨子所，本是10世纪中叶成立的独立部门，由四位的殿上人担任别当，但康平二年（1059）高桥宗成任御厨子所预以来，其子孙便世袭该职位，直接掌控了机构的运营。进入13世纪后，内藏头兼任御厨子所别当成为惯例，御厨子所的收入源便归属内藏寮的收入源之内。围绕六角町鱼鸟供御人的管辖权，御厨子所预与内藏头多次发生诉讼，最早可见于安贞二年（1228）九月十四日纶旨。文历元年（1234）朝廷下旨规定，"凡诸供御人等为别当（御厨子所别当，即内藏头）管辖"，但六角町供御人归御厨子所预高桥氏管理。不过文永十年（1273），内藏头成功向六角町供御人征收名为"后悬"的附加税（不过是由御厨子所预来征收）。关于当时的内藏头（即御厨子所别当），贞应元年（1222）至宽喜元年（1229）是源显平，历仁元年（1238）至延庆元年（1239）为藤原信盛，正嘉元年（1257）至弘长二年（1262）为平亲继，文永十年、十一年为藤原经业。这些人

都是非参议 * 的从三位或最高官至参议（显平等人的官职履历据
《公卿补任》），属于刚刚达到公卿门槛的殿上人阶层，内藏头
对于他们而言是最高职位了。他们和担任造酒正、大炊头、大史、
大外记等官职的中原、小槻、清原等地下诸大夫家相比明显不
在一个层面上，其家格属于公卿层（虽然是下级部分）。就御
厨子所供御人的管辖权，内藏头与御厨子所预产生纷争，反映
了公卿层（下级部分）已经参与到官署收入源的竞争当中，特
别是对供御人、座商的课役权的争夺。

　　13 世纪时，内藏头还是由诸氏交替担任，尚未由特定家
族把持，但随着事务型官僚四条家的同族山科教定在嘉元元年
（1303）到德治二年（1307）担任内藏头（1308 年为从三位，
而后升从二位），之后其弟教宣接任，此后山科家任内藏头者辈
出，到了南北朝时代便垄断了该职位。由此，包括上述供御人
课税等御厨子财源在内的内藏寮财源就变成了该家族的家产。
除此之外，还有其他堂上家以同样方式获得家产的例子，[13]
比如在贞治六年（1367）的史料即可看到中御门家已领掌了左
右京职的收益，永和元年（1375）还获得了左右京职所辖、对
索面供御人的课税权；应永二十一年（1414）坊城俊国申状中
称左京职领 “代代相传知行年久”，说明至少在 14 世纪，左京
职的收益已经成为坊城家的家产；永德三年（1383），万里小

---

* 非参议指位阶达到三位但没有担任参议者（不是议政官），或是位阶在四位但具有担任
　参议资格的人。

路家已领掌了大舍人座（洛中织造商）。中御门、坊城、万里小路等都是事务型官僚劝修寺家族一门的分支。

第二节　建武新政

建武新政尝试的诸多政治改革中，从新政实际上的主导者后醍醐天皇的政治理念和政策实效两个角度来看，最引人注目的有两点：一是国司制度的改革，二是中央机构、八省的改革。

国司制度的改革 [14]

律令制下的国司制度转换为知行国制度*以来，逐渐出现了由特定家族世代领掌某国的现象。下面列举几个一直存续到建武新政之前的典型事例：

伊予国在建仁三年被赐给西园寺公经，后经实氏、公相、实兼、公衡代代相传。嘉元三年（1305），公衡蒙受敕勘，知行国被没收，不过仅两个月后就恢复了（《实躬卿记》《公卿补任》）。

上野国在嘉禄元年（1225）被赐给中院通方，经通成、通赖、通重、通显、通冬代代相传。

---

* 朝廷授予贵族或权门寺社对某国（或多国）国司的推荐权，获得此权者被称为知行国主。他们一般让子弟、家司等担任国司（或是目代），从而收取国内赋税。近似于古代的封禄制度。上皇作为知行国主的令制国被称作"院分国"。

周防国在宽喜三年（1231）被以"造寺国"的名义赐给东大寺，此后一直由东大寺领掌。

后嵯峨上皇统治的三个院分国，即赞岐、美浓、播磨。其中播磨传给后深草上皇，之后由其子孙即持明院统传承；赞岐、美浓则传给龟山天皇，其中赞岐传至后宇多、后醍醐，美浓则传至龟山的宠妃昭训门院。龟山天皇时新纳入院分国的甲斐，传给了其皇女昭庆门院。后宇多将赞岐加上因幡、越前共三国，传给了后醍醐。

镰仓将军家的知行国，在源赖朝时期的文治二年有相模、武藏、伊豆、骏河、上总、下总、信浓、越后、丰后九国，其后失去丰后而保有八国；实朝时期的建保元年有远江、骏河、相模、武藏四国，之后失去了远江，承久之乱后（史料上初见是宽元三年）加上越后作为补充。承久之乱结束时，将军又获赐备前、备中，不过后来给了他人。最终，镰仓将军家自幕府创立期世代领掌的是相模、武藏、骏河三国，以及承久之乱后新增的越后国。

上述知行国是目前所知相传性质明显的例子。知行国如此由个别权门（有时是寺院）累世相传，成为一种家领的现象，据德治三年（1308）后宇多上皇将赞岐、越前、因幡三国让给后醍醐时处分状可知，即"凡诸国相传之法，虽乖于正理，人臣犹称此。况代代由绪难容易改"（《宸瀚集》）。面对上述知行国制度及知行国代代相传的惯例，建武新政断然进行了如下大胆的改革：

首先，收回中院家五代相传的上野国，以及持明院统的播磨国。东大寺领掌的周防国虽未收回，但元弘三年（1333）十月由后醍醐天皇最信赖的元观（惠镇）任大劝进职，掌管该国的课税营收。关于伊予国，虽然没有确证，不过建武二年（1335）六月西园寺公宗因谋反败露被捕（后处斩罪）后，后醍醐下纶旨命其弟公重继任家督（《吉田文书》三），并在七月将伊予国交还给了公重，由此可推测西园寺家累世相传的伊予国在公宗时期曾被收回。另外，中院通冬虽获得形式上的领地作为替代，但其实就是上野国被白白收回，对此他十分愤慨。由此可知朝廷收回相当于贵族累世相传家领的知行国，可谓非常严苛的没收行为。

直接写明回收知行国的史料不多，不过另外值得注意的是以下这些官员任官的事实：内大臣（正二位）洞院公贤在元弘三年任若狭守（《东寺百合文书》二函），左大辨（正三位）菅原在登同年任丰后守（《大友文书》《野上文书》），参议（从三位）北条显家同年任陆奥守，参议（从三位）千种忠显在建武元年任丹波守，前参议堀川光继在建武二年任信浓守（以上据《公卿补任》）。根据律令时代以来的官位相当制，大国国守本对应从五位上、上国国守为从五位下、中国国守为正六位下、下国国守则是从六位下，因此对于三位及以上的公卿而言，国守是官、位悬殊的卑官。自身作为名义上的国守（"名国守"），实际上由他人担任国守并获取收益的知行国制度，可以说就是以这种官位相当制为前提而出现的。因此，建武新政下等同于无视官位相当制地委任许多高官为国守，间接反映出了对知行国制的破坏。

另外，还有国守的任期问题。像元弘三年十月之前到建武二年八月一直担任河内守的楠木正成，元弘三年五月到建武三年以降任伯耆守的名和长年，元弘三年十一月到建武二年五月任近江守的勘解由小路兼纲等例子所示，一些国守几乎在整个新政期间都未变动（也要考虑楠木、名和是名列"三木一草"*的后醍醐宠信之臣）。反过来，像信浓国国守在元弘三年十月、十一月时为清原氏某人，次年建武元年三月到二年四月为资英王，同年五月又改为中御门经继，至八月变更为堀川光继；和泉国国守在元弘三年十一月至建武元年五月为四条隆贞，建武二年二月则为堀川光继；播磨国国守在元弘三年八月到十一月仅三个月间为园基隆，建武元年四月至二年十一月之后为新田义贞。如上所示，也有仅两年有余的新政期间出现两任乃至四任国守的频繁更替例子。[15]这些虽然不能直接证明知行国制被废止，但至少说明国守的随时任免成为可能，由此也可以说，知行国制中的国务所领（财产）化的性质被消除了。

仅两年多的新政期间就可看到上述国司任免的事例，可知当时的国司任免全由新政政府掌控，律令制规定的任期也被置之不顾。也就是说，新政政府彻底掌握了国司任免权，对该权

---

* 建武新政时期，最受后醍醐天皇信赖的四位近臣是楠木正成、名和长年、结城亲光、千种忠显。前三人的名字都有き的音节，对应"木"字，忠显的苗字中有くさ，对应"草"，故称之"三木一草"。

力的行使甚至可说是肆意的。虽不能明确这一政策贯彻到何种程度，但参照累世家领化的知行国被收回的事实，则建武新政中国司制度改革的目的，正是否定自平安末期以来依托知行国制逐渐推行并强化的国务私领化现象。

建武政府否定国务私领化，并掌控国司人事权，但诸国国司受任并履行国司职务，如果所得收益与之前知行国主的收益同等或者更高，那么国司制改革对于新政府而言，意义就只限于强化国家权力罢了（虽不可否认这层意义上的重要性）。但是随着新政失败，后醍醐南奔吉野，所谓的南北朝时代开启。后醍醐的后裔所在的南朝，在观应二年（南朝正平六年，1351年）与幕府媾和之际，提出"后醍醐御治世之御事，于国衙之乡保并本家领家年来进止之地，一向禁止武家之干涉"（《太平记》卷三十）。再之后的明德三年（南朝元中九年，1392）南北朝合并谈判时，南朝给出的条件仍是诸国国衙领全归大觉寺统。南朝反复强调诸国的国衙领应归属自己（大觉寺统）的依据，大概就是建武新政时确立的国司制。因此，当初废除知行国制时，也确立了将诸国国衙领纳入中央政府直辖管理的原则，相比于以前知行国主的收益，国司的收入实际上应该少了很多。

最后要说明的一点是，建武新政的国司制改革的副产物，是前文提及的对官位相当制的破坏。官位相当制与家格序列共同构成了王朝国家中官署世袭制的前提，其漫长的历史培育出了贵族之间根深蒂固的官位相当的秩序观念。北畠亲房所著《职原抄》记载，建武二年身为参议、从二位的儿子北畠显家被任命为镇守府将军时，提出"将军相当五位也，三位以上则位高职下，依之申加'大'字而已"，因此被特敕封为"镇守府大将军"。位阶高的显家就任职位低的官职，从贵族的官位相当意识而言是难以接受的。以此推测，新政府不考虑官位相当而将许多上级贵族任为国守的人事政策相当具有革新性，严重挑战了贵族的秩序意识。

中央官署的改革

如果说新政的国司制改革目的在于否定国务私领化，那么同样存在官职私领化现象的中央官署，自然也成为建武政府锐意革新的对象。在官职私领化方面，它与国司制度一样，甚至比国司制度更彻底地由特定氏族垄断运营，具有累世私领化的性质。

实际上，在新政之前，即镰仓幕府还未倒台的亲政时期（1321—1331），后醍醐就以更换造酒正踏出了改革的第一步。如上所述，13世纪以来，大外记中原氏世代垄断造酒正并将其变成家职，加上原来的造酒司领，京都的酒舍课税权也归其所掌，实现了造酒司领的家产化。元弘元年（1331）十月，清原赖元获任造酒正（《外记补任》）。[16] 他是龟山天皇以来七代担任侍读的大外记良枝的次子，正中二年（1325）良枝嫡子宗尚去世后，赖元撇开宗尚的嫡子良兼，就任了大外记（当时已经有两位大外记在任，三人并立不合常例）。六年之后，造酒正成为中原氏的家职，因此他长久担任此职。元弘二年，赖元一度被免去大外记，但在元弘三年五月随着后醍醐新政开启又官复原职，同时兼任加贺守、铸钱次官（筹备新政措施之一的铸造货币工作）、备中守并获允升殿。之后他被任命为少纳言，侍奉于天皇身边，南北朝分裂后又拥戴后醍醐皇子怀良亲王西赴九州，以肥后为据点苦心经营征西将军府。

通过赖元此后的履历推测，他被任命为造酒正无疑源于后醍醐的格外信任，而从建武政府的政策目标来看，后醍醐利用这些近臣强行推行的人事政策，目的在于打破官署世袭制。到建武新政时期，后醍醐天皇这项酝酿已久的政策得以推行，可以通过以下数个事例看出：

（1）免去中原章香的东市正，以名和长年代之。

（2）任命富部信连为大舍人头。

（3）任命伊贺兼光为图书头。

（4）免去坂上明清的大判事，以三条公明代之。

（5）恢复废止已久的中判事，以甘露寺藤长任之。

先看第一项。律令制下朝廷置市司，归京职所管，京职分左京、右京，市司也分东市、西市。东、西市司的长官即市正。新政时期，记作建武元年九月四日的一份金峰山纷失状的证判*中，有"东市正中原章香"（《金峰神社文书》），建武二年一、二月时中宫生产的祈祷目录中，可见"东市正长年"（《御产御

---

* 在文书遭火灾或被盗而重新制成时，需起草一份说明文书，即纷失状，声明新文书具有同等效力。证判是上级对某文书内容的真实性或合法性予以认可的文字（署名）。

祈目录》），可知建武元年九月以后东市正由中原章香变为名和长年。现有史料记载了嘉历二年（1327）到永和三年（1377）东市町内町外町的历代给主职（《宝镜寺文书》一），以下引用其前半部分：

近卫堀川出纳殿职右　　　嘉历二年

四条坊门大夫判官殿章香　　元德元年

伯耆守殿长年　　　　　　建武二年

正亲町大夫判官殿章有

妇（姊）小路判官明宗

粟饭原殿绵（锦）小路殿御台料所

东市町内町外町的给主职，属于东市司的所领，归东市正领掌，由此可推知历代东市正。镰仓末期有中原职右、中原章香，建武新政时变为名和长年，大概是新政失败后（大概建武三年六月长年战死后）由中原章有、坂上明宗接任，此后给主职成为锦小路殿即足利直义夫人的料所，深受直义信赖的粟饭原清胤担任代官（一说清胤就任了东市正）。

12世纪末成书的《官职秘抄》（平基亲著）中，关于就任东西市正的履历条件，提到了"诸道得业生、文章生成功之辈，若经外记、史五位等"，另提及检非违使兼任的例子。北畠亲房的《职原抄》提到，"诸道五位六位及院主典代、藏人所之出纳等任之"。考虑到13世纪以后京职的大量职务被检非违使吸收，则不难想象所谓"诸道"担任该职，其实多是明法道的检非违使（所谓"法家之官人"）兼任。尽管无法详查13、14

世纪东西市正的职员名录，但仅就史料中的有限事例，可知如下几例：担任东市正的有宽元三年十一月的中原师村（外记家），应长年间的中原职员（《地下家传》），上述嘉历、元德年间的中原职右、中原章香（明法家），以及见于外记中原氏系谱师元流的师主（弘安七年成为权少外记的师荫的再从兄弟）；担任西市正的有贞应、建长时期在任的安倍资朝、安倍资高，文永元年在职的中原氏某人，正应元年七月就任的中原师淳（外记家），正应五年闰六月在职的中原章名（明法家），建武元年在职的中原章有（明法家），以及出现在清原氏系谱里的元隆（文保年间大外记中原教元之子）。由此可知明法家、外记家就任的例子很多。[17]

13 世纪以降，东西市正由诸道，特别是明法家、外记家担任的人事惯例定型，但建武政府突然罢免了中原章香而任用名和长年。伯耆国的地方豪强名和长年在元弘三年（1333）迎接逃离隐岐的后醍醐到伯耆国，随即被任命为伯耆守，自此以后得到后醍醐的特殊恩宠，与楠木正成等并称为新政"三木一草"。由此看来，委任其为东市正无疑也是后醍醐对他的种种恩典之一。

现在的问题是，当时东西市正的职务内容是什么。14 世纪末成书的《百寮训要抄》（二条良兼著）这样解释："管领东（西）市之市事也，于财货诸般杂物之买卖，矫正其真伪也。"虽不能确信这在多大程度上反映了当时的实情，不过可以大致推测，随着以京都为中心的商业活动飞速发展，该机构采用了不同于律令制规定的形式，负责管理京中商业。而且众所周知，在属于新政之前的后醍醐天皇亲政时期的元德三年（1330），朝廷为应对饥荒而规定了米、酒的价格，并在二条町的东西两侧设五十余间临时小屋作为市场，"召集商人买卖"（《东寺执行日记》）。这表明现实之中，煞费苦心设立的东西市无法作为这种官设市场发挥功能。这时的东市正，据前引给主职名录所示，是检非违使厅的官员中原章香。另一方面，新任东市正名和长年，在新政时期京中警备方面，似乎获得了代替旧有检非违使厅的单独权力。结合这些事实来看，新政政府的政策意图是任命近臣为市正以自由把控市司，进而破坏官职的家产性，将诸机构置于天皇的自由支配之下。

虽然不清楚市正除了史料偶然提及的东市町内町外町给主职之外，是否还有其他的职务收入来源，不过给主职的实际内容，绝非名主职之类的土地财产，而一定是与京内商业统制相关的商业税收益。暂且不论市正的职务收益为何，距新政约半个世纪后成书的《百寮训要抄》称东市正，"今日尚有旧例之司领乎"，但事实是，新政失败后再度回到中原、坂上等使厅官人手中的东市正，不久即落入新政权首脑人物足利直义手中。仅由此也能推知，建武新政时，该机构的经济利益绝不可轻视。

再看第二项。大舍人寮在令制下隶属于中务省，是管理携带武器、轮番宿卫禁中的大舍人的官衙。关于大舍人寮头的任职条件，《官职秘抄》称"适当之诸大夫任之，近代则诸道者任之"，《职原抄》只说"诸大夫中之五位任之"，而《百寮训要抄》则称"四位以下地下之辈，医阴两道等皆任此"。今据诸家系图及其他史料中镰仓时代任大舍人头的姓名来看，医道的丹波氏有雅康、经康、有忠，和气氏有经成、富成、兴成、匡成；阴阳道的安倍氏有业俊、泰忠、国尚、在光，贺茂氏有在雄；外记家的清原氏有良业、教元、良兼；官务家小槻氏有季继、为景等。[18] 由此可知，《百寮训要抄》的说法基本符合实情。不过，建武二年（1335）八月十二日、九月廿五日的杂诉决断所*牒中出现了"大舍人头三善朝臣"的署名（《田中文书》）。这位是与上述王朝地下诸家完全不同的幕府派系人物，即元德元年作为镰仓幕府奉行人而留下在职证据的富部信连（《金泽文库古文书》第 7 辑第 5375 号）。他在幕府灭亡后出仕建武新政府，成为杂诉决断所的职员（《杂诉决断所结番†交名》），与同是武家出身的结城亲光（"三木"之人，奥州白河的地头宗广之子）、伊贺兼光（参照下项）、高师直（足利尊氏的被官）一起担任溲所众‡（《梅松论》）。

然后是第三项。图书寮在令制中也属于中务省。关于图书寮头的任职条件，《官职秘抄》称"诸大夫诸道者"，《职原抄》谓"诸大夫之五位及诸道之辈"，《百寮训要抄》则称是地下家四位或五位，近来由医阴两道等人担任。仍以镰仓时代为限，

---

* 建武新政时期设立的诉讼机关，主要负责领地诉讼。

† 结番制度，一种交替履行职务的方式，平等分担职务内容与责任以防止权力、责任集中于个人。

‡ 溲所是建武新政时设立的新机构，主要继承了问注所的职务，负责各类民事诉讼，也承担一定的内里保卫职能。

从《尊卑分脉》、诸氏系图中检索图书头的任职者，可发现医道的丹波氏有长忠、经基、维长，和气氏有定亲、光成、清成、氏成、理成、弘成、幸成、弘景；阴阳道的贺茂氏有在宣、在亲、在直、在兼、定员等。[19] 早在镰仓时代末期的亲政期，后醍醐在任命前述清原赖元为大外记之前，就先命其担任图书寮头（《外记补任》"正中二年"条），但到了建武新政期，如大舍人头一样，此职也多由武家出身者担任。建武元年九月（《师守记》纸背文书）到次年六月（《东寺百合文书》め函），作为杂诉决断所职员而留下许多在职证据的伊贺兼光，就是其中之一。此人是六波罗越诉头伊贺光政之子，也曾担任引付头（恐怕是六波罗的）（《尊卑分脉》）。也就是说，任命兼光为图书寮头与任命富部信连为大舍人头一样，对于王朝官署逐渐被特定地下诸家纳为家职的状况，选任旧幕府职员担任官署职员是极为特殊的人事安排。此外，如前所述，兼光、信连与前述"三木一草"中的结城亲光同为滝所众，也多次担任诸国受领。

接下来是第四项、第五项。这与前述三项区别甚大，是让公卿兼任大中判事这个卑官的人事安排。大判事与明法博士一样，是明法道出身者的最高官职，惯例由使厅的官人中原、坂上两氏担任，所以任职者长期是明法道官人。按《职原抄》，此官职对应的位阶是正五位下。然而，建武元年十二月十七日新政府命正二位的中纳言、侍从九条公明兼任大判事（《公卿补任》）。九条家是所谓"大臣家"的三条家之庶流，但公明之父实仲官至从二位民部卿，祖父公贯则升至正二位权大纳言，任命公明（作为中纳言）兼任五位的侍从本身已非常例，让他兼任相当于五位的地下诸大夫所任的大判事，更是完全无视家格秩序的人事措施。

公明自嘉历元年（1326）以来，担任后醍醐的侍从而随其左右。元弘元年（1331）笠置之战＊时与后醍醐一同被幕府军逮捕，元弘三年后醍醐返京之时再次担任侍从，可谓股肱之臣。另一方面，元亨二年（1322）四月十三日新日吉社的神人则安所留申词案的卷末署名，显示前任大判事坂上明清在新政之前的后醍醐亲政期，曾担任过记录所的执笔（《押小路家文书》）。从建武二年三月的记录所人员值勤次序表可知，坂上明清在新政时期也担任了记录所、杂诉决断所的寄人（决断所的履历见《比志岛文书》，记录所的则见《建武年间记》），特别是大判事由九条公明接替后，明清仍担任记录所寄人，所以被免去大判事一职并非由于重大过失。如此说来，这次更换大判事在两方面都打破了惯例，一是没有正常理由罢免了明清，二是全无先例地任用家格很高的公明担任低位官职。[20]

九条公明兼任大判事一个月后，甘露寺藤长被任命为中判事。甘露寺家出自平安后期以来就频出优秀的事务型官僚而权倾一时的劝修寺家（名家之一）。藤长是权中纳言隆长的三子、内大臣吉田定房的侄子。其身负家族荣光，于元弘三年新政伊

＊　1331年，因倒幕计划泄露，后醍醐天皇急忙逃离京都，来到南部笠置山准备集合兵力，但随即被幕府大军包围，不久战败被捕。

始便以十五岁的年龄获任右少辨之职，并兼任杂诉决断所、恩赏方＊的寄人，进而又升任藏人、春宫大进。建武二年正月十三日，藤长兼领中判事，三月兼任记录所的寄人。此后直至建武三年十一月南北朝分裂，其本官虽有变动但中判事之职务没有变化（《公卿补任》《建武年间记》。决断所寄人的履历参照《比志岛文书》）。

按照律令制，中判事本受大判事管辖，但在宽平八年（896）九月七日的官符中，朝廷废止了该官职（《类聚三代格》卷四），此后长久没有再设置，《职原抄》也称"近代未任之"。其实还有与中判事类似的例子：建武元年十二月十七日，朝廷恢复了"贞观以来中绝"的权大外记，同样由深受天皇信任的少外记中原康纲就任（《外记补任》）。从恢复这种废止已久的官职之事上，我们很容易看到新政所提倡的复兴贞观、宽平之盛世的口号，不过问题在于恢复这些官职对当时的官职体系、政治机构带来怎样的变化。思考这一问题，最关键的还是要看由谁来担任此职。换言之，任命外记中原氏旁系的康纲为权大外记当然标新立异，而无视家格秩序而任命九条公明为大判事，不仅复活废弃官职中判事且任命甘露寺藤长担任此职，无疑是对中原、坂上两氏的官署世袭制的强力一击。后两氏世代垄断使厅官人的头部职务大判事、明法博士，长期掌握使厅的法律业务。

＊ 建武新政时所设负责恩赏事务的新机构，主要负责审理、调查及评定参加讨幕战争的武士的功劳，并据此给予领地。

在这一点上，它与任用武家担任东市正、大舍人头、图书寮头的人事政策可谓完全一致。

从以上可见的人事变更的官署来看，造酒司由外记中原氏专任，东市正由外记或法家中原氏垄断，大舍人头及图书寮基本由医道阴阳道的数氏担任，大判事皆由法家的中原、坂上氏担任。如此所见，特定的某一氏族或有限的两三个氏族担任各官署长官，并掌控该官署运营的家职化现象不断发展。另一方面，从各官署长官的收益来源看，如前所述，造酒正除了原来的造酒司领，在14世纪初期还获得了向京都酒舍课税的特权（参照第164—165页）；东市正在新政之前取得了东市町内町外町给主职，其内容应是与京都商业统制相关的商业税收益（参照第179页）。另外，《明月记》中的"大宿织手"*（"安贞元年正月廿六日"条），长门本《平家物语》所见"大宿织之绫织"（卷一），是《庭训往来》《山科家应永十九年杂记》等记载的"大舍人织手"的前身，在15世纪以来的史料中以万里小路家为本所。[21] 由此推测，此行会恐怕最早是在大舍人头的管理之下。

各官署长官在原有的分散在官署领之外，还像上述例子那样，将京都各种工商业者按职业类比纳入管理范畴，并掌握征税权，以此迅速推动官署领的家产化。后醍醐在人事政策上的革新，就是要排斥这些世袭家产、家职的人，任用没有谱系的新人取而代之。可以说，这全盘否定了官署世袭制。

---

* 销售和服腰带的同业行会。

就像新任命的人都是深受天皇信任的股肱所示，上述改革是为了明确表明官署属于天皇专权之下，除了这层主观目的，强化对京都市政的直辖管理，确保对工商业的统制和课税权，则是其实际利益的侧面。

八省之卿

建武元年（1334）十二月十七日，朝廷对八省卿进行了全员更替的重大人事变动。对照其前任与后任的姓名，排列如下页所示（括号内是各自的本官、位阶）：

	前任	后任
中务大辅		三条实治（参议、正三位）
式部卿	恒明亲王？	洞院公贤（内大臣、正二位）
治部卿	王（从三位）	鹰司冬教（右大臣、从一位）
民部卿	九条光经（中纳言、正二位）	吉田定房（内大臣、从一位）
兵部卿	护良亲王（十月即罢免）	二条道平（左大臣、从一位）
刑部卿	？	久我长通（前右大臣、从一位）
大藏卿	坊门清忠（参议、从二位）	九条公明（中纳言、正二位）
宫内卿	中御门经季（从四位上）	三条实忠（权大纳言、正二位）

* 中务卿、式部卿按照惯例由亲王担任，当时的中务卿尊良亲王应继续留任。

如序章所述，按照律令官制，议定庶政的太政官议政局本是中央最高机构，八省位在其下，是实际执行各自所管政务的官署。因此，八省官员的地位远不及左右大臣、大纳言这些太政官议政局成员的。八省的长官卿，位阶对应的是正四位（其中中务卿是正四位上，其他都是正四位下），与正三位的大纳言相比还差了两到三阶（《官位令》）。因此，大纳言及更高位者兼任八省之卿，或有大纳言乃至以上履历者被任命为八省之卿，都是违背官位相当制的人事安排。其实从平安后期以来，相较于官位相当制，一般任官者的位阶有渐渐抬高的趋势。三位贵族被任命为八省之卿，律令制成立之后新设的议政局成员中纳言、参议兼任八省之卿的例子事实上有很多，但左右大臣、大纳言兼任八省之卿，或拥有相应高官履历者任八省之卿的人事安排则完全没有先例。特别是八省中惯例位次已经降低的治部、刑部、大藏、宫内四省的卿，由四位者担任也不少见（《职原抄》），因此任命大纳言及以上者兼任此职可谓毫无道理。

由此来看，建武元年十二月的时候，将现任公卿中最高位阶的四人（左右大臣及两个内大臣）及前任右大臣等八人任命为八省之卿，是完全无视官位相当制的破格任命。但问题不仅如此，这一人事安排连家格序列也未曾考虑。与官位相当制不同，家格序列虽没有成文法上的依据，但在现实中有更强大的约束力，但上述人事调动却丝毫没有顾忌这一原则。

家格[22]序列本质上可被视为使氏族尊卑制度化的氏姓制在律令制中延续，并与家业体系结合后的新产物。简而言之，虽同是王朝贵族，但能够作为公卿（三位、参议及以上）跻身太政官议政局成员的上级氏族，与除此之外的贵族之间很早就有了严格的界线，接着上级氏族之间也进一步确立了等级差，到镰仓后期基本形成了五等序列：（一）独占摄政、关白的藤原氏嫡流，即处于贵族社会顶点的摄家；（二）兼任大臣、大将而能升至太政大臣的久我、三条、西园寺、花山院等清华家；（三）不兼任近卫大将但可升至大臣的中院、三条西等大臣家；（四）自中少将起身，经参议而升至大纳言和中纳言的中山、飞鸟井、冷泉等羽林家；（五）经辨官起身，兼任藏人并可升至大中纳言的劝修寺（包括万里小路、吉田、叶室等）、日野等名家。在这种家格序列中，不仅可担任的最高官职（极官）有高下之分，晋升路径也是极为重要的等级标识。也就是说，摄家自不用说，清华、大臣、羽林诸家的子弟，基本都是从近卫少将、中将进入公卿的队伍。近卫少将、近卫中将很早就失去了在天皇周围守卫的近卫军色彩，长期作为装点仪式的仪仗官。辨官、八省的卿、寮司的长官等原本的实务官僚性职位，主要由名家来担任，或是由上述诸家的旁系、庶子、文章道（菅原、藤原南家）及其他特殊途径晋升者来充任。正因如此，实务官僚性职位被视为卑官。

如此看来，前举官位不相当的例子，比如北畠显家任陆奥守、镇守府将军，千种忠显任丹波守，九条公明任大判事等，也都是无视家格序列的人事安排，由此可见建武政府否定家格序列是当初既定的方针。建武元年十二月对八省之卿的更换，可以说是这一基本方针的全面展开，是从正面否定在贵族社会根深蒂固的家格信仰。建武新政三十余年后，清华家的三条公忠在日记中，批评名家的劝修寺经显因其天皇乳父的身份而被特别提拔为内大臣，断定"名家之辈为丞相[*]，过分之至"，并提及之前吉田定房的例子（定房在建武元年升内大臣），激烈批判道："但后醍醐院之御行事，非限此一事，每事物狂之沙汰等也，后代岂可因准邪？"（《后愚昧记》"应安三年三月十六日"条）后醍醐企图瓦解贵族阶层牢固之家格意识的果敢尝试，被怎样看待，又取得多大的成果呢？三条公忠的反应大概已经明示了答案。

不过，以现任与前任左右大臣、内大臣、大纳言等公卿上层为八省之卿的举措，所包含的突破性意义不仅在于破坏官位相当制，打乱家格秩序，还涉及更为基础性的问题。如本书前言所述，大臣、纳言是太政官中的议政官会议的重要成员，任命更下级的官员担任八省等各个执行机构的长官，是律令制官署的组织原则。官位相当制、家格秩序都是根据这一原则制定或以其为基础形成的。议政官会议自然会随着时间流逝而改变形态，其权力也会出现消长，但由公卿上层部分组成的合议体，来辅佐或制约作为最高权力的天皇或上皇，决定政策、裁决政务并将结论下达至下级执行机构的组织原则没有改变（例如第157—158页后嵯峨院政的评定制）。如此一来，如今让现任及前任大臣、纳言负责各个执行机构（八省）的职务，那么他们本来的职务即政务合议以及作为合议体的机能该如何发挥呢？在这一点上，有两件新政时期的人事举措可资参考。

---

[*]　大臣职位的唐名。

一是八省之卿全体更替的四个月之前，即建武元年八月，朝廷下令更改杂诉决断所的人员构成。这次变更之后，决断所从此前的四组人员变为八组，成员人数也从此前每组十六至十九人，总计七十余人，变为每组十二至十四人，总计一百零七人。换言之，组数、成员数都增长了近一倍。同时，人事方面也有变动，即原有人员中不存在的高官加入进来。具体来讲，原来万里小路宣房（大纳言）、叶室长隆（前权大纳言）、九条公明（中纳言）以及因史料欠缺而姓名不详者合计四人担任各组的头人，而改组之后，各组头人则是上述三人以及今出川兼季（前右大臣）、久我长通（前右大臣）、洞院公贤（内大臣）、吉田定房（准大臣）、九条光经（中纳言）五人。这五人中也可能有改组前那个姓名未详者（或许是吉田定房），那么新的人员构成中，有四到五位大臣级别的高官首次担任决断所的头人，负责诉讼相关的实际事务。以这次改组为标志，决断所的

	官名	八省卿	传奏	杂诉决断所
今出川兼季	前右大臣		一番	一番头人
久我长通	前右大臣	刑部卿	二番	二番头人
洞院公贤	右大臣	式部卿	三番	三番头人
吉田定房	前内大臣	民部卿	四番	四番头人
堀川具亲	大纳言		二番	三番头人
万里小路宣房	前大纳言		一番	五番头人
叶室长隆	前大纳言		三番	六番头人
三条实忠	权大纳言	宫内卿	四番	

建武二年时的情况

牒上的署名方式发生重大变化，从案件负责者寄人、奉行二人连署变为必须附加每组头人签名的连署。由此可推测，改组后的各组头人不是为凑足成员人数，而是作为实务长官行事。

现有一份推测是建武二年二三月份制定的传奏人员值勤次序表，[23] 其中列举了四个番、每个番五人共二十名公卿，包括今出川兼季（前右大臣）、久我长通（前右大臣）、洞院公贤（右大臣）、吉田定房（前内大臣）、堀川具亲（大纳言）、万里小路宣房（前大纳言）、叶室长隆（前大纳言）、三条实忠（权大纳言）等高官。所谓传奏，原本是负责向天皇（或是上皇）上奏（传达）事宜，上奏的内容原则上不包含传奏本人的想法。在此意义上，传奏原本不是议政官，而且在这种"结番"（轮番履职）制度下，也自然不可能出现传奏全体的合议。也就是说，这些位列传奏的大臣、纳言级别的高官，应是被排除出议政事务了。而且如下表所示，他们大部分兼领决断所的头人或寄人，半数兼任八省之卿，作为实务官僚的特质愈发明显了。

而且，如果可以从这些人兼任两三个执行实际事务的要职推测出他们深得天皇信任，那么议政官应该也只能从他们当中选拔，因此他们向执行官的转化，即可以理解为新政对议政官组织的否定、瓦解。证明元弘三年（1333）六月以降议政官会议的运营或其存在的史料极少，[24] 特别是建武元年二月以后完全没有任何记载，或许就是上述变化自然而然的结果。

如上所示，取消上层贵族长久以来承担的议政职能，将各个执行机构整体纳入天皇的直接掌控之下，便是建武新政中最

基本的改革目标。建武元年十一月八省的全面人事更迭，建武
二年二、三月份传奏值勤次序表中所见议政组织自身的解体，
标志着改革达成了目标。但仅仅数月之后，建武二年四月，朝
廷下发了新政以来中断许久的太政官符。[25] 其主要内容是，针
对散布于远江、加贺等五国内的南禅寺领，停止国司、守护使
的入内权限和大小国役 * 等赋役（《南禅寺文书》）。八月，朝廷
又下发了安堵官务小槻氏家若狭、备前各一处领地的官符（《壬
生家文书》），九月则下发了安堵两所太神宫领伊势国三十二处
领地的官符（《御镇座传记里文书》）等。考虑到太政官符本是
象征太政官政治的文书形式，则官符的重新出现似乎暗示着新
政想瓦解议政官组织的尝试遭受了挫折。不待西园寺公宗策划
谋反（建武二年六月），北条时行（中先代）举事（七月），新
政就已经从内部开始瓦解了。

---

* 国衙的课役，包括杂役、一国平均役等。

结　语

9 世纪以降，律令国家的地方政策和地方统治模式经历了多个阶段的变化，中央政治机构也同样经历了数个阶段的改组，由此律令国家逐渐变质、解体，此后被称作"王朝国家"的新国家体制诞生。如果能把官署世袭制理解为王朝国家的支柱，那么我们可以在这些制度得以确立的 12 世纪可以看作王朝国家的成立期，并可将此时的国家定义为中世国家的祖型。此后半个多世纪，在远离中央的东国边境诞生了基本上同质，但因统治者集团不同而具备异于王朝国家性质部分的武士政权。此即为镰仓幕府，可谓中世国家的第二类型。

镰仓幕府的成立与发展，促使王朝国家产生种种反应，极其粗略地归纳则是以下两点：一、由 13 世纪中叶北条时赖任执权时期与后嵯峨上皇的院政期双方的照应状态为代表的互不干预、两相自立的关系。换言之，容许国家权力分裂、并存是王朝国家的第一种反应模式；二、以 13 世纪末发生的蒙古袭来为分界点，幕府转而吸收王朝权力，王朝方面也对此出现反弹（极端表现即建武新政）。换言之，追求统一权力是王朝国家的第二种反应模式。

如此分析的话，通过推翻建武新政而建立的室町幕府，又是何种国家权力呢？

在镰仓幕府被推翻后的地方统治问题上，建武政府专注于重建、强化国司制度，想依靠国司制来贯彻中央集权的统治模式。对此，盼望幕府重生的武士势力自不必说，公家势力也多有不满。这一点可以从以下事实得到印证：新政之初，后醍醐的皇子护良亲王以推翻镰仓幕府之功为由渴求得到征夷大将军之职；护良遭受打压，在中央失去政治权力时，北畠亲房之子显家就任陆奥守，奉戴后醍醐之子义良亲王（后来的后村上天皇）前往奥州，管辖陆奥、出羽两国（《保历间记》称此为护良的提议）；足利尊氏之弟足利直义任相模守，拥戴同为后醍醐之子的成良亲王（与义良同母）东下镰仓，管辖关东十国等。尤其是义良与显家、成良与直义的这种组合中，虽然皇子未获任征夷大将军，但采取了与镰仓幕府一样的两主制模式。从领域支配的实质来看，这两处地方权力也可以说是超越了陆奥守、相模守这种国司权的小幕府。建武新政开始仅半年，便容许了奥羽幕府、关东幕府的相继设立。此后数年，北畠显家呈给后醍醐的一份奏状中称，中国封建之制推赏藩镇分治之法，"若于一所决断四方，则万机纷纭（政治混乱)，如何救患难邪"（《醍醍醐寺文书》），可知这一转变并非单纯的形势变化所致吧。

在此情况下成立的室町幕府采用边境分治的策略，设置了奥州管领、镰仓公方、九州探题等。特别是镰仓府的管辖领域，由于前代以来领主层存在顽强的自立意识，不仅支持镰仓府保持对中央幕府的相对独立，也激烈反抗镰仓府对他们的强权统治。以镰仓府为中心的东国的政治演变，因为这种复杂的角力关系及幕府政策转变，呈现出错综复杂的状态。概括地看，事情走向取决于幕府是否承认镰仓府的相对独立性。以三管领家 *为中心形成的重臣会议，倾向于分权，主张维持以镰仓府的相对独立性为基本的融和关系，在牵制动辄倾向于集权、镇压的将军方面意义重大。[1]

接下来再看镰仓幕府创立以来的基本问题两主制，尤其是拥立皇亲的构想。

建武二年（1335）七月，在信浓举兵的北条时行，率军横扫上野、武藏的足利军，逼近镰仓。镰仓府执权足利直义出兵武藏井出泽（町田市内）迎击敌军，但战败后随幼主成良亲王舍弃镰仓西逃。到了八月初，直义、成良等进入三河国的矢作。直义将军队驻扎于此，向京都遣使报告军情，同时将成良送回京都。足利氏从 13 世纪初以来就担任三河国的守护，在矢作宿设置守护所，额田郡、幡豆郡等是一族繁盛之地。三河对于

---

* 管领是室町幕府中辅佐将军的最高官职，只由斯波氏、细川氏、畠山氏三家担任，故称"三管领家"。

足利氏而言，相当于第二籍贯。并且，在镰仓幕府统治下，三河是幕府统治权最稳固的东国的西界。请求讨伐时行且就任总追捕使、征夷大将军两职的足利尊氏，未获天皇许可就从京都出发，而这一天正是直义到达矢作的同一日。考虑到之后尊氏兄弟拒绝了后醍醐的传唤，事态向着两兄弟叛离朝廷、再建幕府发展等，则直义驻留矢作就有了由足利氏重建幕府的意图。尤其是将成良送回京都，可以说暗含了否定镰仓幕府以来传统的两主制，具体而言就是摆脱拥立皇亲模式的想法。

最后关于室町幕府对王朝权力的吸收，仅举笔者主要的代表性论点。[2] 进入 14 世纪后半期，王朝国家还保留一定权力，在领域上是对京都的控制，在人事上是对公家贵族的支配。但大概在 14 世纪 60 年代以降，京都内的治安、警察、刑事裁判、债权的强制征收、领地裁判等事务，都由王朝的检非违使厅移交给了幕府（多为侍所管辖）。关于王朝国家的官署世袭制在此不须复述，王朝（使厅）丧失了对京都的支配权，便连带着失去了王朝（使厅）的经济基础。而且明德四年（1393）幕府颁布法令（《中世法制史料集》第二卷第二部《追加法》第146—150 条），禁止本所向洛中洛外的酒舍、土仓收取商业税，而是由幕府的政所向其征收定额税赋。很难确认这种作为保护经营之回报的商业税，在多大程度上归幕府掌控。不过在明德四年的这一法令中，王朝的造酒司即世袭造酒正的中原氏所继承的传统的酒曲税，作为例外仍归中原氏负责，但根据之后的史料，太刀屋座、扇商座等归幕府的侍所管理。考虑到太刀、扇子是对明贸易的主要出口商品，则幕府对工商业行会的掌控程度不容小觑。

然而，尽管幕府获得了作为王朝支配最后据点的京都的市政管理权，只要幕府首长仍是将军、仍是武家之栋梁，他便不具备对公家贵族阶层进行身份性支配的名分。第三代将军义满把将军之职让给义持并出家后，仍手持此前的权力，是因为他想将自己地位提高至超越将军的存在，以此升格为公家武家全体的支配者吧。其后的义持也把将军职让给义量，在义量病死后不立新将军的情况下依然掌握国政，便是继承、发展了义满所开创的模式。

室町幕府如上推进其统一国家、确立王权的目标，而这个进程的最终课题是开启日明通交。义满决心与明朝建立邦交的最初目的，恐怕还是为了统一九州。包含中国地方靠西部分的九州地方，因为与明朝、朝鲜半岛的往来，特别是 14 世纪初开始激增的倭寇活动，与中央权力分离、自立的倾向得到强化。不仅是装作忠诚于幕府的大名大内氏，连肩负统一九州使命而从中央来赴任的九州探题今川了俊，也被怀疑暗藏自立企图。

但是，日明通交给义满带来的回报，不论是政治上还是经济上，都远超预期。明朝强加给临近诸国的册封体制，相当于从政治、经济两方面为从属国的王权提供支持。也就是说，明朝皇帝一旦承认特定藩属国的特定人物为国王，便不容许他人再随意染指国王地位。同时，该国王获得了与明朝官方贸易的垄断权力，其他非官方贸易一概不受明朝承认。这种贸易原则上是商品之间的实物交换，但是国王向明朝皇帝赠送朝贡品后，便可获得作为回赠（"颁赐"）的明朝货币。因此，国王能以朝贡的名义垄断货币的输入。由此赋予了国王一种王权的名分，即国内货币流通之源泉在国王手中。

以上便是从政治、经济两方面支撑王权的册封体制的运行机制。日明通交在义持的时候被一度废止，但到义教之时，室町幕府修改了通交文书的部分内容后又将之恢复，此后成为恒例，正是因为这种册封体制带来的诱惑让幕府难以割舍。

附录
室町幕府开创期的官制体系

一 对各个政治机构的考证

建武三年（1336）六月十四日，足利尊氏自九州大举东进，击破建武政府军入主京都。此后，因尊氏的奏请，持明院统的丰仁亲王践祚（光明天皇），同年八月十五日确定由光严上皇开设院政。同年十一月二日，后醍醐天皇和光明天皇之间进行了神器授受仪式，标志着新政权成立的条件已经成熟。十一月七日，幕府制定《建武式目》（严格来说是咨询与回答的记录），内容是确定新政权的根本据点在何处，以及展示新政权当前的施政纲领十七条。其前言部分说："和汉之间，可被用何法乎？先逐武家全盛之迹，尤可被施善政哉。然者宿老评定众公人等济济焉，与访故实者，可有何不足乎？"这表明了应该继承前代镰仓幕府的制度与吏僚，第十七条又称"可被定御沙汰式日时刻事"，强调要完善裁判制度。

新政权室町幕府的制度，总体上是按照上述基本方针，在建武三年到四年间确定下来的。也就是像田中义成在《南北朝时代史》中所指出的：选任问注所执事（《武家年代记》）、确立关东十国的管领制度（《镰仓大日记》）都是在建武三年；据发给足利氏直辖领丹波篠村庄管理人的建武三年十一月六日藤原某之奉书（《醍醐寺文书》之二），以及令将军家政所交齐年贡的建武四年十二月九日散位某之奉书（《小笠原文书》），可推测当时已经设立政所；据贞和二年（1346）规定"文书纷失辈诉讼"涉及范围的追加法（《中世法制史料集》第二卷，追加法第 20 条。下文略称作"室町追加法"）中"至同年（建武三年）已来分者，守旧规，于事书者，有司恩赏方、安堵方、问注所可有其裁断焉"，可推测恩赏、安堵方等机构（或是官制上作为其前身的机构）也设立于建武三年。

下面三则史料是显示安堵方或安堵奉行早期活动的事例：（1）"建武三年十二月一日为信浓入道行珍（二阶堂行朝）奉行，给予安堵。"（《三浦和田文书》贞和二年七月十九日幕府下知状）；（2）建武四年正月十八日关于遗领安堵的沙弥（二阶堂行珍？[1]）的奉书（《秋田藩采集古文书》一）；（3）建武四年五月十五日安堵领地相关扫部头（摄津亲秀）的奉书（《新编会津风土记》一）。而如下文所述，恩赏方在与将军的统属关系中占有特殊地位，此处仅举历应三年（1340）九月二十七日幕府裁许状（参照第 229 页）中"常在光院替事，可与夺恩泽方"为例。

镰仓幕府时，侍所最初是监督、辖制御家人的机构，之后也管理检断（刑事诉讼）相关事务，那么室町幕府的侍所又有哪些职能呢？侍所负责对武士在战争中所获军功的认定工作，最明显地体现了其监督、统辖武士的职权。在足利尊氏的军事行动中，负责此工作的最初是高师直，之后是其弟高师泰。建武三年三月的九州多多良浜之战的战功认定由师泰负责，不过参加这次战役的岛津忠能的请功文书记载"役所高尾张守师泰"（参照第214页表一"侍所"项）。正如《大日本史料》六辑之三，第147页）的编者所注，"役所"应是"侍所"之误，则这份史料可以证明高师泰曾任职侍所。建武三年六月的一份请功文书（参照第214页表一）明确有请求侍所证判的内容，其中有师泰署名的侍所证判，也印证了相同的事实。

室町幕府的侍所和镰仓幕府时的一样，也管辖刑事诉讼（检断沙汰）。康永元年（1342）八月二十一日的幕府裁许状（参照第230页）称，"至于杀害以下狼藉之事，诉申侍所者也"；观应元年六月的申状（《东寺百合文书》卜函）云，"杀害之事，欲于御侍所诉申"；文和元年八月山门的公人被人砍伤时，"为见知，送侍所"（《八坂神社记录》上，第279页），同一时期还有放火者被关到侍所"狱舍"里（同上，第247页），且杀人犯逃跑时，其居所主人被传唤并关入"狱舍"（同上，第221页)，杀人者双亲的土仓*也遭到侍所的"检封"（同上，第242页）；

---

* 保存抵押物的仓库，墙壁用土加固以防火，故称"土仓"。也代指从事抵押、典当行业的人。

据历应二年（1339）十二月十七日的"幕府裁许状"（参照第229页），建武四年时，侍所给守护押送来的犯人制作白状[*]。

虽然在管辖地域、犯罪的种类、犯人的身份等方面有不少值得讨论的地方，不过概括来讲，我们可以从以上的事例推断出，侍所有权受理刑事诉讼、拘禁犯人、调查犯罪事实、扣押没收犯人财产。另外，历应二年十月的申状（《妙兴寺文书》五）对于夜袭杀人事件，称"于检断方，被经御沙汰"；观应元年（1350）十一月砍伤案件也同样由"检断方"处置（《八坂神社记录》上，第176页）；贞和二年（？）幕府法令（室町追加法第16条）规定刘田狼藉"为检断方沙汰，可有纠明"。由此可知，存在专门负责刑事诉讼的机构检断方。考虑到镰仓时代幕府在六波罗所设检断方，与镰仓的侍所一样负责管辖刑事诉讼，则这里的检断方应当是侍所的别称或侍所的下级机构名称。

接下来讨论的是诉讼机构之核心的引付方。在镰仓幕府中，引付作为领地诉讼的裁决机构，在机构设置及工作程序等层面相当完善。[2]建武新政时，引付一度被废止，由朝廷新设的杂诉决断所负责相应工作，但这个新机构大量录用了北条氏以外的镰仓幕府引付职员（评定众、引付众、引付奉行），且诉讼程序即领地诉讼流程基本上沿袭了前者的，可谓是引付的延续。仅基于这一沿革考虑，也能想象尊氏重开幕府后首先会恢复引付。

引付初见于建武四年（1337）八月二十三日丹波守护仁木

---

[*] 说明犯罪事实的文书。

赖章给武藏守（高师直）的注进状，其中称祇园社前执行显诠
"于一番御引付，令申安堵侯之由，承候"（《八坂神社记录》下，
第353页）。参照同年十月七日源信盛请文（《建内文书》七），
可知同年八月二十四日沙弥（二阶堂行印）的奉书[3]，正是二
番引付头人回应上述注进状中显诠之安堵要求的遵行奉书。而
同年十月二十八日的一份沙弥奉书（参照第216页）的里书[*]，
有"自引付五番之手被成下之，头人二阶堂备中入道殿"，正
书亦有"佐竹源次入道殿　沙弥道存"，由此可确定五番引付的
存在，以及引付头人二阶堂道存的名字[4]。在同年十一月十九
日沙弥奉书（参照第216页）有"引付奉书"的旁注，可知这
也是引付头人的奉书（由于该奉书是案文[†]，所以不清楚头人的
名字，但可能是二阶堂行应或二阶堂道存）。

　　以上三份奉书中的后两份，都是针对领地诉讼的执行文书，
即在有人控诉领地被强占、掠夺时，给予前去处理此事之使节
的强制执行命令。前一份二阶堂行应的奉书，是回应显诠要求
安堵的申请，但显诠申请的所谓安堵实际是恢复被占领地，因
此称此回应为领地诉讼中的执行文书也无不可。通过以上分析，
推断室町幕府继承了镰仓幕府由引付管理领地诉讼的制度原则

　　如上所述，记录引付存在的史料都是建武四年八月以降的，
但拥有与上述三份奉书相同内容、形式的文书，即领地诉讼相

---

[*] 指在文书里侧留下的确认文书法律效力的文字。

[†] 将原文书誊写后形成的文书，以备正文丢失或诉讼时作为证据文书提交。

关的执行命令奉书，则可以上溯到建武三年十一月。该类型的奉书（详细参照第215页表一"引付方"项），从形式、内容来看大概就是引付头人奉书。那么，室町幕府草创期的引付采用了几番制？历应二年、三年的追加法（室町追加法第5、6条）有"可相触此趣于五方引付""可触仰五方引付焉"，可知这个时点明确采用了五番制。在此前后的情况没有如此确证，但上述建武四年二阶堂道存奉书的背书有"五番引付"，在历应四年十一月二十七日幕府下知状（参照第230页）中，奉行门真寂真在历应二年从属于三番，后来换到五番，可知一至五番引付的存在。另一方面，目前没有发现六番及以上的证据，也即五番制的反证，由此推断镰仓幕府末期关东、六波罗的五番制也被原封不动地继承下来。

综上，确凿证据是建武四年成立，如加推测则可上溯至建武三年成立的五番制引付，在此后十五年间，即本文主要讨论的截至观应二年的直义执政期间，发生了三次重大改组：康永三年（1344）、贞和五年（1349）、观应二年（1351）。这三次改组分别反映了当时的政治形势变化，也体现了新政权独特体制的成型。这一点的意义之后再加论述，这里仅先对改组的事实进行概括说明。

（1）大概是偶然留下来的 A、B 两种成员表，反映了康永三年引付的人员调整情况（《结城文书》一）：

A 表 [5]

一番	左京大夫（吉良满义）、陆奥守（细川显氏）、信浓入道（二阶堂行珍）、佐佐木近江入道（善观）、安艺守（二阶堂成藤）、水谷刑部权少辅（贞有）、长井出羽守（贞赖）、美浓守（二阶堂行通）、因幡入道（明石法隼）、雅乐民部大夫（信重）、门真左卫门入道（寂意）、关清左卫门入道（道日）、山县大炊助入道（国兼）、伊地知又次郎（重秋）、杂贺允大舍人允、安富孙三郎、志水左卫门尉、下条次郎左卫门尉（祐家）、带刀中务承
二番	修理权大夫（吉良贞家）、佐渡大夫判官入道（佐佐木导誉）、宇都宫远江入道（莲智）、中条权大辅、长井宫内权大辅、山城守（二阶堂行直）、三河判官入道、下野三郎左卫门尉（狩野？）、疋田三郎左卫门尉、饭尾左卫门大夫（贞兼）、三须雅乐允（伦笃）、斋藤刑部左卫门入道、饭尾隼人佐、富部周防守（亲信）、白井八郎左卫门尉（宗明）、斋藤七郎入道（道遵）、安富新三郎、大野孙五郎入道（光尚？）、治部左卫门四郎入道
三番	左卫门佐（石桥和义）、长井大膳大夫（广秀）、长井缝殿头（高广）、长井治部少辅、宇都宫三河守入道（道眼）、波多野因幡入道、町野但马民部大夫、中条大夫判官（秀长）、粟饭原下总守（清胤）、斋藤左卫门尉（利泰？）、依田左卫门尉（贞行）、斋藤主计四郎兵卫尉、佐藤次郎左卫门尉、斋藤五郎左卫门尉、药师寺彦次郎、关左近大夫（宗度？）、下条十郎左卫门入道、松田七郎、杂贺扫部允（贞伦）
四番	上杉弹正少弼（朝定）、宫内大辅（上杉？一色？）、三河入道（二阶堂行誓）、摄津隼人正入道（宗准）、和泉民部大辅（二阶堂行时？）、佐渡大夫判官（佐佐木秀纲）、美作守（问注所显行）、町野远江权守、信浓勘解由判官（太田？）、津户出羽权守入道（道元）、诹方大进房（圆忠）、饭尾修理进入道（宏昭）、大野彦次郎入道、布施弹正忠（资连）、筑前孙九郎、饭尾三郎左卫门尉、岛田越中五郎、和泉三郎、津户新藏人
五番	越后守（高师泰）、骏河守（高重茂？）、长井丹后入道（宗衡？）、伯耆入道（二阶堂道本）、后藤壹岐入道（基雄？）、东下总入道、岛津丰后前司（忠氏）、后藤对马守（行重）、杂贺隼人入道（西义）、丰前四郎左卫门入道、斋藤四郎兵卫入道（玄秀）、和田四郎入道（行快）、门真弹正忠入道（寂真）、杉原左近将监（光房）、松田右入道、青砥左卫门尉、佐藤九郎左卫门尉、中泽又四郎

B 表

B 表中的人名大部分和 A 表重复，重复的人名参照 A 表标记其番数。

一方（Ⅰ方）	武藏守（高师直）、佐渡判官入道（二番）、长井缝殿头（三番）、长井丹后入道（五番）、伯耆入道（五番）、后藤对马守（五番）、谏访大进房（四番）、杂贺隼人入道（五番）、门真左卫门入道（一番）、三须雅乐允（二番）、杉原左近将监（五番）
一方（Ⅱ方）	上杉弹正少弼（四番）、前大膳大夫（三番）、三河入道（四番）、安艺守（一番）、山城守（二番）、因幡入道（一番）、津户出羽入道（四番）、斋藤左卫门尉（三番）、斋藤四郎兵卫入道（五番）、富部周防前司（二番）、饭尾修理进入道（四番）
一方（Ⅲ方）	伊豆守（上杉重能）、信浓入道（一番）、近江入道（一番）、远江入道（二番）、美作守（四番）、疋田妙玄、雅乐民部大夫（一番）、饭尾左卫门大夫（二番）、丰前四郎左卫门入道（五番）、关清左卫门入道（一番）、布施弹正忠（四番）

上述 A、B 两个成员表是接续在一起的，其后则以"侍所"为标题记录了细川显氏等六人姓名，也就是侍所的成员表。这里将此作为 C 表。即 A、B、C 三个表是按照顺序记载下来的。

如上所示，A 表包含一到五番，且表前还留有"引付番文"的题注，末尾则标注了"康永三三廿一 同廿二日始之"（"康永三"等接在 A 表最后一行，距离 B 表首行约有两行字的空隙，故判断是 A 表的尾注而非 B 表的序文 [6]）。可知，A 表是作于康永三年三月廿一日，并于次日施行的五番制引付番文。而且如上所述，五番制引付方之前就已经存在，因此康永三年这次改组应是对既存制度的调整。

B 表由三方构成（下文为了便于叙述，按照顺序将其分别称为Ⅰ方、Ⅱ方、Ⅲ方）。虽缺少明显证据说明该表的性质和编组时间，但结合诸种因素看，这是被称作"三方引付"或"三方内谈"，准确来说是三方制内谈方 *的人员构成表，制定时间应该和 A 表一样是康永三年三月（虽无直接关系，但 C 表即侍所职员表应当也是在同一时期制定的）。A 表是对既有制度的再编，但 B 表所见的三方制内谈方在此时重新设立。[7]也就是说，幕府在康永三年重组五番制引付方时，并行设立了三方制内谈方。

那么新设的内谈方是怎样的机构呢？大概是以这次新设三方制内谈方为契机，出现了两起负责奉行被更换的领地诉讼事例（参照第 273 页），即将本非三方制内谈方的奉行（大概属于五番制引付方）变成三方制内谈方的奉行；康永三年三月到贞和四年的五年间，B 表中三方各自的头人及后继者即三方内谈头人，负责下发领地诉讼的问状、召文、执行等奉书，给裁决文书的里侧盖上印判（参照第 215 页表一"引付方"项），且在"内谈之座"主持原告被告间的法庭对质；[8]另外，没有发现明确证据表明五番制引付方此期间参与了上述这些领地诉讼流程。结合这些内容，则内谈方无疑就是负责领地诉讼的机构，且其管辖事务与之前引付方的基本一致，或者可以说，内谈方就是继承、取代引付方的机构。那么，新设内谈方之后，引付方负责什么内容呢，两者又是什么关系呢？很遗憾，这些问题只能留待今后解决了。

---

* 室町幕府设立负责民事诉讼的机构，1344—1349 年存在，由足利直义主导，高师直、上杉朝定、上杉重能各任一方头人。直义、师直两派矛盾激化后，该机构解体。

第二次引付改组是在贞和五年。下面便是这次人员构成表（《新田八幡宫文书》三）：

三番	左京权大夫（斯波家兼）、□、安艺守（二阶堂成藤）、宇都宫三川权守入道（道眼）、波多野因幡入道、町野加贺前司、岛津下野前司（忠氏）、疋田能登权守、饭尾左卫门大夫入道（贞兼）、三须雅乐大夫（伦笃）、和田四郎入道（行快）、大野越前房（荣成）、布施弹正忠（资连）、饭尾木工左卫门尉、饭尾大藏左卫门尉、丰前四郎左卫门尉、岛田兵部丞
四番	左卫门佐（石桥和义）、三川入道（二阶堂行谭）、近江入道（佐佐木善观）、壹岐入道、摄津隼人入道（宗隼）、摄津左近大夫将监（能直）、山城大夫判官（二阶堂）、三川判官大夫入道、谏访大进房（圆忠）、斋藤五郎左卫门入道、雅乐左近将监、斋藤七郎入道（道遵）、安富三郎左卫门尉、松田八郎、因幡右近藏人、松田扫部允
五番	佐渡判官入道（佐佐木导誉）、宇都宫远江入道（莲智）、佐佐木备前守（时秀？）、中条备前守（秀长）、下总前司（粟饭原清胤）、町野远江权守、梶原河内守（景广）、土左宫内少辅、杂贺隼人入道（西义）、富部周防前司（亲信）、大野彦次郎入道、饭尾新左卫门尉（赖国）、杂贺扫部允（贞伦）、斋藤左卫门四郎入道、和泉三郎左卫门尉、矢野孙太郎

这个人员分组表，缺失了前半部即一番、二番部分，因此无法像康永三年的 A 表那样，从表本身内容推知其性质、制定时间。不过结合人名官途、通称等，这是贞和五年后半年，可能是以上杉重能（执政足利直义的股肱，康永三年后一直是内谈方头人之一，直接诱发观应扰乱的人物）失势的八月十五日政变为契机而进行改组的五番制引付执勤分组表。[9] 从贞和五年后半年到下一次改组的观应二年之间，有许多事例可证明此五番制引付方负责领地诉讼，但没有史料表明三方制内谈方开展职务活动，甚至连正面表明其存在的史料都无法找到，说明这时三方制内谈方被废止，而五番制引付方恢复了康永三年以

前的地位与职权。

第三次改组在观应二年（1351）。这次的人员分组情况没有流传下来，但负责下发领地诉讼相关召文、问状、遵行等奉书的头人几乎全变（参照222页表一"引付方"项）。也就是说，贞和五年引付改组以来活跃的斯波家兼、佐佐木导誉、长井高广等人从史料上消失，代替他们的是畠山国清、桃井直常、石塔赖房、细川显氏等。目前有确切证据证明在贞和年间（1345—1350）之后继续留任引付头人的，只有石桥和义一人。说到观应二年，此年足利直义与高师直斗争激化，前一年十月直义暂时逃出京都，随后聚集势力返回，在过完年的正月入京击败尊氏、义诠父子，并在二月杀掉了师直，重获执政地位（但此年八月直义再度从京都出逃，二次掌权仅仅半年）。这里所列的新头人均是直义军的骁将，据有限史料来看，他们完全缺乏担任引付头人、内谈头人的经验。如此大规模地更换头人，而且是上述激烈政治斗争之后的事情，那么这种更迭就不止于头人，也牵连到下层的引付成员吧。

接下来讲一下禅律方、庭中方、仁政方、内奏方等特殊诉讼机关。

禅律方始见于康永二年（1343）八月东寺杂掌*的诉讼文书《于武家禅律方沙汰》（《东寺百合文书》フ函）。此外，对于三浦贞宗（道佑）与武藏称名寺杂掌围绕越后国奥山庄内金山乡

---

* 庄园内管理领地杂务如征收年贡、公事的人员。

的领地纠纷的裁决文书即贞和二年七月十九日幕府下知状（参照第 231 页），开头部分有"赖圆（道佑代官）依诉申之，于一方内谈依田左卫门尉贞行奉行下裁决，返渡禅律方，由其纠决也"。文中也提及纠纷的缘起，即该地是道佑在建武四年六月作为恩赏而领受的阙所地，但是称名寺自前一年开始称其是该寺领地并获得了安堵，实际支配着领地于是被道佑起诉侵占领地，因此"同（建武）四年十一月裁断，于禅律方，有其裁定。于寺家者，重新施行。至道佑者，可允给其替"。以此可知，建武四年到贞和二年，禅律方都是存在的。到了贞和二年，我们可以看到直接证明禅律方活动的禅律头人奉书，即藤原有范负责下发的诸多涉及禅律寺院诉讼的幕府奉书。作为幕府职员，藤原有范拥有不寻常的高官，即担任前少纳言、大学寮头，之后升至治部卿。他出身于以儒学传世的藤原南家，深受足利直义重用，结合《太平记》卷三十记载其担任"禅律之奉行"、《东海一沤集》中称其为"禅律奉行事官藤纳言"，因此推断上述文书可被视作禅律方头人的奉书。参照附表（见第 222 页表一"禅律方"项），有范的职务活动从贞和二年九月开始，一直持续到观应扰乱时受到牵连，随直义出逃北方之前。[10]

最后，关于禅律方若要再补充说明，则据前引幕府对越后奥山庄的裁许状，武士与禅律寺院间发生的领地所有权诉讼归禅律方审理。在思考禅律方的管辖权及其与引付方的管辖关系上，这一点值得注意。并且，推测为贞和二年的书信[11]中称"禅律沙汰，一月只举行三回，此期间审理延迟未能下发下知状，每月二日六日虽及六回，审理推迟成风，到结句只有三日，诸人怀叹唯此事耳"，表明禅律方的审理日期及其变动的情况。

关于庭中方，贞和四年七月一份陈状中的注文（《东寺百合文书》匕函）中有"捧庭中状，七月十日于庭中方，长井缝殿头高广为管领，书铭于申状，渡奉行杂贺隼人入道西义毕"。此为庭中方及庭中头人初见之处。不过据推测是康永二年、三年制定的追加法（室町追加法第 11 条）中有《式目庭中篇目》，则庭中制度或许庭中方本身也都可以追溯到康永年间（1342—1345）以前。庭中与越诉皆是误判的救济制度。就像石井良助博士所解释的那样，越诉是救济判决失误的手段，而庭中是纠正诉讼程序失误的手段。[12]

关于越诉机构，缺少像庭中方这样的明确记录，不过在镰仓幕府时越诉是纠正判决失误的基本制度，因此幕府设立越诉方作为处理此事的专门机构。考虑到这点，室町幕府大概也很早就设立了越诉方吧。设立时间应该不晚于庭中方。[13]

仁政方初见于很久之后的贞治三年（1364）九月二十七日"于仁政方可诉申"（《师守记》）。不过在历应四年（1341）三月十日的法令"虽持御下文，不知行下地之辈，不可为仁政裁决，可为引付行事"（室町追加法第 7 条）旁注也有"仁政内谈"字样。这里的意思是，上述管辖权的划分是在"仁政内谈"这个会议上议定的，那么作为会议主体里"仁政"这一机构自然就存在了。再者，结合同一时期的禅律方有禅律内谈，那么从"仁政内谈"的记载推断仁政方的存在也并无不妥。永和三年（1377）十二月二十一日一份的幕府裁许状（朽木古文书）称，"虽可为越诉，未被定置间，于仁政方纠决"，可知仁政方本身虽不是越诉机构，但似乎是能代替它的救济机构。永和元年卯月的一份申状（《东寺百合文书》工函）判决，"于引付裁决难行事，下彼奉行于仁政方"，可知仁政方应是对诉讼程序过失的救济机构。不过，其与庭中方、内奏方等的关系不明。仁政方应设有头人与奉行，但史料中未见相关人员配置。

内奏方见于贞和四年（1348）四月的庭中申状（吉川家文书之二），"先前属内奏方，为中条刑部少辅（举房）[14]奉行，乃叹申，去年四月廿八日经亲裁"，由此知其在贞和三年之前就已经存在。推测同样是贞和年间的另一份申状[15]称，"属内奏奉行饭尾三郎左卫门尉，虽诉申"，也出现了内奏方的奉行。不过，中条刑部少辅与推测为贞和年间某年二月二十八日出席"评定始"的六位评定众中的"中刑部"（前田本《玉烛宝典》纸背文书）大概为同一人。从具有出席"评定始"的资格来看，很难认为他与饭尾三郎等同为奉行。恐怕他就是内奏方的头人。

从上述相关史料分析，内奏方大概是负责通常渠道无法申诉的案件的救济机构，不过详细的权限、工作流程等都不明。它可能源自镰仓幕府时的奏事、内诉*制度。[16]

以上对建武三年至观应二年间幕府的主要机构做了基本说

---

* 奏事是镰仓时代的一种诉讼救济制度，对于覆勘、越诉、庭中等无法受理的案件，可采取奏事的方式向幕府上级机构申诉；内诉是直接向执权、连署提出再审请求，是一种非正式的直诉方式。

明。接下来结合现有史料，对这些机构的主要职员（头人、执事等）进行整理，制作了按机构编年的成员一览表。这既可补充对上述诸机构的说明，也可构成下文分析室町幕府开创期中枢层人员构成的素材。不过有一点需要提前说明，如"文献出处"列所示，表中的人名在史料中多只是苗字与官途、通称结合，或只有官途、通称。确定这些人的苗字、实名、法名等，必然要结合其他媒介史料进行比定，就像康永三年三月 A、B 两表的人名记述方式一样。不过考虑到下表所列职员中多是比较著名的人物，在其他史料中频繁出现，故此处省略这种比定人名的史料考察工作。

表一　建武三年至观应二年间主要职员表

（1）政所

年份	执事	文献出处
历应元年	二阶堂行珍行朝	八月十日行珍补任（《武家年代记》）
同三年	二阶堂行直	是年行直补任（《武家年代记》）
康永二年	二阶堂行直（山城守）	十二月八日卷数请取（《石上寺文书》）
同三年	二阶堂行直（山城守）	二月四日奉书（《新田八幡宫文书》）
贞和元年	二阶堂行直（前山城守）	十二月五日卷数请取（《清水寺文书》）
同二年	二阶堂行譚	三月二日补任（《武家年代记》）
同三年	粟饭原清胤（前下总守）	十二月三日补任（《武家年代记》）；十二月十二日卷数请取（《清水寺文书》）

年份	执事	文献出处
同四年	二阶堂行諲？	七月十七日祈祷奉行"三川入道行諲"（日次日记《地藏院房玄法印日记》）
观应元年	二阶堂行諲	八月十八日卷数请取（《东寺百合文书》ホ函）；九月九日奉书（大通寺文书）
同二年	二阶堂行宏行通	七月十日政所管领行宏死（《常乐记》）

（2）侍所

年份	头人	出处
建武三年	高师泰	建武四年军忠状"去年……三月……役（侍）所高尾张守师泰"（《萨藩日记》）；六月军忠状中记载申请侍所证判，给师泰证判（《三刀屋文书》）
历应元年	高宗继	十月二十二日记"侍所高远江守"（《田中文书》）；十月二十三日着到状证判旁注"高南远江殿侍所"（《古迹文征》）
历应二年	高宗继	历应二年三月至康永元年九月陈状"武家侍所远江守宗继"（《德禅寺文书》）
历应三年	细川显氏	康永元年五月申状"去去年历应三十月之比……侍所细川兵部少辅殿"（《东寺百合文书》サ函）
康永元年	细川显氏	十二月五日记"细川兵部少辅，侍所"（《天龙寺造营记录》）
康永三年	细川显氏	三月二十一日构成表（参照第261页）"侍所细川陆奥守显氏"（《结城文书》）
	仁木义长	四月二十四日记"新侍所日木右马助"；五月十七日记"大侍所仁木右马权助"；八月十五日记"侍所仁木右马助"（均据《师守记》）
贞和元年	山名时氏	八月二十九日记"侍所山名伊豆前司"（《园太历》）
贞和二年	细川显氏	贞治四年十月申状"贞和二年八月合战情形注进侍所细川奥州"（《北岛文书》）
观应元年	仁木赖章	十一月六日记"侍所奉行仁木兵部大辅赖章"（《园太历》）
	仁木义长	十二月七日记"侍所仁木右马助"（《八坂神社记录》上）

备考：历应五年三月二十日申状称"佐佐木备中入道侍所管领之时"（《东寺百合文书》セ函），但此人的在任时间无法确定。

（3）安堵方

年份	头人	出处
建武三年	二阶堂行珍	贞和二年七月十九日下知状"建武三年十二月一日为信浓入道行珍奉行充给安堵"（《三浦和田文书》）
建武四年	沙弥（行珍？）	正月十八日沙弥奉书（《秋田藩采集古文书》一）
	摄津亲秀（扫部头）	五月十五日奉书（《新编会津风土记一》）
	散位某	十二月十二月奉书（《比志岛文书五》）
历应四年	二阶堂成藤（前三河守）	三月十四日奉书（《诧磨文书》）

（4）引付方、内谈方

年份	头人	出处	备考
建武三年	高师直(武藏权守)	十一月十八日奉书（《贺茂社注进杂记》）；十二月十九日奉书（《东寺文书射》）	
	沙弥	十二月二十二日奉书（《三宝院文书一》）	
建武四年	细川和氏（阿波守）	七月十一日奉书（《圆觉寺文书》第108号）；七月十一日奉书（《欢喜寺文书》）；十月十七日奉书（《伊予国分寺文书》）；十二月五日奉书（《金泽文库古文书》第7辑第5476号［新辑，下文的引用皆称"新辑某册某号"]）	
建武四年	二阶堂行应（下野入道）	八月二十四日奉书（《八坂神社记录》下704页）	二番引付；历应元年十二月六日死
	上杉朝定（弹正少弼）	十月二十八日奉书（《八坂神社记录》下704页）	

年份	头人	出处	备考
建武四年	高师直(武藏权守)	二月三日奉书(《忌宫神社文书》);五月十三日奉书(《堤文书》);七月二十三日奉书(《三宝院文书二回之一》);七月二十三日奉书(《前田家文书》)	
	二阶堂道存(备中入道)	十月二十八日奉书(《饭野八幡宫文书》)	五番引付
	沙弥	十一月十九日奉书(《文永四年外记日记里书》)	旁注"引付奉书"
历应元年	上杉朝定(弹正少弼)	闰七月二十四奉书(《田代文书》);十一月二十八日奉书(《山内首藤家文书》)	
	散位(藤原有范?)	五月二十四日(《高山寺文书一》);闰七月十二日奉书(《圆觉寺文书》110号);十二月二十四日奉书(《东寺百合文书》ぬ函)	
	左京大夫(吉良满义?)	九月四日奉书(《忌宫神社文书》);十一月二十四日奉书(《粟田氏文书》)	
	摄津亲秀(扫部头)	九月八日奉书(《前田家文书》);九月二十五奉书(《东寺百合文书》并函)	
	二阶堂行珍	八月十日以前已为引付头(《武家年代记》)	
历应二年	上杉朝定(弹正少弼)	六月四日奉书(《楠林氏文书》);八月四日奉书(《山内首藤家文书》);八月八日奉书(《文永四年外记日记》纸背文书)	
	散位(藤原有范)	三月十六日奉书(《南禅寺文书》);四月二十四日奉书(《久我文书》);十月二十日奉书(《金泽文库古文书》第7辑第5476号)	
	左京大夫	四月十九日奉书(《三宝院文书》二回之十);八月四日奉书(《大友文书》);十月七日奉书(同上);十二月二十四日奉书(《长福寺文书》)	花押与前一年的左京大夫不同

年份	头人	出处	备考
历应二年	摄津亲秀（扫部头）	三月四日奉书（《广峰神社文书》）；三月十八日奉书（《吉川家文书之一》）；六月十八日奉书（《广峰神社文书》）；十二月二十七奉书（《长防风土记》）	
	二阶堂行珍（？）	八月四日奉书（《神护寺文书》）；三月二十一日奉书（《水无濑宫文书》）	
历应三年	上杉朝定（弹正少弼）	三月四日奉书（《永保寺文书》）；四月十八日奉书（《八坂神社记录》下706页）	
	散位	三月二十一日奉书（《南禅寺文书》）	
	左京大夫	三月二十四日奉书（《粟田氏文书》）；五月八日奉书（《小山田文书》）；七月十七日里侧署判（《长福寺文书》）；七月十八日奉书（《日根文书》）；八月十八日奉书（《前田家文书》）；九月十八日奉书（《六波罗蜜寺文书》）	此处的里侧署判在裁许状的折缝处，下同
	摄津亲秀（扫部头）	二月四日奉书（《东大寺文书》四回十八）；四月十八日奉书（《广峰神社文书》）；十月十一日奉书（《东大寺文书》二回之三）	
	吉良贞家（修理权大夫）	八月十八日奉书（《东大寺文书》四回之十八）；八月二十一日里侧署判（《东寺文书射》）	
	高重茂（大和权守）	三月十四日奉书（《小山田文书》）；三月二十七日里侧署判（《熊谷家文书》）	
历应四年	上杉朝定（弹正少弼）	七月二十九日奉书（《二阶堂文书》）	
	吉良贞家（修理权大夫）	三月二十八日奉书（《净土寺文书》）；四月二十一日里侧署判（《熊谷家文书》）；四月二十八日奉书（《东寺百合文书》セ函）；闰四月二十九日奉书（《东寺百合文书》ヨ函）；九月十一日里侧署判（《岛津家文书之一》）；九月二十一日里侧署判（《川濑氏文书》）；十月二十八日奉书（《朽木古文书》）	

年份	头人	出处	备考
历应四年	高重茂(大和权守)	七月二十四日奉书(《益田家什书》)	
	石桥和义	三月十七日里侧署判(《朽木古文书》)	
康永元年	上杉朝定(弹正少弼)	八月二十一日里侧署判(《久我文书》)	
	吉良贞家(修理权大夫)	七月四日奉书(《东寺百合文书》セ函);八月十四日奉书(《东寺百合文书》セ函)	《八坂神社记录》下第286页《文书目录》(建治康应年间)
	高重茂(大和权守)	正月二十九日奉书(《饭野八幡宫文书》);七月二十九日奉书(《新田八幡宫文书》);八月二十九日奉书(《八坂神社记录》下第826页)	八月二十九日奉书中称"引付奉书"
	石桥和义(左卫门佐)	十二月十二日奉书(《熊谷家文书》)	
康永二年	吉良贞家(修理权大夫)	三月二十八奉书(《熊谷家文书》);四月二十八日奉书(《东寺百合文书》ヨ函)	
	吉良贞家(修理权大夫)	三月二十八奉书(《熊谷家文书》);四月二十八日奉书(《东寺百合文书》ヨ函)	
	高重茂	八月八日奉书(《萩藩阀阅录》五十八);十二月十四日奉书(同上)	
康永二年	石桥和义(左卫门佐)	三月四日奉书(《色部文书》);四月十一日奉书(《熊谷家文书》)	
	佐佐木导誉	八月二十四日奉书(《东寺文书射》)	
康永三年	吉良贞家(修理权大夫)	二月十八日奉书(《东寺百合文书》み函)	

年份	头人	出处	备考
康永三年	石桥和义（左卫门佐）	闰二月四日奉书（《色部文书》）	
	吉良满义（左京大夫）	三月二十一日补一番头人（《结城文书》）	三月二十一日引付改组（参照第205页）
	吉良贞家（修理权大夫）	三月二十一日补二番头人（《结城文书》）	
	石桥和义（左卫门佐）	三月二十一日补三番头人（《结城文书》）	
	上杉朝定（弹正少弼）	三月二十一日补四番头人（《结城文书》）	
	高师泰(越后守)	三月二十一日补五番头人（《结城文书》）	
	高师直(武藏守)	三月二十一日（？）任一方内谈头人（《结城文书》）；九月十七日里侧署判（《大德寺文书之四》）	三月二十一日（？）设置三方内谈（参照第206页）
	上杉朝定（散位）	三月二十一日（？）任一方内谈头人（《结城文书》）；十月十八日奉书（《东寺百合文书》セ函）；十月十八日奉书（东寺百合文书》み函）；十一月二十八日奉书（《三宝院文书二》）；十二月八日奉书（《东寺百合文书》ゐ函）	
	上杉重能（伊豆守）	三月二十一日（？）任一方内谈头人（《结城文书》）；十二月二十七日里侧署判（《三宝院文书》三回五十三）	

219

年份	头人	出处	备考
贞和元年	高师直(武藏守)	七月十八日奉书(《中条文书》);十一月四日奉书(《原文书》);十一月十八日奉书(《大友文书》三);十一月二十六日奉书(《石清水八幡宫记录》);十二月五日奉书(《神护寺文书》三)	
	上杉重能(伊豆守)	据八月申状,四至八月为管领(《长谷场文书》);十月十四日奉书(《东寺百合文书》ゐ函);十月十八日奉书(《东寺文书射》)	
贞和二年	高师直(武藏守)	闰九月二十一日奉书(教育大本《北野社家文书》);闰九月二十七日一方内谈武州方(室町追加法第20条);十月七日里侧署判(《田中教忠文书》);十一月申状"于武州御手"(《大石寺文书》)	
	上杉朝定(散位)	十月二十七日里侧署判(《密井文书》)	
	上杉重能(伊豆守)	二月十八日奉书(《东寺百合文书》み函);八月申状"头人伊豆守"(《吉续记》里书);十月十八日奉书(《新兴寺文书》);十二月十四日奉书(《前田家文书》)	
贞和三年	高师直(武藏守)	三月十七日下知状奥书"三方内谈时一方武藏守师直"(《中条文书》)	
	上杉朝定(散位)	三月二十八日奉书(《橘中村文书》);五月十四日奉书(《三宝院文书》二);八月二十八日奉书(同上)	
	上杉重能(伊豆守)	二月二十四日奉书(《菅浦文书》);五月四日本所举状之受取人(《东寺百合文书》ほ函);九月四日奉书(《熊谷家文书》)	
贞和四年	高师直(武藏守)	九月四日奉书(《高桥幸平氏文书》);十月八日奉书(《东寺百合文书》を函)	
	上杉重能(伊豆守)	四月八日诉讼举状名宛人(《结城文书》)	

续表

年份	头人	出处	备考
贞和四年	石桥和义（左卫门佐）	十月三十日奉书（《田代文书》四）	
贞和五年	上杉重能（伊豆守）	二月四日奉书（《东大寺文书》二回三）；二月二十五日奉书（《前田家文书》）；六月四日奉书（《东寺百合文书》せ函）闰六月二十九日奉书（《东寺百合文书》セ函）；七月四日奉书（《东寺百合文书》せ函）；七月二十五日奉书前言部分"御（内）谈头人"（《建内文书》七）	七月二十五日还可参照《八坂神社记录》下第595页的文书前言，称之为"内谈头人"
	斯波家兼?（左京权大夫）	七至十二月任三番头人（《新田八幡宫文书》三）	七至十二月引付改组，一番二番头人不明（参照第208页）
	石桥和义（左卫门佐）	七至十二月任四番头人（《新田八幡宫文书》三）	
	佐佐木道誉（佐渡判官入道）	七至十二月任五番头人（《新田八幡宫文书》三）；十二月二十四日奉书（《东寺百合文书》ゐ函）；十二月二十四日奉书（东寺百合文书せ函）	
观应元年	斯波家兼?（左京权大夫）	九月二十四奉书（书陵部本广峰文书）	
	佐佐木导誉（佐渡判官入道）	三月四日奉书（《东寺百合文书》せ函）；三月八日奉书（《东寺百合文书》ゐ函）；五月二十四日奉书（同上）	
	长井高广（缝殿头）	四月十二日奉书（《三浦和田文书》）	

续表

年份	头人	出处	备考
观应二年	石桥和义（左卫门佐）	四月一日奉书（《东寺百合文书》ノ函、《三宝院文书》二）；四月九日奉书（《平贺家文书》）；四月十一日奉书（《仁和寺文书》三）；四月二十一日奉书（《根岸文书》）；六月十七日奉书（《大日本史料》六辑之十五，第65页。《三宝院文书》）	
	畠山国清（左近将监、修理权大夫）	三月二十五日奉书（《二尊院文书》）；四月十三日奉书（《桂文书》）；四月十九日奉书（《东大寺文书》一回五）	四月十六日任权修理大夫
观应二年	桃井直常（右马权头、播磨守）	五月二十六日本所举状的名宛人（《御举状等执笔引付》）；七月四日奉书（《高桥幸平氏文书》）	六月二十六日任播磨守
	石塔赖房（右马头）	六月二日奉书（《市河文书》）	
	细川显氏（陆奥守）	六月八日奉书（《山内首藤家文书》）	

（5）禅律方

年份	头人	出处	备考
康永元年	散位某	九月六日奉书（《金泽文库古文书》第7辑第5528号）	
贞和二年	藤原有范（大学头）	九月二十日奉书（同上）	
贞和三年	藤原有范（大学头）	六月十日奉书（《净土寺文书》）	
贞和五年	藤原有范（治部卿）	五月九日奉书（《妙心寺文书》一）	
观应元年	藤原有范（治部卿）	三月六日奉书（《金泽文库古文书》第7辑第5528号）；四月六日奉书（《长门国分寺文书》）	

年份	头人	出处	备考
观应二年	藤原有范（治部卿）	六月十日奉书（《金泽文库古文书》第 7 辑第 5528 号）	七月三十日随直义逃往北方

（6）其他

年份	职位	人名	出处
康永元年	任官奉行（官途奉行）	二阶堂道本行秀	五月三十日记"伯耆入道申云，任官事奉行之间"（《师守记》）
	任官奉行（官途奉行）	石桥和义	六月三日记"和足（足利？）左卫门佐和义……任官奉行管领之间"（《师守记》）
贞和五年	任官奉行（官途奉行）	石桥和义	六月二日记载了官途奉行（《园太历》）。
贞和年间	任官奉行（官途奉行）	二阶堂道本	贞和年间，呈给道本的官途申状很多（《玉烛宝典》纸背文书）
贞和三年	内奏方头人（？）	中条举房	贞和四年四月庭中申状"先度属内奏方，为中条刑部少辅奉行，就叹申，去年四月廿八日被经御沙汰"（《吉川家文书之二》）
贞和四年	庭中方头人	长井高广	七月陈状奥书"于庭中方……长井缝殿头高广为管领"（《东寺百合文书》匕函）
	赋	摄津宗隼	"贞和四年……赋津隼入道"（《台览记并诸堂佛体数量记》）

二 尊氏、直义的权力区分与官制

上一节列举了室町幕府成立期的主要机构，并概述其职务内容。这些机构相当于幕府官制体系的分肢。各个肢体大致已明晰后，就要摆正它们的位置并组合起来。换言之，接下来的问题是将这些机构体系化，并阐明幕府官制的整体结构。如果我们将幕府官制的顶点是将军作为无须论说的前提，则这个问题就可以转换成，上述诸机构以何种形式与将军联系在一起。

然而，在开创期的室町幕府的政治中，占据特殊地位的是将军足利尊氏的弟弟足利直义。换句话说，一般认为此时幕府的政治出自尊氏、直义两端，也即幕府呈现出尊氏、直义的两头政治。[17] 若如此言，幕政是尊氏、直义的两头政治而非权力的分裂，那么尊氏、直义之间应当存在某种政治权限的划分与调整，幕府的官制也应该与此权限分配存在某种关联，并在此影响下体系化。因此，我们要回应上述问题，首先就要确定尊氏、直义间是否存在权限划分。而最便捷的方法就是，借助准确体现两人权力的古文书来归纳、比较各自权限。

这一时期尊氏、直义下发的文书按照形式大体可以分成三类：下文、下知状、御教书。御教书暂且不论，仅就下文、下知状而言，则下文有尊氏的袖判和直义的文末署名或袖判，而下知状上只有直义的文末署名或袖判。[18] 因尊氏与直义这一签发主体不同，文书内容也存在明显区分。

【补注：为何将考察对象限定于下文、下知状而不讨论御教书？简而言之，下文、下知状可以非常明确地反映签发者的权限，而御教书无法轻易展现这一点。众所周知，下文、下知状这种文书形式源于公文书的"上对下"类型。因此，这一形式只限于签发人行使其权限的时候，在当时，特别限于永久保障接收者的某种权益或因某些事由而恒久地约束接收者的情形。换言之，这个时代的下文、下知状是拥有恒久性效力的权力行使文书。相对而言，御教书本是一种私人文书，只是随时代推移而用来发挥公权的机能，且这种情况逐渐增多，但其用法也存在具体的区分。虽然被用作幕府的公文书，但与下文、下知状区别明显的一点是，它没有被用作拥有恒久效力的正式文书，而这也是因为御教书最初的私人文书性质。

大体而言，幕府的下文、下知状会直白、明确地表现出签发者的权限，而御教书不一定如此，因此从御教书中推测发出者的权限，有时可能而有时不可能。想要区别这二者，不能通过文书形式，而必须由具体的事实关系（发出者、领受者各自的地位，两者的相互关系，文书的内容）。以上就是暂时仅采用下文、下知状作为材料来考察尊氏、直义的权限划分的大体理由。】

从结论来讲，尊氏签发的文书只有下文，没有下知状。其中的下文只包括任命守护职的补任状，以及新赐领地的文书即"新恩充行状"。现存文书中，大部分新恩充行状都属于"勋功赏"下文，即为奖励战功而赐给领地时签发的下文。与此相对，直义签发的文书包括承认继续支配领地的安堵状，作为通关许可的"过所","禁制"*，诉讼判决的裁许状。在形式上"过所"使用下文，安堵状使用下文或下知状，裁许状、"禁制"使用下知状。以上结论参考了相田二郎在《日本的古文书》（上册第 298、321、326 页等）中的记述，并根据可以明确辨识签发人为尊氏或直义的文书，即能判明花押形状的"正文"（原本），以及签署部分留有官途的案文进行检证。

现存明确是尊氏、直义签发的文书在内容上有如此明显的相异之处，则它一定不是留存文书的偶然情况，而是部分事实（这里是指制度层面的事实）的正确反映。在省略花押原形的案文及后世的抄本中，多处可见恩赏下文的袖判位置批注了直义的名字，或安堵下文及裁许状的袖判、文末签名处批注了尊氏的名字，但这些注记并不能动摇上述的结论。我们反而应该根据上述结论校正注记的错误。

基于下文、下知状准确反映签发人权限这一前提，则尊氏、直义按内容签发不同文书作为制度层面的实情，就直接反映了各自在幕府中权限的划分，而以这种权限区分为线索，我们就可以阐明两者对于幕府诸机构的管辖关系。

首先来看尊氏。对比直义签发的文书，尊氏签发的文书只有守护职任补任状、新恩充行状两种，可以推知守护职的任命权（当然也包括罢免权）和赐予领地权力（当然也包括没收权）

---

* 中世统治者对寺社、町、市、村等区域的居民发布的命令文书，包含一定的禁止条目，有时也规定应该做的内容。

没有交给直义，而是作为尊氏的固有权限掌握在其手中。进一步说，关于这两项权力，没有任何证据显示直义在事务处理层面或者决策施行过程中有所参与，因此尊氏应是在全面排除直义参与的前提下掌控了这些权力。这些权力可以称作当时尊氏的亲裁权。

既然恩赏权属于尊氏的亲裁权，不难推测主管恩赏事务的恩赏方是尊氏的直辖机构。关于恩赏方，上一节仅确认其存在并推测其设立年代。据历应元年（1338）十月朝山知长的申状（《八坂神社记录》上，第6668页）中"欲及早受理所申报事，由本奉行人式部权少辅师英处置……蒙受恩赏"，贞和二年十二月十七日幕府下知状（小早川家文书之一）"属杂贺隼人入道西义，依之申恩赏"等，可知恩赏方推举奉行人来受理、审议恩赏申请。并且，如"清秀等改替事，为恩赏方处置"（善通寺文书《康永三年八月七日裁许状》）所示，所谓"恩赏替地沙汰"——一度作为恩赏而赐给武士的领地，因本主的诉讼而失去时，幕府给予替换领地——也归恩赏方负责。此时虽无确凿证据指明恩赏方的头人名姓，但诸国武士提出申状请求恩赏时，随文附带的该国守护或统领大将的推荐信的收件人是"武藏守殿（高师直）"，推测头人应该是高师直。

接下来我们关注守护任免权的问题。个人认为，镰仓时代末期，侍所是直接管辖守护的机构，[19] 而侍所与守护的这种关系大概也直接延续到了室町幕府时期。因为之前支撑两者关系的基本条件，也即两者均以刑事裁判、警察及统率御家人为基本权限，特别是刑事裁判方面，侍所是守护的上级裁判机关这一制度设计在此时代也延续了。[20] 由此我们可以推断，尊氏直接管辖侍所，并通过侍所掌控守护。幕府开创期的侍所头人由世代侍奉足利家的家人高氏担任（参照上一节内容），与镰仓时代侍所头人由得宗被官担任、六波罗检断方头人由探题被官担任的人事政策如出一辙。而这也进一步证明了上述推论吧。前文推测由尊氏直接管理的恩赏方，与侍所、守护在职务上关系密切，也是有必要展开说明的。在恩赏方的主要职务，即审理战功恩赏（勋功赏）方面，带有侍所或守护之证判（证明文字）的"著到状"或军功状，是具有决定性意义的申请材料。可以说恩赏方的职务活动是以侍所、守护之职权范围内的战功认定工作为前提的。

接下来分析直义。他签发的文书种类繁多，其涉及权限及管辖机构自然也复杂多样。为便于叙述，此处先整理直义签发的下文、下知状（按年份顺序排列，收录时间从幕府创立的建武三年十一月到直义失败的观应二年八月）：

表二 直义签发下文、下知状目录

年月日	形式	内容	出处
建武三年十二月二十一日	下文	安堵	《安保文书》
建武四年三月七日	下文	安堵	《二阶堂文书》
建武四年四月三日	下文	让与安堵	《松浦文书》
建武四年七月三日	下文	安堵	《鹤冈神主家传文书》
建武四年七月三日	下文	纷失安堵	《茂木文书》

年月日	形式	内容	出处
建武四年十一月十八日	下知状	禁制	大通寺文书
建武四年十一月十八日	下知状	禁制	《高野山文书金刚三昧院文书》
建武四年十二月十七日	下文	安堵	《住吉神社文书》
建武四年十一月二十一日	下文	让与安堵	《长福寺文书》
历应元年八月二十七日	下知状	裁许	《石清水八幡宫记录》
历应元年九月十一日	下知状	裁许	《熊谷家文书》
历应二年二月七日	下知状	裁许	《圆觉寺文书》
历应二年二月十八日	下文	让与安堵	《土岐文书》
历应二年十一月八日	下文	让与安堵	《丰后国古文章硕田丛史四十四上》
历应二年十二月九日	下知状	裁许	《东寺文书射》
历应二年十二月十三日	下文	过所	《高野山文书金刚三昧院文书》
历应二年十二月十七日	下知状	裁许	《八坂神社记录》下
历应三年三月二十七日	下知状	裁许	《熊谷家文书》
历应三年五月十七日	下知状	纷失安堵	《田代文书》
历应三年七月十七日	下知状	裁许	《长福寺文书》
历应三年八月二十一日	下知状	裁许	《东寺文书射》
历应三年九月二十七日	下知状	裁许	《真福寺文书》
历应三年十一月二十一日	下文	让与安堵	《岛津家文书之一》
历应四年二月二十七日	下知状	裁许	《师守记》
历应四年三月十七日	下知状	裁许	《朽木古文书》
历应四年四月二十一日	下知状	裁许	《熊谷家文书》
历应四年四月二十三日	下知状	纷失安堵	《萩藩阀阅录》五十八内藤
历应四年四月十七日	下知状	安堵	《古迹文征》
历应四年八月二十一日	下知状	裁许	《三宝院文书二》
历应四年九月十一日	下知状	裁许	《岛津家文书之一》
历应四年九月二十一日	下知状	裁许	《川濑佐一氏所藏文书》

续表

年月日	形式	内容	出处
历应四年十月二十一日	下知状	裁许	《临川寺重书案文》
历应四年十月二十三日	下文	让与安堵	《吉川家文书之二》
历应四年十月二十三日	下知状	裁许	《备后净土寺文书》
历应四年十一月二十一日	下知状	裁许	《东寺百合文书》
历应四年十一月二十七日	下知状	裁许	《水无濑宫文书》
历应四年十二月二十一日	下知状	裁许	《仁和寺文书三》
康永元年八月二十一日	下知状	裁许	《久我文书》
康永二年十月二十二日	下知状	裁许	《神护寺文书》
康永二年十一月二十日	下知状	买得安堵	《秋田藩采集古文书》一
康永三年闰二月二十一日	下知状	裁许	《东寺百合文书》ゐ函
康永三年七月七日	下知状	裁许	《斑鸠旧记类聚》
康永三年八月七日	下知状	裁许	《善通寺文书》
康永三年九月十七日	下知状	裁许	《大德寺文书之四》
康永三年十一月十七日	下知状	裁许	《岛田文书》
康永三年十二月二十七日	下知状	裁许	《临川寺重书案文》
贞和元年四月二十七日	下知状	裁许	《三宝寺文书三回五十三》
贞和元年五月二十七日	下文	让与安堵	《池田文书》
贞和元年六月十七日	下知状	裁许	《二尊院文书》
贞和元年七月十七日	下知状	裁许	《伊东文书》
贞和元年九月二十七日	下知状	裁许	《备阳记》
贞和元年十月二十七日	下文	让与安堵	《正闰史料》二辑二
贞和元年十一月十七日	下知状	裁许	《地藏院文书》京大本
贞和元年十一月十七日	下知状	裁许	《本乡文书》
贞和元年十二月十七日	下文	让与安堵	《田总文书》
贞和元年十二月十七日	下知状	裁许	《岩田佐平氏文书》
贞和二年二月二十七日	下知状	裁许	《密井文书》

年月日	形式	内容	出处
贞和二年三月七日	下知状	裁许	《前田家所藏文书藏书》阅览笔记三
贞和二年三月二十九日	下知状	让与安堵	《山内首藤家文书》
贞和二年三月二十九日	下知状	让与安堵	《熊谷家文书》
贞和二年四月七日	下知状	裁许	《久我文书》
贞和二年四月七日	下文	让与安堵	《中条文书》
贞和二年六月十七日	下知状	裁许	《久我文书》
贞和二年七月十九日	下知状	裁许	《三浦和田文书》
贞和二年闰九月二十七日	下知状	裁许	《东寺百合文书》せ函
贞和二年十月七日	下知状	裁许	《田中教忠所藏文书》
贞和二年十月二十七日	下知状	裁许	《一乘院文书》京大本十二
贞和二年十月二十七日	下知状	裁许	《密井文书》
贞和二年十二月十七日	下知状	安堵	《小早川家文书之一》
贞和二年十二月十七日	下知状	裁许	《熊谷家文书》
贞和二年十二月十七日	下知状	裁许	《神护寺文书》前田家本
贞和二年十二月二十七日	下知状	裁许	《若王子神社文书》
贞和二年十二月二十七日	下文	让与安堵	《鹿王院文书》
贞和三年三月十七日	下知状	裁许	《中条文书》
贞和三年四月十七日	下知状	裁许	《水无濑宫文书》
贞和三年八月二十七日	下知状	裁许	《萩藩阀阅录》五十八内藤
贞和三年十一月七日	下知状	裁许	《熊谷家文书》
贞和四年五月十七日	下文	让与安堵	《三浦和田文书》
贞和四年八月二十七日	下知状	裁许	《高野山文书之八》
贞和四年九月十七日	下文	安堵	《诧磨文书》
贞和四年十二月七日	下知状	裁许	《八坂神社记录》下
贞和四年十二月二十七日	下知状	裁许	《三浦和田文书》
贞和四年十二月二十七日	下知状	裁许	《萩野文书》一

续表

年月日	形式	内容	出处
贞和四年十二月二十七日	下知状	裁许	《建内文书》七
贞和五年五月二十八日	下知状	裁许	《东寺百合文书》コ函
贞和五年闰六月二十七日	下知状	裁许	《若王子神社文书》
贞和五年闰六月二十七日	下知状	裁许	《东寺百合文书》せ函
观应元年五月七日	下知状	裁许	《岩松家系附考拾遗》
观应元年五月十一日	下知状	裁许	《金莲华院文书》东洋文库所藏
观应二年五月二十一日	下文	让与安堵	《三河惣持寺文书》
观应二年六月十九日	下知状	裁许	《久我文书》

备考:《古文闻书》所载《八木文书》中，有观应二年二月十九日直义对八木新左卫门尉秀清赐予勋功赏的下文(《大日本史料》六辑之十四，第765页)，日期下留有"直义(花押)"，即文书采用了"日下署名"的格式。这与其他直义签发文书中采用的"奥上署名"(历应四年十月二十三日下文为止)或袖判(康永四年五月二十七日下文以降)不合，因此暂时不收入表中。并且，上表中《诧磨文书》所收贞和四年九月十七日下文，表面上看接收人姓名像是新添加的，但从内容上判断是安堵状。

将表二中直义签发的文书按照内容分类，大体包括安堵、过所、禁制、裁许四种。安堵还可进一步分为一般安堵、让与安堵、买得安堵、纷失安堵四类。基于尊氏的例子分析，这些事务的最高裁决权应该掌握在直义手中，若存在主管这些事务的机构，则它们应归直义管辖。

从上一节所引史料可知，该处提到的安堵方负责一般安堵与让与安堵。关于买得安堵的管辖机构，虽无明证，但考虑到同样以卖券(沽却状)为主要审理材料的"沽却田畠"(买卖田地)纷争，自镰仓时代以来都归问注所管辖(《沙汰未练书》)，因此买得安堵也归问注所负责吧。南北朝到室町初期成书的《庭训往来》八月七日状，列举了问注所的执掌内容，"永代沽券"

之后列举的"安堵"应当不是一般安堵，而应该是对"永代沽券"的安堵，即对田地的买卖进行安堵。

接下来是负责纷失安堵的管理机构，其随时期不同而不同，至贞和二年经历了（1）恩赏方、安堵方、问注所，（2）内谈方，（3）恩赏方、安堵方、问注所、内谈方三个阶段（室町追加法第20条）。表二所举三例（建武四年、历应三年、历应四年）可能都属于（1）的时期，不过难以确定是归安堵方还是问注所负责（因为是直义的下知状，所以可排除恩赏方）。关于禁制的管理机构也不清楚。有证据显示（《圆觉寺文书》第116号《历应元年正续院杂掌申状事书案》），关东早在建武三年五月就存在名为"制札方"的机构，不过不能确定京都也有此机构。

最后是裁许。表二所举直义签发的裁许全是领地诉讼（所务沙汰），没有债券动产诉讼（杂务沙汰）、刑事诉讼（检断沙汰）内容。上一节已述，负责领地诉讼的机构有引付方、内谈方（康永三年三月至贞和五年）、禅律方、庭中方、内奏方、仁政方，而越诉方的存在也须考虑。另外，如后所述，当时也存在不通过以上诸机构的特别方式（"御前沙汰"），不过从之后义诠时期（1358—1367）的例子来看，这种方式下的判决不通过下知状发布，故在此可以先排除。我们无法一一确定直义所签裁许各自对应的负责机构，但考虑到引付方、内谈方是领地诉讼的核心机构，则不难推测这些裁许案例大半归这两个机构负责。不仅如此，有些裁许状正文中明确记述在引付、内谈的办公地进行当事人对质、案件审理等事项，有些则注明了内谈方头人、奉行的名字，有些的文书间隔处留有引付方、内谈方头人的署名。这些皆可以证明它们归引付方、内谈方所管。[21] 由此可推知，引付方、内谈方归直义管辖。并且，贞和二年（1346）七月十九日的裁许状称，"依诉申之，于一方内谈（旁注略）商议，返交禅律方，所纠决也"，表明该案件最终由禅律方处理。这无疑证明禅律方也归直义管辖。

综合以上内容可知，安堵方、引付方、内谈方、禅律方受直义管理，问注所大概也是类似情况。对于庭中方、越诉方、仁政方、内奏方等司法救济机构，暂无证据表明归谁管辖。另外，关于前节表一所举"官途奉行（任官奉行）"，根据该奉行领受直义的命令向朝廷申请"除目闻书"（《师守记》"康永元年［1342］五月三十日"条、同年"七月十三日"条），可知此事也归直义管辖。关于政所，详细论述留待后日，大体上来讲，没有直接史料能说明政所在幕府官制体系所占地位，不过考虑到在职能层面或人事层面都与政所关系密切的御所奉行、祈祷奉行原本都负责将军的个人事务，因此其直属于将军的特质很强。由此推测，政所也应该被视为将军的直属机构。

最后不可忽视的是评定。在镰仓幕府制度下，幕政最高裁决机构是由评定众加上执权、连署构成的评定会议，如领地诉讼之事，也需将引付起草的判决原案提交给评定，由其判决（裁许状所署日期定是评定会议进行判决的日期）。[22] 室町幕府也存在评定，可以由不少法令（室町追加法第1、3、5条等）有"某年某月某日评"字样，以及推定为康永三年之后的一份申

状中"终判光秋于重科之事，御评定落定"（《东大寺文书》二
回之十五）、观应元年七月一份奉行人书状中"任六月十九日
评定落定"（《高野山文书》之一，《宝简集》第 512 号）等证明。
不过，这一评定是直义所辖政务的最终裁决机关，会议估计是
在直义亲临指挥下进行。

如此推论，有以下四点论据：一、直义所管的禅律沙汰事
务，经禅律内谈后需要按规定提交至评定（《金泽文库古文书》
第 7 辑第 5486 号）。二、根据表二直义裁许状的日期推测所得
的裁许的式目，与从引付、内谈奉书的日期（参照第 215 页表
一"引付方"项）大概估算的引付、内谈的日期，以及前引史
料（第 209 页）所见禅律沙汰日期并不统一，结合第一点所论，
可知直义裁许的日期就是评定集会的日期，而归安堵方、引付
方、内谈方负责的诸事务也如同禅律沙汰一样，是经过各自机
关审理后提交至评定裁决。三、评定所正设在直义府内（《日
次日记》［地藏院房玄法印日记］"贞和四年七月十七日"条），
评定结果也以直义的名义下达。四、没有证据显示尊氏管辖的
恩赏方、侍所所负责的事务经评定审理或裁决，换言之，没有
证据推翻评定由直义专管这一结论。

那么作为评定的成员，那些直接参与直义的政务裁决的评
定众有多少人，又都是谁呢？康永三年三月的 B 表即内谈方构
成表（参照第 206 页）中Ⅲ方中的疋田妙玄，在同年四月去世
时被称作"武家评定众"（第 271 页注 7 所引《师守记》），由此
可知位于其上的五人（头人上杉重能、二阶堂行珍、佐佐木善观、

宇都宫莲智、问注所显行）自然也属于评定众。在这个人员构成表中，各番的人员配置大体相同，因此推测Ⅰ方、Ⅱ方中上位者六人（Ⅰ方至藤行重，Ⅱ方至明石法隼）也是评定众应无大错。即三方制内谈方构成表中各方六名共计十八人为评定众。

并且如前所述，结合基本包含B表人员的A表（五番制引付方构成表）来分析：B表Ⅰ方中最下位的评定众后藤行重，在A表位于五番第八位；Ⅱ方最下位的评定众明石法隼，在A表位于一番第九位；Ⅲ方确定为评定众的疋田妙玄不见于A表，其上的问注所显行在A表位于四番第七位。如此，A表中一番的上位者九人、四番的上位者七人、五番的上位者八人都是评定众。二番、三番大概也是同样的构成。那么以A表为大体的标准，一到五番中上位者各八人属于评定众（各番最上位者也是头人），以下为奉行人。三番第十位斋藤利泰在八年后的观应二年终于成为评定众（《园太历》"观应二年三月二十八日"条），四番第七位问注所显行出席了贞和二年正月七日的评定始（《玉烛宝典》纸背文书）等事实，也基本验证了上述推算。由此所知，A表包含的评定众是各番上位者八人合计四十人，B表是各番上位者六人合计十八人。B表中的十八人有十五人与A表重复（参照上一节），去除之后知A、B两表共四十三人是评定众成员。引付方、内谈方以外的机构可能也存在评定众，但从机构规模来看，其数量不大，或许像其头人一样，也是由A、B两表中的人员兼任。那么我们可以认为A、B两表中所示的四十余人，接近康永三年时评定众的全体人员。这些人员的出身可大致分为以下两类（括号内显示人数）：

表三　评定众成员分类名单

第一类	足利一门及其被官	吉良（二）、细川、石桥、上杉（三？）、高（三）
第二类	足利一门之外的武士	二阶堂（七）、长井（六）、佐佐木（二）、宇都宫（二）、中条（二）、后藤（二）、町野（二）、波多野、太田、水谷、摄津、东、岛津
其他	出身不明者	疋田妙玄、三河判官入道

第一类足利一门及其被官十人中，引付方、内谈方的头人共七人。而且这十人在观应扰乱中，果断站到反直义阵营的只有高师直、师泰兄弟，其他人基本都从属于直义阵营。不过在直义行将失败时，石桥和义等若干人有投靠对面阵营（尊氏、师直派）的迹象。

第二类足利一门之外的武士，最明显的特征是基本都出身于世代担任镰仓幕府评定众的家族。[23] 之前对人名的考证显示，有几人在镰仓末期也担任过评定众、头人、执事，其中还有人曾入职建武政府。拥有上述经历者还有很多吧。从他们的苗字或者官途地位来看，可以肯定就算本人没有这样的履历，其出身的家族成员也存在类似情况。

表中还有三点值得特别注意。首先，二阶堂氏与长井氏两家涌现了十三位评定众。前者自镰仓时代以来将政所执事作为家职，一族皆担任镰仓、六波罗的评定众；后者作为大江广元的嫡流，一族也辈出评定众、头人。其次，中条、后藤、波多野、町野、水谷、岛津等家族出身的人也非常多。这些家族中的不少人作为镰仓时代以来在京武士中势力最强之辈，担任了六波罗的评定众。最后，属于第二类的评定众在观应扰乱中似乎绝大多数没有选择高师直的阵营，反而是明确站在直义一方行动，在观应二年八月直义逃往北方时与之同行者也不少（参照《观应二年日次记》"七月三十日"条、《园太历》"八月十二日"条等）。上述几点是分析观应扰乱时期直义权力基础时的重要线索吧。

综合以上推论，用图示概括表示，则下图便是开创期室町幕府官制的框架：

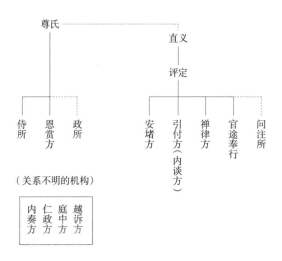

三　官制体系形成的政治背景——代结语

室町幕府开创期的官制体系大体如上节所述，那么我们接下来应该思考，位于该体系顶点的足利尊氏与足利直义的权力，处于何种政治基础之上。

在此先对比尊氏与直义的权限。尊氏掌握了对武士的军事指挥权、行赏权，直义掌控了民事裁判权、领地安堵权。更抽象地讲，尊氏的权限是主从制性质的支配权，直义的是保障统治领域内的财产权的权力，带有很强的统治权的性质。

两者的权限包含了诸多不同的性质，这里我仅关注这种权限与各自政治根基的关联。尊氏掌握的主从制性质的支配权，是直接为尊氏与被支配者的关系（主从关系）奠定基础的权能，反过来说，以此种权能为核心形成的尊氏的权力，直接受到主从关系之状态的约束。换言之，尊氏与被统治者处于以主从制性质的支配权为媒介的相互制约的关系上，因此可以说，尊氏的权力基础已经纳入尊氏掌握的主从制军事组织之中的被统治者集团。与此相对，直义的权限表现为在被统治者间发生纷争时，作为第三者的裁定权，本身并非直接建立在直义与被统治者关系之上。在行使该权力时，即裁定被统治者间纷争时，采用何种法律与法理，选择何种政策即权力行使的方式、效果，会左右直义与被统治者间的关系。也就是说，直义的权限只不过是通过行使权限的形态，间接地制约被支配者。若如此，对于直义而言，其权力形成最重要的因素在于行使权限的效果如何，故而直义权力的基础应该是能直接决定行使权限效果的因素，那不是形式上的决定权，而是具有事实上的决定力的因素。

那么，这种具有决定性力的因素是什么？如在领地诉讼裁判权方面所清楚展现的那样，一般而言它包括幕府法的直接担当者奉行人、评定众、头人，以及由他们组成的诸机构（上一节所见直义管辖下的诸机构。这里做出"一般而言"的限定，是因为特殊情形下，出现了排除诸机构的权力、由直义直接掌握的决定权的倾向。如下文所述，这一点体现了幕府官制史的发展趋势）。

这些机构多成立于镰仓中期之前，传承已久，具有作为镰仓式幕府秩序之维持者的基本性质，且其职位多由符合这种机构性质的武士把持。前举康永三年（1344）引付及内谈成员表便清楚说明这一点。该表可能涵盖了当时大部分评定众（包括头人）、奉行人，就其中的四十余名评定众而言，如上所述，除了足利一门及被官十人，另外的三十余人基本上都出身于镰仓幕府评定众的家族。足利一门及被官的这十人，除了明显是足利被官的高师直兄弟，其他人和家族，如吉良、石桥，是足利一族中地位最高的，如果上杉家传谱系可信，则上杉家也几乎拥有足利本家同等的待遇（此处暂不考虑细川氏）。他们大体上属于所谓的传统豪族阶层，作为镰仓幕府创立以来的实力派御家人，在东国有本领、在诸国有分散领地。其家格地位、经济基础正是立足于镰仓模式的幕府秩序之上的，严谨地说是立足于由执权政治体制保障的地头御家人制秩序。如尾注（参照注5）所言，约五十名奉行人中，有不少明确担任过镰仓或六波罗的奉行职务（一些人还入职过建武政府），其余的从苗字来推测，也多有类似履历或出身奉行人家族（雅乐、门真、关、伊地知、杂贺、安富、下条、杉原、饭尾、三须、斋藤、富部、治部、松田、佐藤、布施、岛田、和田、津户、大野、粟饭原）。只有依田、志永、白井、中泽、青砥、药师寺、诹访等七氏（七人）无法在之前奉行人中找到苗字相同者（诹访氏可能出自之前的得宗被官诹访氏）。这些奉行人在经济地位上大体次于评定众，但也不是镰仓幕府秩序的叛离者。综上可知，不论是从管辖机构性质看，还是机构成员的性质来看，构成直义权力之基础的都是镰仓幕府政治秩序的支持者。

那么，尊氏的权力基础有着怎样的特征呢？作为尊氏的幕府军事力量而组织起来的武士集团，就身份谱系或阶层而言，包括镰仓以来地头御家人、非御家人、从农民发展为武士的新兴武士等多种类型。不过根据当时他们的"第一行动原理"，也即在地领主制的形成这一线索来观察的话，大体可分为两个利害对立的武士群体：一类是出身东国并经营各地散在领地的地头层，典型的是镰仓时代以来担任评定众、守护等的豪族阶层；另一类是畿内、西国的"地侍"武士层。两者在排除庄园领主统治的层面上利害共通，但围绕在地领主制的形成基础，两者又存在尖锐对立：前者重视保有自上而下赐予的传统的职，后者强调现实的现地支配（当时的恩赏地纷争，即新恩地获得者与该领地旧主的纠纷，便展现了这一对立相克关系的侧面）。

我们无法简单断定开创期的室町幕府，或者更直接地说，足利尊氏更重视这两类武士群体中的哪一个，不过在镰仓末期最激烈反抗镰仓幕府体制的是畿内及其周边武士，再结合室町幕府不得不以京都为根据地的政治、军事状况来看，不难推测第二类尤其是畿内及其周边的地侍武士层的动向更不可忽视。并且，我们注意到幕府对待上述恩赏地纷争中的态度变化，即从康永年间的职优先主义，变为延文年间的恩赏权优先主义，[24]也基本可推断经过南北朝内乱后，后者的比重得到了增长。不论如何，尊氏的权力依靠上述两种力量支撑，其中一种（东国出身的地头层）与直义的权力基础大体相同，另一种即畿内、西国的地侍武士层，若不考虑他们能否期望获得幕府以外的权力（南朝）保护，则他们只依靠尊氏，除了依附尊氏以外别无维护自身利益之途。

然而还有一个问题需要补充，就是前文在考察直义的权力基础时指出，一般而言，对于其权力行使效果具有决定性影响的是评定众、奉行人及其组成的机构，但在特殊、部分情况下，也有另外的力量发挥作用。所谓特殊、部分的情况到底是什么？由此有无必要修正关于直义的权力基础的论述，或者添加补注？以下将分析这一问题。

概观室町幕府开创期的官制史，大体可如上划分尊氏、直义的权限，由此以二人为顶点的诸机构就组成两大支系，看上去很稳固，但仔细观察就会发现两个预兆性事实，暗示了发展至下个阶段的新体系：其一是尊氏与直义各自所管机构在权限上的角力，如纷失安堵的管辖机构到贞和二年共经过①恩赏方

（尊氏系），安堵方、问注所（直义系）；②内谈方（直义系）；
③恩赏方（尊氏系），安堵方、问注所、内谈方（直义系）三
次变更（室町追加法第20条。还可参照第233页）所示，两
系机构对职权展开争夺。[25] 其二是直义和所辖引付方的关系的
变化，直截了当地说，是直义开始吸收引付方的一部分权力，
强化自己亲裁权的行动。就前者而言，一言以蔽之，那是观应
扰乱前夕尊氏、直义两派之争在官制史上的反映，是官制体系
（因此也是幕府权力）走向一元化的尝试。此处我们分析后者
的政治意义。

首先，举具体事例来看，历应三年（1340）四月十五日法
令规定，侵占寺社本所领地之辈，若违背下知御教书，与守护使、
使节发生战斗，则"奉行人携随身文书，直以呈报，即裁判其
罪名"，并且这一规定要"触仰"（通告）五方引付（室町追加
法第6条）。这是说被控告侵占寺社、本所领地的人如果不遵
从幕府命令、以武力对抗使节执行命令，那么担当奉行可不经
引付，直接呈报直义，听取直义的裁决。这意味着对于特定状
况的侵占领地诉讼，可绕过引付方的审理，即直义被赋予了亲
裁权。本章第一节推定成立于康永三年三月左右的三方制内谈
方，也显现出了相同的倾向。在五番制引付方改组的几乎同一
时期，幕府新设了三方制内谈方，将向来由引付方负责的领地
诉讼纳入后者的管理范畴。其理由何在？前列引付方、内谈方
构成表，分析了各自成员的情况。如其所示，五番制引付方中
各番十八至十九人，合计九十四人；三方制内谈方中各方十一

人，合计三十三人。这三十三人中多达三十人，换言之，几乎全员都在引付方的九十四人之中。也就是说，这是从引付方的九十四人中选派三十人组成内谈方。选拔的条件为何？可能包含了几种因素。现在我们无法详查，不过有一点是明确的，即引付方所属奉行人地位靠后者，即每番的第五至九人没有进入内谈方。换言之，引付方中位次较低者不能进入内谈方。为何内谈方需要规定比引付方更严格的条件呢？在此我想起之后的御前沙汰众与御前未参众的区别，[26] 因为在内谈方的会议内谈时，有引付会议见不到的高位者列席，而这位高位者可能就是直义。以上推论如果没错，则新设内谈方代表了直义向直接领导领地诉讼事务迈出了重要一步，由此对引付诸机构的相对独立性造成了重大干涉。

直义这种对亲裁权的强化，以及引付方权限随之而来的缩减的趋势，在义诠代替直义担任执政后愈发明显。以直义即将逃离京都的观应二年（1351）六月为分界，引付头人的奉书完全不见于史料，取而代之的是义诠自署的御教书。结合同年十月一份申状"此间不置管领，自赋被遣奉行条违例"（《东大寺文书》四回之四十二）的内容来看，这正是废止引付方的结果。之后的发展不属于本文的讨论范围，不过单说结论，引付方虽得以恢复，但失去了往日的权力，最终被纳入将军亲裁权确立之产物即管领的支配之下。

直义强化亲裁权、削弱引付的举措奠定了此后幕府官制史的演化方向，那么这些举措是如何推动的呢？前述历应三年的特别手续，即省去引付的审理流程而由直义亲裁，旨在对寺社本所领地遭到侵占的诉讼发起人提供周到的保护；观应二年六月义诠废除引付，以自判御教书下达强制执行命令这一非常规措施，也禁止地头御家人等侵占寺社本所领地，且此时幕府发布了新法令，对于顽固违抗命令者处以没收其一半领地的重罚（室町追加法第55条），因此这也是为了保护寺社、本所利益而采取的措施。但是反过来，次年五月引付恢复（《园太历》"五月一日"条），与此几乎同时，幕府发布了大幅度缓和前述法令的半济令 *（室町追加法第56条）。由上述这类事实，不难推测是谁在支持直义或义诠的亲裁了吧。

如此思考，作为幕府开创期官制史上的一种潜在动向，直义树立亲裁权的举措，也可以说是直接源于庄园领主（寺社本所）势力对直义的压力。如果不能掌握庄园领主势力，直义的统治方式就无法成型，更不可能维持。直义执政末期（内谈方被废止、引付方恢复的时期），"定及寺社□事务之处置，武家探题（义诠）于时典厩进京，可为近日之事，有其闻"（《东大寺文书》四回之八十九《观应元年十月日申状》），庄园领主对义诠的到来抱有很大期望，也验证了上述推断吧。

我们应该从哪里寻找统一且发展地审视武家官制史的线索呢？起码从时间段来说，作为政治体制重大转换期的南北朝是

---

* 南北朝战乱期间一种特殊的军粮筹措制度，诸国守护征收庄园、公领的一半年贡、赋税分给所管武士，作为军粮。

非常合适的研究阶段吧。本文便是立足于此，考察南北朝初期幕府权力的二元分化及其与官制体系的关系。第三节所论的部分，即权力及官制体系的二元化现象出现在怎样的政治背景之下，完全只是试论而已。随着今后南北朝政治史研究的深入，定能找到弄清这些问题的方法吧。

而且，室町幕府开创期的权力及官制体系的二元化现象，是否是在这个时期突然出现的呢？它与镰仓幕府有怎样的关联？倘若它早已存在于镰仓幕府中，以此为线索，也许能构建出贯彻整个镰仓、室町时代的武家官制史。这也是笔者本人今后研究的课题。

注 释

序章

1　下文关于律令制中天皇与太政官的关系，主要参考了石尾芳久『日本古代の天皇制と太政官制度』，早川庄八「律令太政官制の成立」（坂本太郎博士古稀纪念会编『続日本古代史論集』上卷）、早川庄八「律令制と天皇」（『史学雑誌』第 85 编第 3 号）、早川庄八「大宝令制太政官の成立をめぐって」（『史学雑誌』第 88 编第 10 号。以上三篇收于早川著『日本古代官僚制の研究』）。关于诏书的发布手续，参照相田二郎『日本の古文書』上卷。另外，早川氏第一篇论文中关于敕符的发布部分，受到了石尾氏的批判（「太政官制度論」『古代の法と大王と神話』）。

2　在天武朝，如"药官"这样带有"官"字的机构名，可见藤原宫遗址出土的木简（根据一同出土的木简上的纪年或冠位，推定为天武朝或此前之物）中"陶官召人"的记载（鬼头清明「藤原宫下層大溝出土の木简について」『日本歴史』第 374 号）。

3　关于『貞観儀式』制定的年份，栗田宽氏认为是贞观十三年九月到贞观十四年十二月之间（「貞観儀式考」『栗田先生雑著』）；和田英松氏推断是贞观十四年十二月之后（『本朝書籍目録考証』第 282 页）。

4　关于弹正台的监察制度（包括令制上的权限、运作流程及执行惯例等），参照石尾芳久「律令国家の裁判制度」『日本古代法の研究』。

第一章

1　以上有关 9—11 世纪地方统治方式的变化，主要参照坂本赏三『日本王朝国家体制論』，但福田丰彦氏以 12 世纪出现的以下四种现象作为王朝国家成立的标志：一、关东出现了中世特质的郡乡；二、关东出现了寄进地型庄园；三、全国范围的国衙领的重整，郡乡、别名体制的成立；四、权门领地的重组（シンポジウム日本歷史 7『中世国家論』）。另外，森田悌『研究史王朝国家』对 10 世纪初到 11 世纪中叶的王朝国家的研究进行了整理和详细介绍。

2　以下对藏人所的考察，特别是关于创立到 10 世纪藏人的出身官署及其变化、藏人所的基本性质的形成，除专门注释出处外，基本参照了玉井力「成立期藏人所の性格について―補任者の檢討を中心として―」（『名古屋大学文学部研究論集史学 20』）、「九、十世紀の藏人所に関する一考察―内廷経済の中枢としての側面を中心に―」（『名古屋大学日本史論集』上卷）。以上两篇收于玉井著『平安時代の貴族と天皇』。

3　关于这些内廷相关的小官署的产生，参照菊池京子「「所」の成立と展開」『史窓』26 号，也收于『論集日本歷史　平安王朝』。

4　关于这一点，参照尾注 2 所列玉井力的第二篇论文以及网野善彦「中世における天皇支配権の一考察―供御人・作人を中心として―」『史学雜誌』第 81 編第 8 号，后收入网野著『日本中世の非農業民と天皇』。

5　关于检非违使的研究，战前有浅井虎夫「併婦使庁考」（『史学雜誌』第 14 編第 1、2 号）、三浦周行「明法家と檢非違使」（收于『統法制史の研究』根据成稿年表，此论文完成于明治三十六年）、谷森饶男「檢非違使を中心トシタル平安時代ノ警察状態」（大正十年）、小川清太郎「檢非違使の研究」（『早稲田法学』第 17、18 号，昭和十三、十四年）、小川清太郎「庁例の研究」（『早稲田法学』第 16 号，昭和十二年）等。
　　战后则有井上满郎「檢非違使の成立と摂関政治」（『日本史研究』第 93 号，后收入『平安時代軍事制度の研究』第二章第一节，改名为"檢非違使の成立"）、上横手雅敬「平安中期の警察制度」（竹内理三博士还历纪念会编『律令国家と貴族社会』）、森田悌「檢非違使の研究」（『平安初期国家の研究』）、森田悌「平安中期檢非違使についての覚書」（『日本史研究』第 129 号。后收入『平安時代政治史研究』改题为"摂関期における檢非違使"）、大饗亮『律令制下の司法と警察―檢非違使制度を中心として―』等。本书主要参考了谷森、大饗的两部著作以及井上氏的论文。

关于作者最关心的 12 世纪以降检非违使的情况，有黑田纮一郎「中世京都の警察制度」(同志社大学人文科学研究所编『京都社会史研究』，后收入黑田著『中世都市京都の研究』)、村山修一『都市生活の源流』、五味文彦「使庁の構成と幕府—12—14 世纪の洛中支配—」(『歴史学研究』第 392 号)、清田善树「検非违使の支配地域と裁判管轄」(『年報中世史研究』創刊号) 等。

6　这份宣旨引用「天长九年七月九日格」中"又去弘仁十一年十二月十一日宣旨称，检非违使所掌之事，与弹正同，临时宣旨亦纠弹之者"(『類聚三代格』卷二十)。检非违使的这项执务随后被固定为「検非违使式」的条文："凡使 (检非违使) 之所掌，准弹正弹事，并依临时宣旨行之。"(『政事要略』卷八十四「延长七年九月十九日太政官符」所引内容)。

7　据前注所举「延长七年九月十九日太政官符」："太政官去宽平七年十二月廿二日给使等符系，检非违使别当中纳言兼行左卫门督源朝臣光奏状称……按此等文，使等所掌，非啻准弹正之事，兼行追禁推拷之法，然则至准弹正，须自见及风闻，即纠弹其犯。"

8　参照前注。

9　其中对于逃犯，『延喜式』(弹正台) 规定"凡犯人逃走，令检非违使追捕"。

10　关于「検非违使式」制定的年份，根据『本朝书籍目録』中"贞观十七年四月廿七日，中纳言南渊年名等撰进"(另可参照和田英松『本朝书籍目録考证』)。包括此处所举条文在内的「検非违使式」逸文，收于和田英松编『国书逸文』。

11　『九条家本延喜式裏文书』所收万寿三年八月廿六日左看督长纪延正等解称，因牢房朽烂，所囚犯人逃走，因此"狱直看督长等罢当御勘"，由此可知，使厅的看督长负责牢狱的宿卫、看守工作。

12　在这篇文章中，如果关注"显职温官"中"职"与"官"的用法，则"显职"即"掌国典朝威之严""警卫判断之职"，"温官"(收入较高的官) 是作为"一朝枢要"的"二寮头助"。也就是说，后者为令制中的官，而前者是非官之职 (即令外官)。那么从职务内容来看，前者几乎就是指检非违使，我们从这篇文章也可以看出，当时明法博士兼任检非违使已经司空见惯。后者为温官，结合常常由算博士兼任的事实，则参照下文所举承历四年主税、主计两寮头助的解文 (第 33 页)，就不难推测其正是主税、主计两寮的头助。

13　以下有关辨官局大少史的情况 (至第 34 页)，参照桥本义彦「官务家小槻氏の成立とその性格」『平安贵族社会の研究』。

14　以上关于「職員令」的解释，参照『日本思想大系　律令』对各条的注解。

15　『官職秘抄』的作者平基亲，在建永元年（1206）以 56 岁的年龄出家，书中所涉最晚年份是建久四年、五年，因此撰写年代应该是 12 世纪末到 13 世纪初。该书其他部分提到，"少尉……令云少尉二人……而久安被下宣旨，以左右各二十人为员数，近代三倍欤"（左右卫门府）；"允……令云大少尉各一人……而久安被下宣旨，以左右各二十人为员数，近代及三四倍"（左右兵尉府）；"允……令云大少允各一人……而久安被下宣旨，以左右允各二十人为员数，近代及四五倍"（左右马寮）；"侍从，本数八人也……久安四年增十人（注略），其后员数太多，近代及廿人"（侍从），其中"近代"指代久安年间或久安四年（1148）之后。因此，这里的"近代"也可能被视作 12 世纪后半期。

16　关于太政官厨家与小槻氏的关系，参照桥本义彦「太政官厨家について」『平安贵族社会の研究』。

17　关于文章博士橘直干申文的解释，参照本章注 12。

18　外记局的称呼，可见于『西宫记』"临时二・太政官"条。

19　以下关于明法家的记述，多参照布施弥平治『明法道の研究』。

20　这里所举的范政、资清等，与平安时代明法道、中原氏所属诸人的系谱关系仍有许多不明之处。根据今江广道氏介绍的宫内厅书陵部架所藏「诸系图」中「法家中原氏系图」（暂名），则如下所示：

子为明兼（继承坂上氏）、范光，范政、范光一脉发展为法家中原氏。资清、季直、业伦等不见于此系谱中（今江广道「法家中原氏系图考证」『书陵部纪要』第 27 号）。另可参照利光三津夫「法家坂上家の研究」『法学研究』第 54 卷第 12 号，后收入利光著『续律令制の研究』。

21　据早川庄八「壬生本『西宫记』について」（『高桥隆三先生喜寿记念论集　古记录の研究』，后收入早川著『日本古代の文书と典籍』），史籍集览本『西宫记』卷二十三相当于壬生本『西宫记』第十七轴，而非源高明编纂的本来的『西宫记』，是经他人之手成书的对检非违使的私记。

22　关于律令国家的官僚制的特质，参照石母田正「古代官僚制」『日本古代国家论　第一部』。有关律令国家机构中职务科层制的贯彻，参考中田薰

「養老令官制の研究」『法制史論集』第三卷上

23　中田薫「王朝時代の庄園に関する研究」、「知行論」（均收于『法制史論集』第二卷）。另外，根据野村忠夫『官人制』（第 112 页以下），律令法中的"职"是"指律令制支配机构中某位置的职掌、职务内容，称'职员'时更偏重指其职掌，即该位置的机能"。与此相对，"官"有多种含义，但较"职"而言，是指"律令制支配机构中的位置本身"。这一解释也可以换个说法，即官的区分在于职务权限的大小差异（以及随之而来的待遇高低），职的区分在于职务内容的异同。如此也可以说，职是职掌概念，官是职务科层制的概念。律令制下，被称作"职"的官衙有京职、摄津职、中宫职。京职与摄津职在体制上是外官（地方官），但实际被作为内官（京官）对待（据『令义解』『令集解』对『公式令』"京官"条的解释），大概是因为源自天皇直辖官衙。中宫职作为内廷机关，本就归天皇直辖。另外，最早出现的令外官之一的修理职，也是内廷官衙，具有天皇直辖的性质。结合这些情况来看，被称作"职"的官衙自身有很强的天皇直辖特性，因此难以被编入律令官制体系的统属关系，成为独立官署。本文所述的职的完结性，也可以从这里找到一点历史依据吧。

24　牧健二「知行の原始段階—律令的知行の成立及び本質—」『封建制と資本制』。

25　如本章注 5 所列大饗亮著作（第 21 页），可参照『本朝世紀』"长德元年（995）九月廿八日"条："诸卿于阵定申大贰事，下给法家，令勘申罪名，对捍诏使可除名者，今以其旨令定申也。"

26　『政事要略』（宽弘五年前后，惟宗允亮著）卷八十二，关于纠弹杂事称，"征赎铜，给官符于刑部，征之，近代之例，官符裁（载？）断罪文若法家勘文等，事旨颇慢也"。

27　以下关于准用与折中、家业之伦理两个问题，基本依照拙稿「公家法の特質とその背景」『日本思想大系中世政治社会思想』下，第 395 页之后。另外，有关折中还可参照笠松宏至「折中の法」（『月刊百科』第 179 号）。

28　『明法条々勘録』是明法博士中原章澄回答当时检非违使厅的厅务德大寺实基的咨询时所做出的法律解释，共计十六条。内阁文库所藏历应四年的写本，是现在所知唯一流传下来的版本。利光三津夫在「内阁文库本『明法条々勘録』の研究」（收于『律令制とその周辺』）中对其进行了全文介绍。笠松宏至、百濑今朝雄与佐藤进一合编的『日本思想大系 中世政治社会思想』下第 106—122 页也收录了该文献。另见笠松、百濑、佐藤编『中世法制史料集』第六卷。这里引用的是德大寺实基咨询的第十五条的内容。

29　"公家法"这一概念，最初似乎见于三浦周行大正四年成稿的「德政の研究」(收入大正八年刊『法制史の研究』)、大正八年成稿的「貞永式目」(收入大正十四年刊『続法制史の研究』)。三浦氏在明治三十八年写成的「親子関係を中心としての家族制度」、明治四十一年写成的「鎌倉時代の法制と財政」(以上两篇收于『法制史の研究』)中，将格式之后被称作"新制"的发布法，以及厅例、先例等官署执行职务时的习惯法等，统称为"公家法制"，之后又将这一概念改称作"公家法"。尔后，牧健二在昭和四年刊行的『日本法制史論朝廷法時代 上巻』(第238页)中将格式之后可代替格式的新习惯法的集合称作"公家法"，是洞察到其取代律令法走向独自的法律体系趋势。昭和二十三年刊行的石井良助『日本法制史概說』(第203页)中的看法，基本接近牧健二，视公家法为形式、内容上迥异于律令法的法律体系。阿部猛在「日本中世法成立の前提—平安時代の相続法および惣領制—」(收入昭和三十五年刊『日本莊園成立史の研究』)中，主张公家法并不属于律令法的谱系，而是中世法的前提。这算是较早的个别研究。最近，棚桥光男的「院政期の法—中世法史上に於けるその位置—」(『歴史学研究』第483号)，也是一篇与阿部氏论文主旨相同，且论证更透彻的力作。

30　以上有关公文书发布流程的变化，参照富田正弘「平安時代における国司文書について—その位署形態と国司庁宣の成立—」(『京都府立総合資料館紀要』第4号)、拙稿「中世史料論」(收于『岩波講座日本歴史』別巻2，以及佐藤著『日本中世史論集』)。有关诉讼制度层面的当事人主义，参照石井良助『中世武家不動産訴訟法の研究』。有关诉讼制度的职权主义，参照中田薫「古法制雑筆」(收入「法制史論集」第三巻下)、羽下德彦「中世本所法におけ名検断の一考察—訴訟手続における当事者主義について—」(收入石母田正、佐藤進一編『中世の法と国家』)。

第二章

1　关于『吾妻鏡』记载的所谓「以仁王令旨」，认为其是伪文书或内容可疑的有八代国治『吾妻鏡の研究』、丸山二郎「以仁王令旨を読む」(『日本歴史』第68号)，肯定令旨真实性的有林屋辰三郎「鎌倉政権の歴史的展望」(收入『古代国家の解体』)、永原慶二『源頼朝』、石井進「鎌倉幕府と国衙との関係の研究」(收入『日本中世国家史の研究』)、羽下德彦「以仁王〈令旨〉試考」(收入『豊田武博上古稀記念 日本中世の政治と文化』)、平泉隆房「以仁王令旨考」(『皇学館論叢』第 13–3) 等。

2　关于源赖朝使用治承年号, 参照星野恒「頼朝挙兵考」(收入『史学叢説』第二集)、平泉澄「頼朝と年号」(收入『我が歴史観』)。

3　对于寿永二年宣旨的理解, 参照拙著『鎌倉幕府訴訟制度の研究』第一章及拙稿「寿永二年十月の宣旨について」(『歴史評論』1959 年 7 月号, 后收入佐藤著『日本中世史論集』)。

4　石母田正「鎌倉幕府一国地頭職の成立—鎌倉幕府成立史の一節—」(收入石母田正、佐藤進一编『中世の法と国家』, 亦收入『石母田正著作集』第九卷)。该论文发表后, 对其的批判非常多。大山乔平、义江彰夫两氏的研究, 是较近的主要批判论文。大山氏有「文治国地頭の三つの権限について—鎌倉幕府守護制度の歴史的前提—」(『日本史研究』第 158号)、「文治国地頭制の停廃をめぐって」(收入『横田健一先生還暦記念日本史論叢』)、「鎮西地頭の成敗権」(『史林』第 61 巻第 1 号)、「平家没官領と国地頭をめぐる若干の問題—石井進・義江彰夫氏の批判に接して—」(『日本史研究』第 189 号)、「文治の国地頭をめぐる源頼朝と北条時政の相剋」(『京都大学文学部研究紀要』第 21) 等一系列成果, 其从政治过程中把握政治制度的产生、转变的方法性特征可谓十分卓越。义江氏的成果继承在大著『鎌倉幕府地頭職成立史の研究』之中, 其对史料的广泛搜集和缜密分析无出其右。

5　参照本章注 1 所引石井进论文 179 页及之后内容。

6　参照上横手雅敬『日本中世政治史研究』第 205 页。

7　参照安田元久『地頭及び地頭領主制の研究』第三章「文治設置の地頭」、本章注 4 所引石母田论文第 79 页及之后内容。

8　参照本章注 6 所引上横手著作第 226 页。

9　关于守护职权形成的历史过程, 参照石井良助「大犯三箇条—鎌倉時代の守護の権限の研究—」(『法学協会雑誌』昭和二十六年七月号, 后收入石井著『大化改新と鎌倉幕府の成立 増補版』)。

10　参照黒田俊雄「鎌倉時代の国家機構—薪・大住両荘の争乱を中心に—」『日本中世の国家と宗教』。

11　参照本章注 3 所引拙著第 10 页及之后内容, 以及拙稿「『勘仲記』の紙背文書」『日本文化の歴史第 7 巻 武門の道理』月報。

12　关于御家人制, 参照田中稔「鎌倉幕府御家人制度の一考察—若狭国の地頭、御家人を中心として—」, 收入石母田正、佐藤進一编『中世の法と国家』, 亦收入田中著『鎌倉幕府御家人制度の研究』)。

13　参照石母田正「一谷合戦の史料について—吾妻鏡の本文批判の試みの

一環として一」(『歴史評論』1958 年 11 月号，后收入『石母田正著作集』第九卷)。

14 关于御家人从属程度的两种类型，参照『日本人物史大系』第二卷「時代と人物・中世」(佐藤、大隈和雄合著)中拙稿部分。

15 关于文治五年源赖朝征讨奥州藤原氏之事，『吾妻鏡』记载赖朝想在获得敕许之前就动员御家人，为此咨询了"存兵法故实"的"武家耆旧"大庭景能，后者答道："军中闻将军之令，不闻天子之诏云云。今已奏闻朝廷，不必固待旨意。"("文治五年六月卅日"条)。这反映了当时征夷大将军拥有军事指挥专权的观念。

16 参照本章注 14 所引拙稿。

17 关于畠山重忠一方与北条时政、平贺朝雅一方围绕统治武藏国的利益冲突，参照贯达人『畠山重忠』第 163 页及之后的内容。关于平贺朝雅与后鸟羽上皇的关系，『吾妻鏡』记载朝雅得知幕府派来杀手这一情报，正是他在上皇御所饶有兴致地下围棋时("元久二年闰七月廿六日"条)。『明月記』也零散地记载了那时朝雅正拜访水无濑殿，"坐钓殿(似上北面)"("元久元年正月廿一日"条)，或是进宫值勤("元久二年闰七月廿六日"条)等，显示其行动与王朝存在密切关联。『愚管抄』(卷六)也称"此友正(朝雅)上京后，觐见上皇，行御笠悬(一种骑射竞技)时亦参入"。由此看来，『尊卑分脈』(清和源氏义光流系谱)在朝政(朝雅)之条旁注释"公家近习，一天无双权势，颇有掌公家武家天下政务云云"、同书其他处亦注"后鸟羽院御笠悬等师"等内容，并不都是不值一提的无稽之谈。

18 关于赖朝女儿的入宫问题，参照赤松俊秀「頼朝とその娘」(收入『続鎌倉仏教の研究』)、杉桥隆夫「鎌倉初期の公武関係—建久年間を中心に—」(『史林』第 54 卷第 6 号)。

19 关于迎立冷泉宫，『愚管抄』(卷六)特意提到卿二位兼子收养了坊门信清之女，将其送入后鸟羽的后宫，所生之子即为冷泉宫，认为此事源于兼子希望于认为迎立计划是兼子谋求由冷泉宫"取得皇位，不成亦谋求将军之位"的企图与政子的期望相结合的产物，以及政子的期望。

20 以下部分是拙稿「御成敗式目の原形について」(新訂増補国史大系第三十三卷『吾妻鏡 後篇』付録，亦收入佐藤著『日本中世史論集』)的概括。最近，河内祥辅发表「御成敗式目の法形式」(『歴史学研究』第 509 号)对本文提出批评。其主要论点是，『御成敗式目』的条文排列，以现存面貌而言有其内在自治性，改变其顺序以还原式目的想法是错误的。河内氏的观点在逻辑上确实也有道理，但现存版本『式目』的条文构成有严重的不合理之处，比如好几条都是将多条不同法规纳入一个条目之下，而这是将原本各自独立的条文合并到一起的结果。河内说没有对这一点做出解释，因此本文不能轻易采纳其意见。

21 关于"引付"的原义，参照拙稿「中世史料論」（收入『岩波講座日本歴史』別卷2）第102页及以下，亦可参照佐藤著『日本中世史論集』第274页及以下。

22 关于决定发言顺序的抓阄方式，参照拙稿「鎌倉幕府政治の専制化について」，竹内理三編『日本封建制成立の研究』第122页，亦见佐藤著『日本中世史論集』第104页。

23 关于不易法，参照石井良助『中世武家不動産訴訟法の研究』第238页以下，及本章注3所引拙著第179页。

24 关于宗尊将军其人及相关事迹，参照川添昭二「北条時宗の連署時代」『金沢文庫研究』第263号）。

25 关于安达泰盛之乱，参照多贺宗隼「秋田城介安達泰盛」、「北条執権政治の意義—後期を中心として—」（均收入『鎌倉時代の思想と文化』），以及相田二郎『蒙古襲来の研究 増補版』第264页及以下，川添昭二「岩門合戦再論—鎮西における得宗支配の強化と武藤氏—」，收入『九州中世史の研究』。

26 关于安达泰盛就任陆奥守，『勘仲記』"弘安五年七月十四日"条记载，"今夕被行小除目……关东城介泰盛任陆奥守，日来武家时村所带之官也，今被改任之条如何"。即通过小除目（临时的人事变更）解除当时的六波罗探题北条时村的陆奥守，并任命泰盛担任是不自然的。

27 关于泰盛担任御恩奉行，岛津家文书所收、记作十二月十日（推定为建治二年）的秋田城介（泰盛）给大隈修理亮（岛津久经）的回信中说，"闻足下拜领伊作庄并日置庄，欣悦不已，故来信道谢，此亦愚之本意"。可知岛津久经领受恩赏地后似乎给泰盛致信表示谢意，而这也可以作为旁证（『島津家文書之一』第31号）。

28 藤原相范的名字见于『鎌倉年代記』纸背文书中"弘安八年"条诛杀安达泰盛的记述，其中提到"合战之时，非分被诛辈"的领头者有"刑部卿相范"。『保暦間記』也提到泰盛同党中被杀者有同样的名字。『勘仲記』"弘安六年七月廿日"条记载小除目时，提了该人物，即"（茂范卿舍弟）刑部卿藤相范（经回关东）"。由这些可知，相范出身文章道之家的藤原南家，其兄茂范生于嘉祯二年，文永元年任文章博士，文永十一年叙从三位，永仁二年以非参议从二位出家（据『公卿補任』）。『金沢蠹余残篇』中留有茂范的启文（『鎌倉遺文』第十一卷第10页），显示茂范在建长五年奉院宣来到关东侍奉将军宗尊亲王。相范是其弟，与之"经回关东"，即与哥哥一同侍奉将军。上述小除目的时候，和相范一同出现的还有"太宰权少贰藤景泰……从五位上大江时秀、平业时"的名字，其中藤景泰即『関東評定衆伝』中的武藤景泰，『熊谷直之氏旧蔵文書』收有泰盛党人的名册，将其记为"太宰少贰"；大江时秀是评定众中的长井时秀，平业时是北条氏一族（重时之子），担任过当时的连署。这些人都是幕府的要人，而相范与他们同时升官，可知他一定得到了幕府的推举。

29　关于地奉行，网野善彦在「鎌倉の「地」と地奉行について」（『三浦古文化』19 号，后收入网野著『日本中世都市の世界』）中推测，是政所职员与得宗被官的复任制。

30　关于安堵的文书格式，参照拙著『新版 古文書学入門』第 126 页及以下。

31　关于足利尊氏、足利直义的下发文书与权力划分问题，参照拙稿「室町幕府開創期の官制体系」，收入石母田正、佐藤进一编『中世の法と国家』，亦见本书附录。

32　关于北条氏集权过程，参照本章注 22 所引拙稿，及奥富敬之『鎌倉北条氏の基礎の研究』。

33　根据『永仁三年記』，当时引付众被分为获准出席评定会议者与无权出席者。这一限制类似于之后室町幕府将评定众分为御前评定众与未参评定众的做法，目的仍是为了凸显幕府官职的阶梯化。参照拙稿「鎌倉幕府職員表復原の試み（其一）」『中央大学文学部紀要』史学科第 28 号，以及"永仁三年"条，拙稿亦收入佐藤著『（復刊版）鎌倉幕府訴訟制度の研究』附录部分。

34　关于时盛，『鎌倉年代記』"元仁元年"条"六波羅"一栏记载："元仁元六为六波罗，嘉祯二七廿任越后守，同日叙从五下，同三四九叙从五上。历仁元八廿八叙正五下，仁治三六出家（胜四十六），同年下向关东。建治元十二廿二时国奉六波罗守护之间，又进京，同三五二于六波罗卒（八十一）。"此外，根据近卫家领丹波国宫田庄诉讼文书所收弘安元年十月某日宫田庄庄官诉状案，因建治二年丹波国大山庄地头被杀事件，宫田庄庄官打算向该国守护时盛提起诉讼，在此之前"依越后入道殿（时盛）故去，乍怀愁诉，奉相待大方御沙汰，涉年月毕"。可知，时盛在嫡孙时国的六波罗邸履行丹波守护职务，去世之后，其妻室（大方）被期望代行守护职务。参照拙著「増訂鎌倉幕府守護制度の研究」第 134 页。

35　在前注 22 所引拙稿中，我推测此史料年代在正中三年三、四月之间。不过田井秀氏在「金沢文庫古文書三二四、金沢貞顕書状の年代について」（『金沢文庫研究』第 118 号）一文中，纠正了我的错误，将其定为延庆二年四月十日。

36 关于体制矛盾与蒙古袭来，参照本章注 25 所引相田著作、注 23 所引拙稿，以及网野善彦『日本の歴史 10 蒙古襲来』、村井章介「蒙古襲来と鎮西探題の成立」(『史学雑誌』第 87 編第 4 号，亦收入村井著『アジアのなかの中世日本』)。

37 关于京都大番役，参照五味克夫「鎌倉御家人の番役勤仕について」『史学雑誌』第 63 編第 9、10 号。

38 关于取帐（检注取帐），参照黑田俊雄「鎌倉時代における荘園の勧農と農民層の構成」(收入『日本中世封建制論』)，及富泽清人「中世検注の特質—取帳と目録を通じて—」(『日本史研究』第 233 号)。

39 『石清水文書之二』第 445 号 (『鎌倉遺文』第十六卷，第 244 页)。另外，关于这里提及的井芹秀重的解释，我在参与编辑、执笔读卖新闻社刊『日本の歴史』第 4 卷『鎌倉武士』中，也介绍了大概内容（同书第十章）。

40 旧稿「幕府論」（中央公论社『新日本史講座』，亦收入佐藤著『日本中世史論集』)，引用"庶子总领可相并"的条文，将之理解为"庶子从总领的统领下解放出来，获得了独立"。在『中世社会』（朝仓书店『新日本史大系』第三卷）中，我也引用这一条，评价为"幕府通过奖励御家人的庶子分立，推进了总领制走向解体"。对此，瀬野精一郎氏在『鎮西御家人の研究』（第 375 页及以下）中提出，这条法令"并不是分解总领制的'奖励庶子独立政策'"，否定了上述观点。然而瀬野氏承认，"由于总领对庶子的支配统制力减退""无法凭借总领制式御家人役的值勤模式来确保御家人役"，而在此情况下该法令成为"幕府最后的策略"，是"镇西地区的特别法令"（同书第 383—384 页）。这与笔者的看法并不完全矛盾。所谓新法，经常是针对矛盾最突出的部分以特例、限定的方式对进行立法。当现实超过原则时，政府便以追认现状的形式推出新法。历史告诉我们，新法一旦出台，就会更加推动现实形势的发展。

41 小鹿岛文书所收嘉历四年二月廿七日小鹿岛受莲与总领公重缔结的和与状，规定受连认可后者的总领职，关东御公事以下劳役皆遵从总领孙次郎公重的调度，"但至镇西番役警固以下者，无总领违乱，为各别可勤仕候矣"。

42 关于得宗政治，参照本章注 3 所引拙著、注 23 所引拙稿，及注 32 所引奥富著作。

43 关于外题安堵法，参照本章注 23 所引石井著作第 104 页。

第三章

1　龙肃「後嵯峨院の素意と関東申次」『鎌倉時代』下，第 207 页。

2　关于院评定制，参照前注所举龙肃论文，及桥本义彦「院評定制について」『平安貴族社会の研究』。

3　试以宽元二年、三年为例，检索『大日本史料』，可知宽元二年三月十九日、四月十八日、六月六日、十月廿八日、十一月六日，以及宽元三年三月九日、六月十六日、八月廿五日、九月十九日，在关白二条良实宅邸里举行了公卿议定。

4　这里以院政开始的宽治元年（1087）、后白河院政开始的平治元年（1159）、后白河法皇去世后鸟羽天皇开始亲政的建久三年（1192）、承久之乱爆发前的承久二年（1220）、后嵯峨天皇即位的仁治三年（1242）为五期，比较各阶段现任公卿的数量如下（据『公卿補任』）：

	宽治元年（1087）	平治元年（1159）	建久三年（1192）	承久二年（1220）	仁治三年（1242）
摄政关白	1	1	1	1	1
太政大臣	1	1	1	1	0
左大臣	1	1	1	1	1
右大臣	1	1	1	1	1
内大臣	1	1	1	1	1
大纳言	2	1	2	2	3
权大纳言	3	4	4	9	9
中纳言	1	1	3	3	0
权中纳言	7	8	7	10	13
参议	7	11	8	13	10
小计	25	29	29	42	39
非参议三位	4	6	15	46	39
合计	29	35	44	88	78

如上表所示，后白河院政期公卿人数的增长并不显著，非参议三位（公卿待遇官）者从六名增加到十五名。相比之下，后鸟羽亲政院政期约三十年的增幅非常惊人，主要集中在权大纳言、权中纳言及参议，且非参议增长了三倍多。承久之乱后二十年间，参议、非参议减少了一些，

合计减了十名，但不清楚这是否是政策主导减员的结果。

5　参照三浦周行『鎌倉時代史』第二十九章第一百一十节「朝幕関係の一変」（『日本史の研究 新輯一』第 166 页以下 ）。

6　参照本章尾注 2 所引桥本论文第 61 页以下。

7　关于德大寺实基，参照滝川政次郎「德大寺実基に就いて」（『国語と国文学』第 8 编第 11 号 ）、多贺宗隼「太政大臣德大寺実基及び左大臣公継に就いて—鎌倉時代政治思想の一面—」（ 收入『鎌倉時代の思想と文化』），以及『日本思想大系 中世政治社会思想』下所收「德大寺実基政道奏状」。

8　本章尾注 2 所引桥本论文提到，源赖朝希望对后白河上皇主导下的肆意的院评定进行限制，期待奏请之结果，即文治元年所设的议奏公卿制能赋予公卿议定独立性，由此带来朝政运营的安定。而桥本认为这一事件或许可被视为时赖此次奏请的先例。这是切中要点的推断吧。

9　『経光卿記抄』"仁治三年六月廿日条"："去十五日戌刻，入道前武藏守正四位下平泰时朝臣逝去……为将军家后见，秉政柄廿一年，诸国地头守护滥妨间事，武士口人事许成败，犹以一日万机也。而近代朝家重事一向彼朝臣计申之趣也。性禀廉直，以道理为先，可谓唐尧虞舜之再诞欤。"

10　元弘元年初清原氏任造酒正之事，参照本书第 176 页。关于造酒司领，参照小野晃嗣「中世酒造業の発達」（ 收入『日本産業発達史の研究』）、网野善彦「造酒司酒曲役の成立について」（ 收入竹内理三博士古稀記念会编『続荘園制と武家社会』）。

11　关于大炊寮领，参照桥本义彦「大炊寮領について」『平安貴族社会の研究』。

12　关于内藏寮领，参照小野晃嗣「内藏寮経済と供御人」（『史学雑誌』第 49 编第 8、9 号，后收入小野著『日本中世商業史の研究』）。特别是关于内藏寮领六角町供御人，参照赤松俊秀「座について」（『史林』第 37 卷第 1 号 ）。关于姊小路町生鱼供御人，参考丰田武「四府駕輿丁座」『座の研究』第 318 页。

13　下文关于诸家领的形成，参照奥野高广『皇室御経済史の研究』第二章「室町時代の皇室御領」、奥野高广「京職領について」（『国学院雑誌』第 55 卷第 2 号 ）、胁田晴子『日本中世商業発達史の研究』第三章「座の性格変化と本所権力」。

14　关于国司制度改革，参照村田正志「国衙領制度」『南北朝史論』。

15　关于建武新政期的国司任免情况，参照平凡社『世界歴史事典』第二十二卷『史料篇·日本』第195—202页、菊池武雄「建武政府国司守護表」。

16 关于清原赖元担任造酒正时的前任，即赖元从谁那里接过这一职位，暂无法明确。『外记补任』"元亨二年"条载，"权少外记中师梁（十二廿二任（中略）同日兼造酒正）"，其后直到"正中三（嘉历元）年"条，师梁仍兼任造酒正，不过嘉历二年以后不见师梁的名字。换言之，嘉历二年到元弘元年间（四年）的造酒正是谁还不明。

17 关于上述东西市正人名的出处，中原师村见于『平戸记』"宽元三年十一月三日"条的除目闻书。中原职员见『地下家伝』卷八"元职成，应长年中为职员，正五位下伯耆守、东市正"。安倍资朝见东京大学所藏东大寺文书（『大日本史料』所引）贞应三年正月日七条院厅下文的署名"西市正兼皇后宫大属安倍朝臣（花押）"、京都御所东山御文库记录丙七嘉贞四年四月日安嘉门院厅下文案署名"西市正皇后宫大属安倍朝臣判"（实名比定据『明月记』"嘉禄二年七月廿九日"条"大属资朝"）。安倍资高见于海蔵院文书宽元元年七月日左卫门府公事免许状的申请书中"西市正兼中宫大属安倍朝臣（花押）"，『勘仲记』建治二年十一月、十二月卷纸背的（宝治二年）闰十二月十七日书状的申请书中"西市正资高"，中村直胜氏所藏文书建长六年四月日修明门院厅下文连署中"西市正安倍朝臣（花押）"。文永元年在职的中原某，见「东寺文书白河本」五十六前大纳言家政所下文连署中"西市正中原朝臣"。中原师淳见『勘仲记』"正应元年七月廿七日"条的临时任免内容（据『外记补任』，此人在延庆二年任大外记）。中原章香见『金峰神社文书』建武元年九月四日纷失状的证判。此外，姓氏不详者一人见弘安四年六月四日摄政家御教书"东市正重俊（奉者）"（『壬生官务家日记抄』同日条）。

18 关于以上所举大舍人头姓名的出处：丹波氏的雅康、经康、有忠见于同氏系谱，以及『明月记』"正治元年十二月十日"条"大舍人头丹波有忠"、『天皇冠礼部类记』所引『大外记良业记』"元久二年正月七日"条"前大舍人头丹波有忠"；和气氏的经成、富成、兴成、匡成见同氏系谱；安倍氏的业俊、泰忠、国尚、在光见同氏系谱，以及『明月记』"元久二年六月廿日"条"大舍人头泰忠"、「文永三年迁宫沙汰文」所引文永四年八月五日阴阳寮日时勘文的署名"大舍人头兼天文博士安倍朝臣国尚"、『勘仲记』"弘安五年正月廿九日"条所载同日阴阳道占文的署名"大舍人头安倍朝臣有光"；贺茂氏的在雄见『公衡公记』（第三册）所收『廣义门院御产愚记』"延庆四年正月廿六日"条"前大舍人头有雄朝臣"；清原氏的良业、良兼见『尊卑分脉』中的清原氏系谱，教元亦同；小槻氏的季继、为景见『玉蕊』"承久二年四月七日"条的除目闻书"大舍人（头）小槻季继"、『葉黄記』"宽元四年四月十九日"条"大舍人头为景"（『系圖纂要』九十二给小槻氏的季继、为景标注了"大舍人头"。另外，『平戸記』"宽元二年十月四日"条提到为景是"故季继舍弟也"）。

19　关于以上所举图书头任官者的出处：贺茂氏见『明月記』"承元元年十一月一日"条"图书头在亲"、『平戸記』"宽元二年四月五日"除目条"图书头贺茂在直（兼）"、『百錬抄』"宝治元年五月十五日"条"图书头在直朝臣"、『地下家伝』卷十九提到贺茂定员的经历有"图书头"；和气氏见『民经記』"宽喜三年十一月八日"条"医师（图书头）清成朝臣"、同"贞永元年闰九月廿八日"条"图书头清成朝臣"。

20　关于建武元年十二月九条公明任大判事时，前任大判事坂上明清的处境，存在两处相矛盾的史料。一是『大友家文書』三建武二年三月日山城三圣寺嘉祥庵院主处英纷失状案的证判中留有"少判事兼明法博士左卫门大尉丰前守坂上大宿弥判""丰前大夫判官明清"的附笺。另一个是『建武年間記』所收建武二年三月十七日记录所寄人值勤次序表中有"五番……大判事明清"。按照前者，明清从大判事降职为少判事，依照后者，明清依然担任大判事，公明就意味着出现二名大判事的异常情况（『職原抄』中记载是一名）。前者的附笺未必可信，但明法博士等官员的姓氏与元德三年二月某日的纷失状（『東寺百合文書』京一至十五）所附坂上明清的证判中的一致，故知此人定是明清。另一方面，值勤次序表中姓名旁的"大判事"，可能是后人添加的，因此笔者采纳前者，认为明清被降职了。不论如何，九条公明就任大判事，以及由此带来的坂上明清职位变化都是非同寻常的人事安排。

另外，建武三年五月廿五日，后醍醐在再度前往坂本的两天前，进行了新政期最后一次人事更迭。九条公明从中纳言升任权大纳言，大判事由参议左大辨三条实治兼任（据『公卿補任』）。让公卿接任大判事这一人事方针，直到最后一刻也没有改变。

21　关于大舍人织手，参照丰田武「西陣機業の源流」『座の研究』。

22　关于王朝国家的贵族家格问题，参照桥本义彦『平安貴族社会の研究』、平山敏治郎『日本中世家族の研究』。

23　『建武年間記』所收传奏值勤表没有记载制定年份。依靠官名注记来推测，据二番有"<久我>刑部卿（长通）""<侍从中纳言>大藏卿（公明）"可知，应该是建武元年十二月十七日之后；三番有"<洞院>右大臣<公贤公>"，四番"<吉田前内大臣>民部卿<定房公>"，应该是洞院公贤担任右大臣、吉田定房辞去内大臣的建武二年二月十六日之后；一番有"<万里小路>

一位＜宣房卿＞”，应该是万里小路宣房复职大纳言的建武二年四月七日之前或建武二年七月辞任之后。（以上的官职履历据『公卿補任』）。那么，这次执勤表就是在建武二年二月十六日到四月七日之间，或同年七月之后，而结合客观局势来看，建武二年七月之后可能性比较低。

24 关于议政官会议的活动，列举一些有一定可信度的史料：『增鏡』（月草之花）“（元弘三年六月）八日开始举行议定，之前的众人全都来参加”，『改元部類記』所收不知名日记“建武元年正月廿九日”条有关改元内容“於禁里内有沙汰，右大臣上卿也，仗座之仪追可寻记”。

25 参照小川信「南北朝内乱」（收入『岩波講座日本歷史』中世 2）第 95 页的观点。

结语

1 关于永享四年以北九州为舞台的大友氏、大内氏争斗，接受将军义教咨询的前管领畠山满家回答道：“远国之事，虽稍有不如上意，亦可暂且搁置，此非当下所定。自持寺殿（尊氏）以来，代代照此策处置，可因袭也，故谨记之。”（『滿済准后日記』“永享四年三月十六日”条）。这一段内容代表性地反映出当时幕府重臣所怀揣的传统的远国和融方针。

2 关于 14 世纪后半期室町幕府吸收王朝国家权力的过程，参照拙稿「室町幕府論」，收入旧版『岩波講座　日本歷史』中世 3，亦见佐藤著『日本中世史論集』。

附录

1 此沙弥推测是二阶堂行珍，依据有两点：一、如正文所示，建武三年十二月时，二阶堂行珍负责处置安堵事务，那么建武四年正月他负责安堵奉书的可能性很大；二、从花押来看，此处的沙弥，与『神護寺文書』所收历应二年八月四日引付奉书（从内容推断是引付奉书）的奉者“沙弥”为同一个人，而作为历应二年时引付奉人而署名“沙弥”者，在『武家年代記』“历应元年政所”一栏有“二阶堂行珍引付头八月十日执事”。自历应元年八月就担任引付头的二阶堂行珍，留任至历应二年的可能性非常高（如正文第 293 页表一“引付方”项所示，在历应元年、二年、

三年，署名"沙弥"的引付头人，可确知其名的只有历应元年的二阶堂
行珍一人）。

2　参照石井良助『中世武家不動産訴訟法の研究』第一篇。

3　『八坂神社記録』下第 704 页所收。正文第 215 页表一"引付方"建武四
年一栏所列。该文书是案文，提交信息处标注"下野入道沙弥判"。这里
的"下野入道"，在「円覚寺文書」第 116 号「历应元年正続院杂掌申状
事书案」中有"去年建武四……以二阶堂下野入道判形，被成下御教书之
间"，在『常楽記』中有"建武五年十二月六日，二阶堂行应下野入道于
京都他界"，由此可知是二阶堂行应。

4　关于二阶堂道存，『南部家文書』所收元弘三年十二月日陈状记有"为备
中入道道存、壹岐入道妙惠于时在俗奉行，十八度被经御沙汰……去延历
三年五月十八日……预御配分……道存妙惠等当参之上者"，可知其在镰
仓幕府担任奉行，而后出仕建武政府。据『尊卑分脈』，他是行藤之子，
俗名时藤。

5　A、B 两表均以官途（官名）或"假名"（通称）表记人物。为下文叙述方便，
尽可能查清苗字、实名、法名并记入括号内。以下列出实名、法名考证
的依据。

如正文所述，A 表前有"引付番文"和"端里书"（备注文字），且表末
有"康永三三廿一 同廿二日始之"，可知此表是康永三年三月二十一日
制定、次日实施的"引付番文"，即引付的新成员表。因此比定人名必须
以康永三年三月这个时间点为准。需要留意的是，从当时的一般习惯来看，
这里所记官名未必就是现任官职，也存在尚未就任新职（散官）时以前
官相称的情况。

A 表一番：

关于左京大夫，根据『结城文書一』所收「天龍寺供養日記」"康永元年
八月二十九日"条"一族左京大夫满义"，『建武三年以来记』"贞和三年
十二月十九日"条"吉良左京大夫满义"，推断是吉良满义。

关于陆奥守，如第 206 页所述，推测与 A 表同为康永三年三月新定的侍
所职员表的最前位置，有"细川陆奥守显氏"，『久米田寺文書三』所收
康永三年六月二十六日陆奥守遵行状的花押是细川显氏的，由此可确知
其是细川显氏。

关于信浓入道，『武家年代记』"建武五年政所"一栏有"信浓入道行珍行朝"
字样，『天龍寺造営記録』"历应四年七月十三日"条有"信浓入道行珍"，
『评定著座次第』关于贞和五年正月六日"沙汰始"的记事有"信浓入道
行珍"。当时被称为"信浓入道"的人还有贞和元年二月十日七十七岁离

世的问注所道大（时莲）（据『園太暦』同日条）以及小笠原正宗（『師守記』"贞和三年四月二十九日"条）。不过，考虑到其担任引付职员，且称号不带苗字，则最应该是二阶堂行珍。

佐佐木近江入道，应是『正閏史料』二之二所收贞和三年十一月二十一日尊氏（？）下文中的"佐佐木近江守法师法名善观"。该文中还有"近江守贞氏善观乃高氏道誉兄"的旁注（『尊卑分脈』也是如此）。

安艺守应是『園太暦』"康永四年正月十五"条的"二阶堂安艺守成藤"。成藤为前述二阶堂道存之子（据『尊卑分脈』），曾位列建武元年八月杂诉决断所的五番奉行（「雜訴決断所結番交名」）。

水谷刑部少辅应是『師守記』"康永元年六月十二日"条的"水谷刑部少辅贞有"。

长井出羽守是『毛利家文書之四』所收历应二年六月二十八日尊氏下文及『師守記』"康永元年六月十二日"条中的"长井出羽守贞赖"。另据『師守記』同日条，贞赖任出羽守是在历应二年四月十八日。

美浓守是『師守記』"康永三年五月十七日"条所记随直义去熊野参拜的供奉人中的"二阶堂美浓守"，以及『結城文書一』所收「天龍寺供養日記」"康永四年八月二十九日"条中的"二阶堂美浓守行通"。『玉燭宝典』纸背文书所收日期不明（推定为贞和年间）的一份署名二阶堂行珍的款状上记有"□（愚？）息前美浓守行通一级事"，可知其为行珍之子。

因幡入道是『東寺百合文書』ヒ函所收历应二年十月申状中的"明石因幡入道"，以及『東寺百合文書』ヨ函所收文和三年九月申状中"自历应二至康永三，五年间……为明石因幡入道法隼奉行"。

雅乐民部大夫应是「斑鳩旧記類集」所收康永三年七月七日幕府下知状中的"雅乐民部大夫信重"。另外，该人在『大乘院文書』（相田二郎『中世の関所』第228页索引）有"正和三年……三月五日以饭尾兵卫大夫为定、雅乐左近将监信重，重虽被触申之"，在「比志島文書」所收元弘三年六月至九月杂诉决断所番文有"三番……信重"，在建武元年八月的「雜訴決断所結番交名」也有"五番……藤原信重雅乐左近将监"的记载，可知曾担任过六波罗奉行、杂诉决断所奉行。

关于门真左卫门入道，『大友文書一』所收历应三年四月二十三日申状奥书中有"历应三四廿五日奉行人门真左卫门入道舜（寂）意方取二问状"，『田代文書』三所收康永二年六月申状有"被与夺本奉行门真左卫门入道寂意"，贞和二年闰九月二十七日的幕府追加法（室町追加法第20条）奥书中有"奉行人……门真左卫门入道寂意"，都是指此人。另外，他也见于『安仁神社文書』所收元亨四年四月十九日和与状端书中"六波罗奉行者门真玄蕃左卫门入道也"，『勝尾寺文書』一辑第 111 号元弘三年十二月十八日杂诉决断所评定文联署中的"寂意"，建武元年八月的「决断所结番交名」"六番……寂意门真玄藩左卫门入道"，与雅乐信重有同样的经历。

关于关清左卫门入道，据『勝尾寺文書』一辑第 135 号建武四年六月十一日请文中"元弘之牒者以权威一旦虽被掠申，寺僧则申披所存，为富部大舍人信连，关清左卫门入道道日奉行，有御沙汰之最中，世上骚乱出来了，若有御不审者。关清左卫门入道适参公人之上者，可有御寻欵"，『三宝院文書』三回五十三所收康永三年十二月二十七日幕府裁许状中"被渡道日之后"，可知其法名为"道日"，担任过杂诉决断所奉行，大概在建武四年之后出仕室町幕府。

山县大炊助入道，据「森田清太郎文書」所收（历应二年）七月十三日明石因幡守行连书信的收件人为"山县大炊助殿"，且信的端书有"……被遣施行奉行山县大炊助国兼许状也"，可知实名为"助国"。

伊地知又次郎的实名，据前引康永三年十二月二十七日幕府裁许状中"为伊地知又次郎重秋奉行"，可知为重秋。

下条次郎左卫门尉应是『久米田寺文書三』所收嘉历三年十一月申状（寄给六波罗）中"（引付）奉行人下条次郎左卫门尉佑家"中的六波罗引付奉行佑家。

二番：

修理权大夫应是「古蹟文徵」所收历应二年八月十九日文书中的"修理权大夫贞家"，以及在「朽木文書」所收历应四年十月二十八日文书中署名"修理权大夫"（据花押来看是贞家）、在『猿投神社文書』所收康永四年九月二十九日文书中署名"修理权大夫"（据花押来看是贞家）的人物。在贞和二年二月二十一日任左京大夫（据『園太曆』）之前，贞家仍称"修理权大夫"。

佐渡大夫判官入道是佐佐木道誉（高氏），无须再据证据吧。不过需要注意，他位列建武元年八月的「雑诉决断所结番交名」，即"八番……道誉佐佐木佐渡大夫判官"。

宇都宫远江入道的法名，据『评定著座次第』"贞和五年正月六日沙汰始"条中得"宇都宫远江入道莲智"。『尊卑分脈』（卷四"藤原道兼流宇都宫"）中有"景纲—泰宗—贞泰远江守，法名莲智"，其中得贞泰应该就是此人。

山城守，也见『武家年代记』"历应三年政所"一栏得"行直山城守"，据前引康永三年五月十七日直义供养人交名状及康永四年八月二十九日「天龍寺供养日记」中的"二阶堂山城守"，定为二阶堂行直。『常樂記』"贞和四年"条有"六月五日二阶堂山城守行□",应是此人去世的记录。

下野三郎左卫门尉是前引康永四年八月二十九日「天龍寺供養日記」中的"狩野下野三郎左卫门尉"吧。

饭尾左卫门大夫,应是『三宝院文書』二回之十四所收康永三年六月二十三日文书中的"执笔左卫门大夫贞兼"、『東寺百合文書』ほ函所收贞和三年四月日申状中的"早被与夺本奉行人饭尾左卫门大夫贞兼"。此人也见于建武元年八月的「雑訴決断所結番交名」中"四番……贞兼饭尾左卫门大夫",可知其先前履历。

三须雅乐允是建武元年八月的「雑訴決断所結番交名」中"七番……伦笃三须雅乐允"。『武家年代記』"文保元年"条中的"六原引付番文所加三须雅乐允",应是同一人,可知他也曾担任过六波罗引付奉行、决断所奉行。

富部周防守是『東大寺文書』二回之十五所收年份不明(康永二年以后)的一份事书案文中的"被渡富部周防前司亲信"。『東寺百合文書』み函所收贞和元年十二月日申状中的"户部周防权守",可能是同一人。

白井八郎左卫门尉是『天龍寺造営記録』"历应三年四月二十一日"条中的"武家奉行人……白井八郎左卫门尉宗明"。

斋藤七郎入道的法名,据『東大寺文書』四回之八十九所收观应元年十月日东大寺年预五师申状中"武家同月八日虽差下两使须方大进行(圆?)忠,斋藤七郎入道道遵"。

大野孙五郎入道,应是『島津家文書之二』所收历应四年九月十一日幕府裁许状中的"大野弥五郎光尚"。

三番:

康永元年以来,左卫门佐一直以此官名签发奉书,表明其担任引付头人(参照正文第 216 页),其花押与「明通寺文書」所收建武五年五月十一日"和义"的署名一致,故可断定是石桥和义。

长井大膳大夫是『建武記』所收元弘四年关东厢番结番交名、延元元年四月武者结番交名中的"长井大膳大夫广秀",以及前引贞和年间二阶堂行珍款状中的"大膳大夫广秀"。

长井缝殿头是正文第 211 页所引贞和四年文书中的"长井缝殿头高广"。此人在前引元弘三年十二月十八日杂诉决断所评定文的连署中写作"高广"、在建武元年八月的「雑訴決断所結番交名」中为"三番……高广长井右近大夫将监"、在延元元年武者所的结番交名中为"三番……高广长井周防右(左?)近大夫将监",可知其之前履历。据『尊卑分脈』,上条中的长井广秀出身于世代担任关东评定众的长井氏嫡流,而高广则出自世代担任六波罗评定众的庶流。

宇都宫三河守入道是『评定著座次第』"延文三年十二月三日武家评定始"记述部分的"宇都宫三河入道道眼"。他很可能就是镰仓末期担任伊予国守护而闻名的宇都宫三河权守贞宗（参照拙作『增訂鎌倉幕府守護制度の研究』第205页），以及在建武二年八月跟随尊氏出征关东的"宇津宫三河权守"（康永四年山门申状里书）。此外，他还是『士林証文』所收历应四年八月七日摄津亲秀（正文第215—217页表一中的安堵方、引付方头人）的让状中的"养子宇都宫三河入道子息分"，可知与摄津氏有亲缘关系。

中条大夫判官的实名据『師守記』"历应四年二月十日"条中的"中条大夫判官秀长"。『園太暦』"康永四年八月十六日"条显示，他在此日被任命为备前守。

粟饭原下总守的实名，据『門葉記』四记载贞和三年三月十八日炽盛光法差定的奉行人"粟饭原下总守清胤"，以及『武家年代記』"贞和三年政所"一栏中的"清胤粟饭原下总守"。

斋藤左卫门尉是位于A表之后的康永三年三月所编侍所职员表中的"斋藤四郎左卫门尉利泰"。早在建武三年三月二十八日侍所的奉书中，他与头人高师直共同署名，其旁标注为"斋藤弥四郎左卫门尉"（据『薩藩旧記雑録』）。尔后他获得五位的位阶，贞和四年之后史料（『吉川家文書之二』所收贞和四年四月庭中申状、『園太暦』"贞和五年八月十四日"条及"观应二年三月二十四日条"等）称之为"斋藤左卫门大夫"。

依田左卫门尉的实名，据「三浦和田氏文書」所收贞和二年七月十九日幕府裁许状中的"于一方内谈依田左卫门尉贞行奉行，有其沙汰"。

关左近大夫应该是「岩松家系附考拾遗」所收观应元年五月七日幕府裁许状中"以两奉行人关左近将监宗度"中的关宗度。

杂贺扫部允的实名，见于「千家文書」所收安三年八月二十八日起请文中"去贞和五年五月十四日为诹方法眼圆忠，杂贺扫部允贞伦奉行"。

四番：

上杉弹正少弼的实名，据「永保寺文書」所收历应三年三月四日奉书的包裹纸上写着收件人"弹正少弼朝定"、『師守記』"康永四年八月二十九日"条中的"上杉朝定弹正少弼"。此人作为引付头人，建武四年以后签发了大量奉书（正文第213页表一"引付方"项），但在历应四年七月为止任弹正少弼，康永三年十月后称"散位"，且『師守記』"康永三年八月二日"条称之为"上杉前弹正少弼"。他应该是康永元年、二年时离任的。

宫内大辅应该是前引康永三年五月十七日直义去熊野参拜的奉行人当中

的一色宫内大辅，或者上杉宫内大辅。

三河入道是『临川寺重书案文』所收康永三年十二月二日的文书中的"同（二阶堂）三河入道行諲"，『评定著座次第』"贞和五年正月六日沙汰始"记述中的"三河入道行諲"。据『武家年代记』"正庆二年"条，其实名为时纲，是镰仓幕府末期引付头人、政所执事。贞和二年复任政所执事，参照正文第 213 页表。

摄津隼人正入道的法名，见前引历应四年八月七日摄津亲秀的让状中的"隼人正入道宗隼分"。据『续群书类従』所收中原氏系图，亲秀之兄亲如，有子为"致显隼人正引付众"，即是此人吧。

"和泉民部大辅"中的"辅"可能是"夫"的误写（若是民部大辅，前面不应加上"和泉"）。此人大概就是『建武年间记』中延元元年四月武者所番文所见的"藤原行持和泉民部丞"。据『尊卑分脉』，二阶堂行繁（民部丞、和泉守）之孙有"行持左卫门尉民部丞从五下"，也是此人吧。

佐渡大夫判官，据『中院一品记』"历应三年十月七日"条的"佐佐木佐渡大夫判官入道道誉并同子息大夫判官秀纲"，『园太历』"康永四年八月二十九日"条所引『帅卿〈公秀〉记』的「天龙寺御幸记」中记寺门警固役由"佐佐木判官秀纲""佐佐木佐渡大夫判官"负责，可以断定是佐佐木道誉之子秀纲。

美作守应当是『评定著座次第』"贞和五年正月六日沙汰始"的记述中的"问注所美作守显行"。

信浓勘解由判官应该是『金泽文库古文书』第 1 辑第 424 号（元德二年）三月二十四日金泽贞显书信"信浓入道（太田时连）孙子勘解由判官，寺社京下奉行被成候"中的人物。

津户出羽权守入道的法名，据前引康永三年七月七日幕府裁许状中的"津户出羽权守入道道元"。据「雑诉决断所结番交名」，此人在建武元年八月也为杂诉决断所的奉行人。

诹方大进房的法名，见『临川寺重书案文』所收历应三年八月十二日足利尊氏下文中的"诹方大进房圆忠"等诸多史料。他与津户道元都在建武元年八月担任杂诉决断所奉行（三番）。

饭尾修理入道的法名，据『神护寺文书』所收康永二年十月二十二日幕府裁许状中的"为饭尾修理进入道宏昭奉行"。

布施弹正忠的实名，据『东寺百合文书』せ函所收贞和五年闰六月二十七日幕府裁许状中的"为布施弹正忠资连奉行"。此人在延元二年十二月十四日的寄进状中署名为"左兵卫尉三善资连"（『高野山文书之一』宝简集三三号）。

五番：

诸多明证显示越后守是高师泰，例如『師守記』"康永四年八月二十九日"条中的"越后守师泰"

骏河守是历应三年至康永元年之间以大和权守、康永二年以骏河守的名义签发引付奉书的高重茂（参照正文第218页表一）。康永三年，桃井直常被称作"骏河前司"『三宝院文書』二），故也不能排除直常，不过重茂的可能性更高。

长井丹后入道应是前引元弘三年六至九月的杂诉决断所番文中的"二番……宗衡丹后前司"、建武元年八月的「雑訴決断所結番交名」中的"七番……宗衡长井丹波前司"。后一条史料中的"丹波"应当是"丹后"的误写（宗衡担任受领是在镰仓末期，当时的丹波守按照惯例是由北条一门担任，而长井氏多为丹后守）。据『尊卑分脈』，庶流（在京）长井氏一族中有名叫"宗衡"的人（前文中的高广的从兄弟，不过在此标注为因幡守），应是此人。

伯耆入道是『園太暦』"康永四年八月二十九日"条中的"天龙寺供养武家方奉行道本""二阶堂伯耆入道道本"（亦可参照『師守記』"康永三年四月十三日"条、"贞和五年五月八日"条等）。据『続群書類従』所收工藤二阶堂系谱，其为行繁之子，俗名行秀。

后藤壹岐入道可能是元亨元年时的后藤壹岐前司（基雄？）（参照『增訂鎌倉幕府守護制度の研究』第110页）。

岛津丰后前司的实名，据「石清水八幡宮記録」（当宫缘事抄）中历应三年十二月迁宫之际，贵船社之造进者"岛津丰后前司忠氏"的记载，可知为忠氏。

后藤对马守是『建武回禄記』"历应元年十二月十四日"条、『天龍寺造営記録』"历应四年七月十三日"条所见的"后藤对马守行重"。此人也见于建武元年八月的「雑訴決断所結番交名」中的"七番……行重"。他死于康永四年二月六日（据『常樂記』同日条）。

关于杂贺隼人入道，参见康永三年七月七日幕府裁许状中的"杂贺隼人入道西义"等诸多史料，可知其名为西义。

斎藤四郎兵卫入道是『萩藩閥閲録』五十八「内藤」所收历应四年四月二十三日幕府裁许状中的"斎藤四郎兵卫入道玄秀"。

和田四郎入道是『古文書纂』一辑收贞和二年闰九月的诉状中的社家奉行和田四郎入道行快。『竹内文平氏所藏文書』所收正庆元年八月十二日六波罗御教书案的奥书记有"正文者以和田四郎、饭尾大藏门尉下人，直付地头代了"，可知曾担任六波罗引付奉行。

门真弹正忠入道是「美作古簡集」一辑所收康永四年四月二十七日幕府裁许状中的"杉原左近将监光房"。

关于 B 表的人名考证，在解释 B 表性质时再做展开，参照附录注 7。

6　退一步讲，是否可认为"康永三三廿一"这一行文字接在 A 表后是抄写之误，其本是 B 表的前文部分呢？换言之，该行文字不是用来说明 A 表的成立时间则会如何呢？ A 表的人名中，三番的中条大夫判官（秀长）在康永四年八月十六日任备前守，五番的后藤对马守（行重）死于康永四年二月六日（参照前注），因此 A 表的时间下限自然是康永四年二月。一番的山县大炊助入道在历应二年七月时尚未出家（参照前注），四番的大野彦二郎入道在历应十二月时也尚未出家（『八坂神社記録』下第 284页），且三番的粟饭原下总守（清胤）在历应四年七月时仍被称作"粟饭原刑部右卫门尉清胤"（『天龍寺造営記録』）而非受领，因此 A 表的时间上限自然是历应四年七月。如果将二番的大野孙五郎入道与历应四年九月文书中所见的大野弥五郎有尚视为同一人，还可以把时间上限缩短两个月。此外，历应三年到康永二年，有证据显示不见于 A 表的人物担任了引付奉行。如粟（脱"饭"字？）原左卫门入道庆意（『田代文書』三·历应三年五月十七日幕府下知状）、安威性遵（『仁和寺文書』三·历应四年十一月二十一日幕府下知状；『東寺百合文書』レ函·历应四年六月十四日幕府下知状）、安威新左卫门入道性意（『東寺百合文書』レ函·康永二年四月日重申状）。并且，负责同一事务的两位奉行（所谓两奉行）自然是从同番引付中选派，但康永二年作为两奉行的两个例子与 A 表不一致，即雅乐信重、饭尾宏昭连署的奉书（『東寺百合文書』レ函七月二十三日；『東寺百合文書』二函八月十二日）、饭尾宏昭与门真寂意连署的奉书（『二尊院文書』十月十九日）。这表明康永二年（严谨地说是七月、八月、十月）时的引付人员与 A 表中的不一致。以上所举历应三年至康永二年间与 A 表相矛盾的两个事实，也就是存在不见于 A 表的引付奉行，以及存在异于 A 表所记人员的奉行组合，都不见于康永三年。由此可以说，即使不考虑"康永三三廿一"这行字而从他处寻找证据，A 表成立于康永二年十月至康永四年二月之间的结论也无可动摇。这也意味着，我们最终找不到证据能否定将这行字视为 A 表的奥书，即将其看作说明 A 表成立时间之文字的观点。

7　B 表是三方制职员表，各方十一人，合计三十三人。其中除 I 方的首席武藏守、III 方的首席伊豆守及 III 方第六位的疋田妙玄此三人之外，其余三十人皆见于 A 表中。因为 A、B 两表中的人名表记皆为苗字、官途、通称或只有官途、通称，因此将同一人名表记视作同一人或许并不稳妥（比如不管 A、B 两表的形成时间，则 A 表里的山城守与 B 表中的山城守可能并非一人）。不过，如果将两表的同一人名表记的地方全部或部分视作与其他人偶然重名，该如何解释一致的内容基本占到 B 表的全部，并且其排列顺序（这也意味着位次）没有矛盾之处（例如我们对照 B 表 I 方中的长井丹后入道、伯耆入道、后藤对马守、杉原左近将监的位序与 A 表五番）呢？这基本上不能再用偶然性来解释了吧。综上，如果认为 A、B 两表中人名表记一致即为人员一致，那么基于一致人数接近 B 表全员这一点，我们就不难推测 B 表成立的年份与 A 表的相同或者未隔太久，且 B 表是与 A 表即引付方存在密切关联的机构的成员表。另外，关于 B 表中新出现的三人，I 方的首席武藏守是高师直，III 方首席伊豆守是上杉重能。此二人是引发观应扰乱的责任人，其活动痕迹在幕府政治中显著。对其人名考证，在此仅举一例：前引直义去熊野参拜的供奉人名单中有"武藏守师直⋯⋯伊豆守重能"。III 方的疋田妙玄是元弘三年五月尊氏向丹波筱村八幡宫敬献愿文的文书执笔者（据『太平记』），也出现在建武元年八月的「雑訴決断所結番交名」之中。『師守記』"康永三年四月十五日"条有"疋田妙玄他界年六十□岁云云，武家评定众云云"。

如果基本沿着上述考证思路，寻找线索明确 B 表的制定年份，那么首先，若 II 方的安艺守与 A 表一番的安艺守（二阶堂成藤）为同一人，则据『門葉記』七十三所记，历应五年二月四日直义的祈奉行为"参川守成藤"，可推得成藤任安艺守在历应五年（康永元年）二月以后。这是 B 表的时间上限。然后，III 方的疋田妙玄死于康永三年四月十五日，故以此为 B 表的时间下限。

接下来，我们从其他史料中寻找证据，证明这个推定与引付方关联密切的三方制机构存在。①『師守記』"康永三年九月八日"条有"武家三方沙汰有之云云，于宿所二分之，今一方无沙汰，上杉霜台（朝定）依无出仕也"。②『師守記』"贞和三年正月四日"条有"沙汰始，三方引付始之"。③裁决地头侵占领地诉讼的贞和三年三月十七日幕府下知状（『中条家文書』）的奥书，有"三方内谈之时，一方武藏守师直御时"。这些史料中的"三方"应该就是指 B 表的三方吧。史料①中一方沙汰之长的上杉霜台与 B 表 II 方的首席即头人一致；史料③中一方内谈之长师直与 B 表 I 方头人一致；史料②为"引付始"的记载，史料③是领地诉讼的裁许状。

然后是史料④贞和二年闰九月二十七日，明确文书纷失诉讼之管辖机构的幕府追加法中有"可为内谈方所务之由，先日虽有沙汰⋯⋯次不知行地事，于内谈方……可及是非之子细同前，一方内谈武州（师直）方奉行人谍方法眼圆忠门真左卫门入道寂意"（室町追加法第 20 条）。这里的"一方内谈武州方"，与史料③相吻合，可视作三方内谈之一。内谈之长（师直）与奉行人（谏访、门真）的组合与 B 表 I 方的人员一致，验证了 B 表就是三方内谈的人员构成表。另外，该史料还说明机构名称是"内谈方"，与之相对的"内谈"则指此机构运行的会议的名称。史料①里的"三方沙汰"也是同样的含义。

综上所述，可以断定 B 表是康永元年二月至康永三年四月间编成的三方制内谈方职员构成表，此机构参与领地诉讼，也被称作"三方引付"（参照史料②）等。接下来，我们寻找该机构运行的证据，进一步探明其成立年份与职责内容。

B 表中每一方的首席，即 I 方高师直、II 方上杉朝定、III 方上杉重能应是各方内谈之长，因此如果弄清他们参与领地诉讼相关的职务活动，就可以明确三方制内谈方的存在与活动了。上杉朝定在建武四年到康永元年间本来就担任引付头人，康永三年 A 表中也是四番引付头人（参照正文第 219 页表一），故无法轻易确定他在领地诉讼上的活动是作为引付头人行动，还是作为内谈头人行动。至于高师直与上杉重能，前者没有证据显示他参与了历应二年以来领地诉讼，后者则是从幕府创立以来就完全没有相关迹象，从康永三年下半年开始才出现他们负责领地诉讼的例证：史料⑤康永三年九月十七日一份幕府下知状（对寺冈五郎兵卫入道经智与林幸菊丸间围绕备前国居都庄下方二分地头职的纠纷进行裁决）的纸张折叠处，留有高师直的里侧署名（『大德寺文书之四』1628 号）；史料⑥同年十二月二十七日一份幕府下知状（对醍醐三宝院控诉小笠原贞长间侵占寺领案件进行裁决）的纸张折叠处，有上杉重能的署名（『三宝院文书』三回之五十三）。考虑到领地诉讼的裁许状的纸张折叠处由负责该诉讼案件的引付头人署名是镰仓幕府以来的制度（参照附录注 2 所引著作第 219 页），可以断定上述署名者就是负责这些诉讼事务之机构的头人，该机构应是 B 表所示的三方制内谈方。史料⑥的裁许状中又有"小笠原源藏人贞长押领无谓之由，杂掌依诉申，为伊地知又次郎重秋奉行，两度就下召符，捧请文毕，被渡道日之后，仰仁木右马权助义长，去七月十九日封下杂掌解之处"（着重号为作者所加），进一步印证了上述推论。因为结合上述史料中担当奉行更替与纸背花押来看，此案的最高负责人是头人上杉重能与奉行关道日，而这一组合正符合 B 表 III 方的人员编成。

史料⑥裁许状中还有一个值得关注的问题，是奉行交替的时期。虽然不能明确伊地知重秋与关道日交接的日期，不过"（康永三年）七月十九日封下杂掌解"显示了新奉行关道日负责处理诉讼的起点，则新旧奉行交替的时间大概在七月十九日前不久。另一方面，新奉行关道日出现在B表Ⅲ方成员之列，而旧奉行伊地知重秋却不见于Ⅲ方乃至Ⅰ方、Ⅱ方。也就是说，他不在三方内谈的成员当中。与此极为相似的事例还有同年的另一起诉讼。尊胜寺法盛堂杂掌控诉该寺在美作国英多保河北的领地年贡被地头扣留，对此康永四年四月二十七日幕府的下知状称，"为门真弹正忠入道寂真奉行度度虽寻下，无音之刻，被渡资连之间，去年五月十八日重加催促迄"（「美作古简集」一辑，着重点为作者所加）。诉讼过程中，负责奉行也从门真寂真换为布施资连。该案的诉讼对象是康永元年的年贡，因此提起诉讼是在康永二年春天之后，则奉行交替应当在康永二年到康永三年五月之间。进一步推想，"去年（康永三年）五月十八日重加催促迄"与前引三宝院诉讼时"封下杂掌解"一样，应理解为新奉行负责诉讼的起点，因此奉行更替的时间应该在五月十八日之前不久。并且，新奉行布施资连出现在B表Ⅲ方一栏中，而前奉行门真寂真的名字则不见于B表。如此我们就可推算，在康永三年五月或七月之前不久，两次领地诉讼都经历了负责奉行的变更。而且这两个案例中的前任奉行（伊地知、门真）没有进入B表，反而是新奉行（关、布施）是B表即三方内谈的成员。也就是说，这两个奉行更替的事例有两个共通点：一是时间大约在康永三年年中（五月、七月）前不久的某个时候（或许不能上溯至康永二年）；二是三方内谈以外（可能是五番制引付）的奉行变为三方内谈的奉行。一般而言，诉讼进行中更换奉行有多种情况，不少是因为奉行个人的原因（本人或近亲死亡、被免职等），但这种共通点的存在，足以让我们推测这两个事例是基于同一原因。应该是在康永三年年中前不久（或许是正月之后），此种领地诉讼被转给B表中的三方制内谈方管辖。考虑到无法找到康永二年之前三方制内谈方存在的证据，则这次变更管辖规定应该是基于三方制内谈方的设立。

整理上述分析可知，B表为康永三年正月至四月十五日间新设的三方制内谈方的职员表。那么，新设这一内谈方与A表所示康永三年三月五番引付方的改编是谁先谁后呢？存在三种可能：一、康永三年正月至三月设立三方制内谈方，三月对既有的五番制引付方进行改组；二、内谈方的新设与引付方的改编同在三月进行；三、三月改组引付方，三月至四月十五日间设立内谈方。笔者认为更自然的情况应该是第二种。如后所述，考虑到康永三年到贞和五年，五番制引付方的活动乃至其存在本身都无法从史料上得到确认，且前述奉行更替的两个事例里的旧奉行皆在A表中，那也可能采取第三种假说，认为新设内谈方的同时废止引付方。这一点的考证留待今后，此处先采取第二种说法，继续推进相关分析。

8　参照『備陽記』所收康永四年九月二十七日幕府裁许状中的"为召决内谈，度度虽加催促，觉圆代为诉人无音"；『二尊院文书』所收康永四年九月二十一日给被告的奉行书下 * 中的"为有其沙汰，来内谈之时可参对"；『田中教忠文书四』所收贞和二年十月七日幕府裁许状中的"先被返下地于社家，可全神用之由，去月廿八日于内谈之座，杂掌（原告）所申请也"；『東寺百合文書』卜函所收推测贞和三、四年间一份东寺目安状 † 中的"同（贞和二年）十二月廿日以难涩之篇，欲被裁许刻，多贺扫部允于御内谈之砌，可明申之旨，依被支申，于今被阁之毕"等。

9　此职员表前部有缺，但从其后的四番、五番的记述不难推测，最初的十七人（其中一人姓名无法辨识）属于三番。而且对照四番、五番的人数来看，这十七个人即三番全员，也就是说，三番成员自左京权大夫开始，因此左京权大夫前应写有"三番"。再者，此表与第 205 页 A 表（康永三年三月五番制引付番文）的番数一致，各番成员基本相同，人名表记方式一致因此被视作同一人的情况极多（三番的安艺守、宇都宫三川权守入道、波多野因幡入道、和田四郎入道、布施弹正忠；四番的左卫门佐、叁川入道、摄津隼人道、诹访大进房、斋藤五郎左卫门尉、斋藤七郎入道；五番的佐渡判官入道、宇津宫远江入道、町野远江权守、杂贺隼人道、富部周防前司、大野彦次郎人道、杂贺扫部允，共十八人。人名表记重合率在 30% 以上），A 表所载人名在 B 表中皆附加官途或"入道"的有三人，应是同一人任官或出家后的称呼（B 表四番的安富三郎左卫门尉对应 A 表一番的安富孙三郎或二番的安富新三郎；B 表五番的和泉三郎左卫门尉对应 A 表四番的和泉三郎；B 表三番的饭尾左卫门大夫入道对应 A 表二番的饭尾左卫门大夫）。由上述诸点可推测，B 表的编制时间下限不早于康永三年的五番制引付番文。以下结合上述大略的年份推论，列举比定诸人的苗字、实名、法名等的证据。与 A 表所载人名表记完全一样的情况，请参照附录注 5。

三番：

左京权大夫应是『廣峰文書』（书陵部本）所收观应元年九月二十四日引

---

* 奉行人、守护等对下属武士发布的本人署名的命令文书，格式与书信类似，室町时代逐渐普及。

† 目安状，为便于理解将表达内容简要列出的文书格式，常用于陈状、诉状。

付奉书的发出者左京权大夫、「本郷文书」所收观应三年六月十五日的推荐信的发出者"左京权大夫家兼"（引付奉书的花押与举状的花押是同一人的。而这和『大日本史料』六辑之二十第618页所引斯波家兼的两个花押对比，与后期的一致）。

岛津下野前司，据康永三年A表（五番）中岛津丰后前司在观应元年八月九日署名"下野守忠氏"（『新编会津风土记』七），推定为忠氏。

如前所述，饭尾左卫门大夫入道应是前述康永三年A表的饭尾左卫门大夫（贞兼）。「三浦家文书」所收贞和四年十月十七日的幕府裁许状中有"为饭尾左卫门大夫贞兼奉行"，可知其出家应在此时之后。

三须雅乐大夫与康永三年A表中的三须雅乐（伦笃）应为同一人。其叙五位的时间不明，『革命勘類』纸背文书所收延文二年三月十日奉书中有宇都宫远江入道智莲与三须雅乐入道禅休的共同署名，而禅休应是伦笃出家后的称呼。以此推测，被称作"雅乐大夫"自然是在此之前。

大野越前房的法名，依据『東寺文书』所收年份不详（从内容推断是历应二年以后）的一份申状中的"属大野越前房荣成奉行"。

四番：

近江入道即康永三年A表中的佐佐木近江入道。

摄津左近大夫将监应是『園太暦』贞和二年十二月五日除目相关记载中的"从五位下藤原能直右近将监如元"、『士林証文』所收观应元年七月二十六日义诠的出兵命令书中的"摄津右近大夫将监殿"。表中的"左"是"右"的误写吧。

山城大夫判官大概是『観応二年日次记』同年七月三十日条所见直义的追随者中的"二阶堂山城判官"。

五番：

佐佐木备前守见『師守記』"康永元年六月十二日"条"加治备前守时秀建武四年正月十八日任备前守"，其名为时秀。

中条备前守是康永三年A表（三番）的中条大夫判官，在康永四年任备前守。参照附录注5第265页。

下总前司即康永三年A表（三番）中的粟饭原下总守。此人在贞和三年六月后的奉书中署名"前下总守"（『建内文书』所收贞和三年六月九日的奉书、『清水寺文书』二所收同年十二月十二日的奉书）.

梶原河内守即『師守記』"康永三年五月十七日"条中的"梶原三郎左卫门尉景广"、『園太暦』同年"十二月二十九日"条除目相关记载中的"任河内守平景广"。『観応二年日次记』同年"二月六日"条中的"梶原河内入道卷数奉行云云"，为其出家后的称呼。

饭尾新左卫门尉的实名，依据『前田家所藏文书』（藏书阅览笔记三）所收贞和五年二月二十五日引付奉书中的"饭尾新左卫门尉赖国申"，『東寺百合文書』厶函所收观应元年七月日申状中的"寺家（东寺）奉行饭尾新左卫门尉赖国"。

以上人名考辨如果正确，可以进一步精确前文推算的此职员表的编订时间。即上限是饭尾贞兼出家的贞和四年十月十七日，下限是梶原景广在俗的观应二年二月六日。

接下来，我们从引付奉书中寻找线索，进一步缩小时间范围。职员表各番的首席，即三番的左京权大夫（斯波家兼）、四番的左卫门佐（石桥和义）、五番的佐渡判官入道（佐佐木道誉）自然是各番头人，因此此表所示的五番制引付若为管辖领地诉讼的机构，则这些头人应当会签发处理领地诉讼所必需的引付奉书。查找史料，如表一"引付方"项（正文第219—220页）所示，石桥和义在贞和四年十月签发一封、观应二年四月签发四封、同年六月签发一封；佐佐木道誉在贞和五年十二月签发两封、观应元年三月签发两封、同年五月签发一封；斯波家兼在观应元年九月签发一封。其中尤须注意的是佐佐木道誉的奉书。上列道誉的五封奉书，按照案件（诉讼对象）详细归类如下：东寺关于周防国美和庄内年贡事的一封（贞和五年十二月二十四日）；东寺关于播磨国矢野庄领家职的两封（贞和五年十二月二十四日、观应元年三月四日），关于备中国新见庄领家职的两封（观应元年三月八日、同年五月二十四日。这两封是案文，收件方只写了"沙弥"，推测是佐佐木道誉）。当中，就周防国美和庄的诉讼案件，东寺在贞和五年闰六月二十九日拿出奉书，就播磨国矢野庄诉讼案件，东寺在贞和五年七月四日拿出奉书，两者皆是上杉重能签发。也就是说，这两个案件明显经历了上杉重能转手之后的程序。备中国新见庄的诉讼，根据相关史料，是观应元年三月东寺新向幕府提出的。贞和五年之前签发的所有引付奉书上，都没有道誉的签名，而道誉负责的贞和五年到贞和六年的三起领地诉讼案件，除一件新提出的外，另外两件都是转接自上杉重能。这表明道誉登场是在导致上杉重能覆灭的贞和五年八月政变之后的事情吧。那么，引付的改组以及职员表的制定也是在那个时候。这一时期就是从重能失去幕府的权力的八月十五日，到道誉的签发奉书首次出现的十二月二十四日之间，那么引付的改组无疑是以八月十五政变为契机而实现的（同年四月足利直冬作为长门探题赶赴西国，许多评定众、奉行人追随而去，可能也是引付改组的重要原因之一。可参照『師守记』）。在道誉之前登场的石桥和义，可能是在贞和三年到贞和四年政局发生小波动时，接替了上杉朝定或高师直的位置。

10 另外，备后的『净土寺文书』所收历应四年十月二十三日幕府裁许状上有形似有范签名的骑缝花押。较之有范的花押（例如『大德寺文书之一』488号贞和二年九月二十日大学头奉书），其右下端最后一笔的笔画显得略长，但大概是同一花押的变化。这份裁许状是幕府对"备后国净土寺杂掌佑尊申同国金丸名事"的裁决，可能属于有范作为禅律方头人时处理的案件。

11 『金沢文库古文书』第7辑第5486号，某年十月七日的一份书信。其记载因幡国千土师乡的部分有"修理权大夫殿右京大夫殿因州守□（护？）被符（补？）候间"，其中提及的吉良吉家是在贞和二年二月二十一日从修理权大夫转为右京大夫（据『园太历』同日条）；记载下总国山口乡的部分有"彼右马头□（殿？）京都御代官被召御内谈之砌……代官者典厩御代官候"，是贞和五年十月二十二日左马头义诠自镰仓入京（据『师守记』同日条）以前的事情。由此推测，该书信写于贞和二年至五年间。从以旧官名称呼贞家却旁注新官名这一点来看，可能是在贞家转任后不久。并且，根据应是禅律头人奉书的辑录集（参照第222页表一"禅律方"项），禅律沙汰举行的时间有康永元年九月六日、贞和二年九月二十日、贞和三年六月十日、贞和五年五月九日。由此推算，康永元年九月的六日、贞和二年九月至贞和三年六月的十日、二十日为举行合议的日期（最后的九日可能是预定的十日提前了）。推测当时是每月十日、二十日加上月末一日的每月三次制。康永元年的举行日期与贞和二年、三年（大概一直到同五年）的有出入，大概是从这则史料中的每旬二日、六日合计一月六次，改为一月三次所致。这样推测没错的话，此史料的年份以及禅律沙汰日期变更的时间都在贞和二年。

12 参照附录注2所引著作第558页。

13 石井良助博士根据『庭训往来』（石井氏考证其形成于建武三年至历应四年三月十日之间）的记载"越诉覆勘者，依探题管领与夺，被执行之"，推测越诉制设于室町幕府初期（参照附录注2所引著作第558页），并推定『气比神宫文书』所收的文和三年九月晦日法眼奉书"应是越诉管领通知原告驳回上诉的文书"（同上，第561页）。笔者认为石井博士关于『庭训往来』形成年代的考证（『法学协会杂志』第49卷第8号，「中世の诉讼法史料二种に就いて」），还有部分商榷的余地，但相关讨论留待他日。『气比神宫文书』所收法眼奉书的送达地没有写国名，与幕府御教书、奉书的成例不合，可能并非幕府的奉书而是本所方面的文书。

14 中条刑部少辅的实名，据『师守记』"贞和五年四月七日"条"任官叙位事，中条刑部少辅举房申"。另外，前田家本『玉烛宝典』纸背文书中有推定贞和年间编纂的系图"广元（大江）—忠成—忠茂中条美作守—广茂因幡守—广房刑部权少辅—举房刑部权少辅"，即举房一脉系图。

15 『東大寺文書』二回之十五所收造东大寺领周防国杂掌事书草案中有"如去康永二年八月廿八日御沙汰者""去康永二年九月"，且有"当国御沙汰事，于执事御手，西义一圆可为奉行之由，被仰出"，是西义退职的原委；"彼手管领就访申霜台御方"，即奉行变为富部周防前司亲信；由于"亲信不及披露"，"属内奏奉行饭尾三郎左卫门虽诉申，于今不事行"。这表明在人员构成上，奉行杂贺西义从属于以高师直为头人的机构，奉行富部亲信属于弹正少弼上杉朝定为头人的机构，而这种人员分布正符合康永三年三月的三方内谈职员表（第206页B表）。因此，该文书的时间下限在师直被杀的观应二年二月，进一步限定则是三方内谈被废止的贞和五年下半年，其上限是康永三年，进一步限定，则据康永三年与"去康永二年"不合而应写作"去年"，故应在贞和元年以降。也就是说，这份文书是贞和元年至五年间形成的。

16 参照附录注2所引著作第282、558页。

17 参见南北朝政治史的经典著作田中义成『南北朝時代史』第169页；鱼澄惣五郎『総合日本史大系　南北朝』第330页。

18 参照相田二郎『日本の古文書』上第288—332页。

19 参照拙著『鎌倉幕府訴訟制度の研究』第135页。

20 观应元年十月二十日，播磨广峰神社的正珍法桥被丹后都维那恒惠砍伤，这一案件先提到守护处，后移至"公方沙汰"即幕府管辖时称"就守护注进，检断方沙汰可然欤"（『八坂神社記録』上，第175页，"观应元年十月二十四日"、"十月二十六日"、"十一月二日"、"十一月四日"条）。

21 ①裁许状中明确记载在引付之堂进行对质、审理的例子有历应四年十一月二十七、康永元年八月二十一日、康永二年十月二十二日（关于史料来源，参照第229页以下的表二）。②裁许状中明确记载在内谈之堂进行审理的例子有贞和二年十月七日（同上）。③裁许状的卷末注记内谈方头人、奉行之名的例子有贞和三年三月十七日（参照第220页表一）。④裁许状的骑缝处有引付方、内谈方头人署名的例子，历应三年有三例、历应四年有四例、康永元年有一例、康永三年有两例、贞和二年有两例（参照第214页以下表一"引付方"项）。

22 参照附录注2所引著作第224页。

23 足利一门之外的评定众，与世代担任镰仓幕府评定的许多外样御家人（北条一门以外的御家人），苗字相同者甚多，大体可推断前者是后者的子孙后辈（不少可以从『尊卑分脈』等系图确认谱系关系）。现以担任过镰仓、六波罗的评定众，从评定众选为引付头人者为对象，查找与足利一门以外的评定众苗字相同的例子，整理如下表所示（检索年代暂定为文永元年至元弘三年间）：

	镰仓的评定众、头人	六波罗的评定众、头人
二阶堂氏	行义、行方、行泰、行纲、行忠、行有、赖纲、盛纲、行藤、贞藤、行贞（嘉历元年，『金沢文库古文書』第 1 辑第 374 号）、时纲（嘉历三年以降，『色部文書』『武家年代記』）	行清（『関東評衆伝』"建治元年"条）
佐佐木氏	氏信、时清、宗纲	
长井氏	时秀、宗秀	赖重（『建治三年記』）
宇都宫氏	景纲	
摄津氏	师连、亲致、亲鉴	
太田氏	康有、时连	
后藤氏	信浓入道（嘉历元年，出处同二阶堂行贞）	基赖（『建治三年記』）
町野氏		政康（『関東評衆伝』"建治元年"条、『建治三年記』）、康世（元弘三年、「近江国番場宿蓮華寺過去帳」）
中条氏		赖平（『建治三年記』）、刑部少辅某（元亨二年，『東大寺文書』三回九）
水谷氏		清有（永仁六年，『高野山文書之一』宝简集 540 号；正安元年，『東大寺文書』四回十二）

关于镰仓的评定众、头人的参考史料，在弘安七年前主要依据『関東評众伝』这一完备的史料，其后则多参照『永仁三年記』『鎌仓年代記』，故表中不作特别说明，仅注明其他史料的名称

明确记载六波罗评定众、头人的史料如上所示并不多，不过作为旁证的材料尚有若干可举出。即史料中出现的实力派在京御家人，他们是评定众、头人的有力候补。其中最明显是贵族日记中频繁出现的新日吉小五月会流镝马[*]的参加者名单，包括探题在内的实力在京御家人都名列其中。管见所及，文永年间以降，流镝马参与者中与足利一门以外评定众苗字相同者如下：弘安四年五月九日的长井赖重，弘安七年十二月九日的町野政康、东行氏、后藤基赖，弘安九年五月九日的町野政康、佐佐木长纲、中条长家（以上据『勘仲记』），正应四年五月的东行氏，永仁三年五月二十六日的佐佐木行纲、长井贞重、岛津忠景、后藤基赖，嘉元二年五月二十九日的佐佐木贞长、长井贞重（以上据『实躬卿记』）。此外，从记载实力派在京御家人的史料来看，负责弘安七年三月二十七日春日社行幸供奉的有检非违使波多野重通、佐佐木宗信、岛津忠宗、岛津忠兼、佐佐木行纲、佐佐木时纲（以上据『勘仲记』）。负责延庆二年十月二十一日大尝会御禊行幸供奉的检非违使有波多野宣重、岛津忠秀（以上据『後伏見院宸记』）。正和三年九月十八日"喧哗张本"的负责人是佐佐木越中权守、佐佐木龟夜叉丸、波多野出云彦次郎、水谷清有（『公衡公记』）。

24　关于"职"优先主义，可参照直义签发的一份下知状。针对武士以将军家寄进的寺领是他们的恩赏地为由，在未获得替代领地之前不将之转交给寺家，该文书称"寺领之条，无子细处，犹以违乱之条，无其谓，杂掌可领掌矣"，将请求赐予恩赏代替领地的诉讼转至恩赏方（『善通寺文书』康永三年八月七日直义下知状）；关于恩赏决定优先主义，可参照幕府下述处理：东大寺控诉武士声称将军家寄进的神领为无主地，并将其作恩赏领地占有，对此幕府通知寺家"于恩赏方可有沙汰"，即直接认可恩赏地，并给寺家代替领地作为补偿。原告东大寺对此予以抵制（『東大寺文书』四之四十四，延文三年三月十五日东大寺五师三纲等重事书案）。

25　另外，室町追加法第 16 条规定，贞和二年（？）刈田狼藉事件归检断方处置。其第 18 条规定，贞和二年（？）诸人借书事归政所方处理。如石井良助博士所论，刈田狼藉在镰仓末期的延庆三年已经归属检断方（参照附录注 13 所引论文第 106 页），但室町幕府再次立法，就是因为延庆三年以后此事作为民事案件交由领地诉讼机构（引付方），但到贞和二年（？）再次被移交至检断方，或者贞和二年对刈田狼藉的管理还混乱不清

---

[*]　一种边骑马边连续射三次箭的武家骑射活动，镰仓幕府以后成为武士的重要仪式。

吧。诸人借书纷争在镰仓末期属于问注所管辖（『沙汰未練書』），因此贞和二年（？）的立法是将其从问注所改到政所负责吧。按照上述分析，这两条涉及刘田狼藉与诸人借书的法令，是在削弱直义直辖机构的权力，扩大或巩固尊氏直辖机构的权限，这一点也可进一步印证文中的论断。

26　参照中田薰三卷『法制史論集』第650页。

解 说

名著有两类。一类研究那些牵涉领域甚广的课题，凭借充足的想象力展开富有说服力的论述。另一类则在专门的领域内精耕细作，逻辑性强，新见迭出。

本书作者所著《南北朝的动乱》（中央公论社）相当于前者，而《日本的中世国家》属于后者，它明确地提出论点，以论点为中心一步步推动扎实的思维分析。历史学著作往往引用大量史料，以致主题模糊，为冗长的叙述所掩盖。本书则删繁就简，以切中要点的逻辑论述，提出充满魅力的真知灼见，在学术史上留下重要一笔。

一

本书作者佐藤进一1916年11月25日生于新潟县中蒲原郡新津町（现新潟市），1933年进入新潟高等学校，1936年就读东京帝国大学文学部国史学科。1939年4月，他入职东京帝国大学史料编纂所，被分配到《大日本史料》第十编，1941 年调至第五编，负责镰仓时代。1942 年，因军队的临时征召，他被编入东部第二十八部队，其后分配到中国东北、台湾。在此期间，他撤回干部候补生志愿，作为一名普通士兵服役。1943 年 4 月，基于毕业论文的《镰仓幕府诉讼制度之研究》（畝傍书房刊）出版。

1946 年 3 月，复员后的佐藤氏重新入职史料编纂所，分属古文书部。1949 年 8 月，他兼任名古屋大学文学部副教授，1953 年 4 月任东京大学文学部副教授。1955 年 10 月，他与池内义资合编的《中世法制史料集》第一卷《镰仓幕府法》付梓（岩波书店）。1960 年，他与石母田正合编的《中世的法与国家》（东京大学出版会）出版，本书附录论文《室町幕府开创期的官制体系》就是此时写就并收入其中。

此年 6 月 15 日，在"安保斗争"引发的国会骚乱事件中，东大国史学科的学生桦美智子身亡。作为国史学科的教授，作者冲在悼念及抗议的国会示威队伍最前列。

1965 年 10 月，前述《南北朝的动乱》作为中央公论社《日本的历史》第九卷出版。1968 年 11 月"东大纷争"激化，发生了"林学部长团交事件"*，以这件事为契机作者基本下定决心要离开东大。1970 年 10 月，他从东大辞职，次年九月出版《古

---

* 又称"林健太郎监禁事件"。1968 年 11 月 4 日，新任东京大学文学部长林健太郎与校内学生团体谈判，拒绝了学生方面的要求后被学生扣押，至 11 月 12 日才被释放。之后，对学校的封锁逐渐解除。

文书学入门》（法政大学出版局）。此书今日依然是最好的古文
书学著作，被广泛阅读。

1971 年 11 月，他受聘为名古屋大学文学部教授，1977 年
3 月辞职，4 月入职中央大学，担任文学部教授。1983 年 4 月，
本书底本的《日本的中世国家》由岩波书店刊行。1987 年 3 月，
他从中央大学退休，2017 年 11 月离世。

以上略显烦琐地介绍了作者的经历，是因为这份过往与《日
本的中世国家》的成书密切相关。在本书前言部分，作者这么说：

> 在此，我只想补充一点，若没有小小地参与那年春天
> 偶然相逢但最终演化为对内心深刻反思的抗争，这本书也
> 不可能是现在的样子。

"那场斗争"即 1968 年以来的东大文学部斗争，这段话透
露出该事件对作者带来怎样深刻的内心检讨。此前他虽被征召
参战，但只是一名士卒，而在追悼安保斗争牺牲者并抗议示威
的活动中，他冲锋在前。作者追求并践行的理念是不漠视过往，
而是在与现代的严肃对决中观察历史。

二

我们先回溯 1983 年 4 月本书诞生之前佐藤氏的研究轨迹
吧。其学术生涯始于对镰仓幕府的法制史研究，在研究幕府的
诉讼制度、守护制度等制度史的过程中，他将研究对象拓展至

室町幕府的政治史，成果便是本书附录部分所收《室町幕府开创期的官制体系》。

对室町幕府官制体系的研究，是为了探求能整体、发展地把握武家官制史的线索，通过分析建立武家政权的足利尊氏、足利直义与幕府官制体系的关联，从而弄清尊氏掌控侍所及恩赏方、直义负责引付及禅律方的原委。

如今文书、日记等古文献可以轻易获取，但当时不是这样。不仅是文书原本，包括在原书上叠放透明薄纸后原样临摹的影印本，作者也一并广泛收集，再通过细致入微的考证后得出研究成果。不过，这篇论文并不是研究终点，他将足利兄弟的两种支配权理解为幕府权力出现二元分化，即主从制性质的支配权与基于统治权的支配权，这对他后来的学术研究产生了重大影响。

此后，他在 1963 年完成《岩波讲座　日本历史》第七卷所收《室町幕府论》一文，1965 年完成名著《南北朝的动乱》。此前的南北朝时代研究是作为南北朝内乱史展开的，而作者把内乱换成“动乱”，生动描绘出政治的动向。

作者在 1967 年出版《室町幕府守护制度的研究》(东京大学出版会)，1968 年发表《足利义教嗣立期的幕府政治》(《法政史学》第 20 号)等，顺利地推进对室町幕府政治史的研究。其实，当时作者在东大文学部的课程主题便是室町幕府政治史研究。然而，1968 年爆发的“东大纷争”使其研究不得不中断。

三

重新开始研究是入职名古屋大学之后，前言所谓"我也愿一转心思，投身于新的课题"便是此时。名古屋大学文学部研究室有网野善彦、玉井力任职过，教养部有早川庄八等学者，在这样的环境下，作者得以认真锤炼《日本的中世国家》的构想并出版。

聚焦太政官内的议政官会议与天皇的对抗关系论述律令国家，是受到早川的研究《日本古代官僚制的研究》（岩波书店）影响，而网野所著《日本中世的非农业民与天皇》（岩波书店）则影响了作者关于将军权力是两种统治权的构想。

本书在前言部分就直接介绍了其主要论点：

> 我想在书中阐述的主要论点有三：其一，律令国家解体后诞生的王朝国家才是中世国家的原型（"祖型"），13、14 世纪的王朝权力无外乎是王朝国家的展开形态；其二，12 世纪末诞生于东国的镰仓幕府，是拥有独特特质的另一种中世国家类型；其三，王朝国家与镰仓幕府以相互规定的关系，开辟出各自不同的道路。

作者的总结很好地传递了本书的特质。本书正是在王朝国家、镰仓幕府身上寻找中世国家的原型，研究二者成立、发展及相互关系的著作。它考察了镰仓幕府、室町幕府，不过倾力最多的还是阐明"律令国家解体后诞生的王朝国家才是中世国家的原型"这一论点。

当时，作者主要依据坂本赏三的王朝国家体制论（《日本王朝国家体制论》，东京大学出版会）。坂本主要从地方支配、土地制度的变化来考察 10—11 世纪王朝权力的性质，并铺陈其王朝国家论。本书作者关注该理论薄弱部分的中央政治机构之变化，从以律令国家的太政官为中心的官制体系入手展开论述。

在聚焦太政官内的议政官会议与天皇间的对抗关系，并概括律令国家的官制体系后，作者将王朝国家定位于这一体系解体过程之中，并将其视为中世国家的原型。其中尤为注意的是，作为令外之官而新设的藏人所、检非违使的使命及性质，以及长期以来太政官为中心的官署运营的变化。

作者把藏人所作为律令国家变革历史的主轴，同时将特定氏族世袭运营特定官署的体制作为官署世袭制来把握，在此之中揭示王朝国家的本质。基于这一本质，作者对法制史研究史上的传统课题"职"与家业、新法令的运用与解释展开研究。他定义了官署世袭制，即占有、世袭"职"（职务及附带的收益一体化之产物）的承包经营状态，指出在其基础之上诞生了异于律令国家的王朝国家。

本书的成果被那些持王朝国家论的学者接纳，随着王朝国家相关基础性研究发展，它也推动了作为社会制度的"家"的研究。本书出版后有些许观点需要修正，但核心内容仍无法撼动。

如此定义了王朝国家后，作者就镰仓幕府的性质给出了如下判断："12 世纪末诞生于东国的镰仓幕府，是拥有独特特质的另一种中世国家类型。"作者指出，早在领受《寿永二年十月宣旨》时，镰仓幕府的东国行政权就得到了朝廷的认可。此后，作者从将军亲裁、执权制、得宗专制等内容分析幕府体制的发展，理解其基本结构，并从新的视角重新阐发。

这里特别需要解释的是幕府与王朝国家之间的关系，作者在此突出了权力的二元性问题。他认为武家政权的属性是一面维持作为军事团体的本质，一面发展为政治权力。由此他将《以仁王令旨》《寿永二年十月宣旨》、国地头职等幕府成立期重要问题联系起来，对将军家与天皇家的婚姻问题提出新的解释，并重新梳理了将军与执权的关系。在此的基本观点是，幕府向皇亲搭配武家栋梁的两主制模式倾斜，室町幕府二元性统治结构理论，再次得到了鲜明的体现。

最后作者讨论了王朝国家在与镰仓幕府对抗中如何应对的问题。此处佐藤氏最着力的，是推翻幕府后由后醍醐天皇建立的建武政权的特质。13 世纪后半期的后嵯峨院政，推进王朝国家的官署世袭制，并应幕府之请而引入了评定制。在此进程中登场的后醍醐天皇，消灭了幕府之后却立刻舍弃了官署世袭制，并通过敕裁改革国司制度与中央官署。在具体阐明这场改革的动向，并分析改革走向失败的过程后，本书画上了句号。

四

为了将中世国家作为一个整体来讨论，还有必要考察足利义满及之后的室町幕府，乃至战国大名，但作者称"本书只讨论到王朝国家消灭为止，未涉及之后的时代，因此难免有离题之嫌，但能考察出中世国家的构造与特质已经使我知足，余下部分留待他日"，并就此搁笔。

其实他对之后的内容是有过构想的。例如，他对足利义满的"日本国王"论、足利义教时期的研究（《日本中世史论集》，岩波书店）可作为证据，但基本上就像"考察出中世国家的构造与特质"所示，后来的中世国家性质没有发生很大变化。这也反映了作者的洞察力与历史认识。

不过，权力的二元性及两主制的问题究竟如何解释，这里仍留有疑问，对于将对外关系史纳入框架下的研究，我们也想要提问，但本书未提及这些便结束了。

以上的解说依据作者的《佐藤进一自历略谱》（《中央史学》10 号）所写，此《自历略谱》就《日本的中世国家》留有如下感想：

> 如果说一种现实性的欲求，即追溯知识人社会中也根深蒂固的日本人的同伴意识之源流，支撑着写作本书的意愿，读者大概会为之一笑吧。

这让人颇感意外。这份话语蕴含着沉重的内容。说起来，我们很容易关注作者的论断，也即武家政权统治权的二元性、镰仓幕府政治推移过程中出现的合议与专制、王朝国家内的官署世袭制这种明快的论述，却不曾想作者的初衷是要探求"同伴意识"。

也就是说，作者是在研究肩负武家政权的政治家、武人以及主导王朝国家的王朝贵族的"同伴意识"的过程中得出了上述结论。作者广泛收集了各种日记。据说他不仅阅读历史上著名的日记，还借览身边人的日记。这是要探讨日记中留下的时人的思想吧。

正因为作者脑海里潜藏着要探究所谓完善制度、推动制度的政治家意识，作者描绘出的后醍醐天皇、足利直义等人的形象才极其精彩生动。

五味文彦